哲學：理性與信仰

金春峰 著　　東大圖書公司 印行

國家圖書館出版品預行編目資料

哲學：理性與信仰／金春峰著. --初版
. --臺北市：東大發行：三民總經銷
，民86
面；　　　公分. --（滄海叢刊）
ISBN 957-19-2093-2（精裝）
ISBN 957-19-2094-0（平裝）

1.哲學-中國-論文，講詞等

120.7　　　　　　　　　86003292

國際網路位址　http://sanmin.com.tw

© 哲 學：理 性 與 信 仰

著作人　金春峰
發行人　劉仲文
著作財　東大圖書股份有限公司
產權人　臺北市復興北路三八六號
發行所　東大圖書股份有限公司
　　　　地　　址／臺北市復興北路三八六號
　　　　電　　話／五〇〇六六〇〇
　　　　郵　　撥／〇一〇七一七五──〇號
印刷所　東大圖書股份有限公司
總經銷　三民書局股份有限公司
門市部　復北店／臺北市復興北路三八六號
　　　　重南店／臺北市重慶南路一段六十一號
初　版　中華民國八十六年五月

編　號　E 11020

基本定價　叁元陸角

行政院新聞局登記證局版臺業字第〇一九七號

湯　序

　　春峰與我的交往，是從1958年開始的，到現在快四十年了。這四十年間，中國社會幾經動盪，而我們一直保持著學術上的聯繫和十分難得的友誼。

　　在我初認識他時，就感到他是一位善於思考的青年。誰都知道，在中國大陸研究哲學是非常困難的，幾乎一切都要照著前蘇聯教科書寫作，那種極左的教條主義嚴重地扼殺著學術研究的生機。就是在這種情況下，春峰也還多多少少能用自己的頭腦去思考一些問題，且不時發出一些與眾不同的聲音。例如，在五十年代末和七十年代末，春峰兩次提出「唯心主義」的評價問題，以反時論。這無疑是難能可貴的。

　　春峰對中國哲學研究的成果是多方面的，從先秦到宋明，許多問題都涉及到了，這本論文集，只是他所研究的問題的一小部分。從這十餘篇論文中，我們可以看到他善於思考、精於分析，而且有著扎實的功底。

　　春峰來信提出，讓我在《序》中寫一點中國哲學與理性及信仰之間的關係。說老實話，我對這個問題沒有研究，而且一兩年來忙於雜務，能安心下來讀點書、搞點研究的時間是很少很少的。雖然有時也想到一兩個可以寫的問題，但往往剛提筆就被打斷，這樣就索性不想寫了。

　　「理性與信仰」是否矛盾？這本身就是一大哲學理論問題，很難

說清。可以公說公有理，婆說婆有理，我在這裡只得放下。如果我們用孔子為例說明「理性與信仰」的關係，也許比較實際。在《論語》中有兩條孔子說的話：一條是「畏天命，畏大人，畏聖人之言」；另一條是「五十而知天命」。敬畏「天命」，應該是信仰的問題，而「知天命」則應說是「理性」問題。大凡對所敬畏之對象有真誠之敬畏，才可有篤實之探討，孔子之「畏天命」正是其「知天命」之根基。大凡對所探討之對象有篤實之探討必亦為其真誠敬畏之對象，孔子之「知天命」又正是其「畏天命」之結晶。孔子之學千言萬語，無非為人們提供一安身立命之途徑。孟子說：「盡其心者，知其性也，知其性則知天矣。存其心，養其性，所以事天也，夭壽不貳，修身以俟之，所以立命也。」「知天」為理性之活動；「事天」為信仰之誠敬；「修身」為德行之要求；「立命」為得一自我主宰處。故朱子在其《答張敬夫》與其討論「中和義」時說：「而今而後，乃知浩浩大化之中，自家有個安宅，正是自家安身立命、主宰知覺處。」晉潘尼有《安身論》之作，謂：「蓋崇德莫大乎安身，安身莫尚乎存正，存正莫重乎無私，無私莫重乎寡欲，是以君子安其身而後動，易其心而後語，定其交而後求，篤其志而後行。」「故寢蓬室，隱蒼陋，披短褐，茹藜藿，環堵而居，易衣而出，苟存乎道，非不安也。」古往今來之聖賢所求之「安身立命」蓋如此也。

　　春峰之與我，雖地處相隔萬里，一兩年中或有一兩日之相聚，但時空之隔，並不能隔斷我們對學問之探討。其故何在？我認為，似與「理性」與「信仰」頗有關係。想來，春峰必與我心同。

湯一介

1996年7月24日于病中

李 序

1980 年，中國大陸剛剛開始改革開放，我代表賓州愛丁堡大學，應北京教育部的邀請，遍訪了幾座全國性的大學，其中包括武漢市的華中師範大學。在該校我結識了一位知名的墨學專家詹劍峰老教授。當時他雖年逾古稀，卻仍沒有退休，正要同人民出版社商洽出版他的新書《墨子的哲學與科學》。他告訴我，人民出版社哲學組的那位編審名叫金春峰，不但博學多才，而且為人忠厚，更是一位鄉音未改的湖南老鄉。因此詹老一定要穿線搭橋，讓我結交這個尚未謀面的朋友。

1982 年，第二屆國際中國哲學會議在美國東南部卡爾斯敦大學舉行，詹老和金兄都決定應邀參加，我想這次大家一定能相會了。可惜，事與願違，詹老因病不能成行，而金兄也因故不能來美。然而，我們魚雁往還，電話不斷，倒因未能及時相會，而增進了我們之間的了解和友誼。

1985 年，第四屆國際中國哲學會議在紐約州立大學舉行，詹老病故，不能來美，金兄卻排除了萬難，不但準時到會，而且提出了一篇頗富爭議性的學術論文。當我親眼見到他同另一位臺灣來的學者在會場裡爭論得各持己見，不相上下時，我在心裡想起了湖南大學岳麓書院大門口的那副對聯：「惟楚有材，於斯為盛！」

自從那次見面之後，春峰兄同我的交往更加密切了，而我們之間的友誼也是與日俱增。1985 年夏天，他和湯一介兄陪同我在北京訪問了兩位中國哲學界的前輩：當代大儒梁漱溟先生和他們的老師馮友蘭

先生。次年秋天，春峰兄更堅邀我到北大中國文化書院向全國青年教師五百多人演講了「面對傳統文化與科學技術的挑戰」。 之後，再強邀我飛往四川成都，參加了「明清實學會議」。

1986年，我帶著三個孩子到華中理工大學任客座教授，年梢，老金夫婦堅邀我們一家五口到北京去過聖誕節，而且要我們一定要住他家。聖誕之夜，除了我們兩家大團圓之外，更邀請了我的中學同學鄭學才先生全家，這樣，把他們的兩室一廳擠得像沙丁魚罐頭似的。我們一起吃、一起喝、一起唱，可惜場地太小，獨缺未能一起跳了。金家不是教徒，但他們的基督精神，已超過了許多掛名教徒了。

1988年，春峰兄到新加坡作訪問學者一年。次年7月，他又同我們在夏威夷參加了國際中國哲學會議。某個晚上，大會要求我主持一個兩岸學者座談會，到場的美國華裔和香港、臺灣的學者很多，但大陸學者卻只有春峰兄一人。在我看，他真正做到了孟子論勇士所說的：「自反而不縮，雖褐寬博吾不惴焉；自反而縮，雖千萬人吾往矣！」稍後，他便轉來美國大陸，長期在普林斯頓大學作學術研究，由於地緣相近，我們的交往就更為頻繁了。

1995年夏的國際中國哲學會議在波士頓舉行，我和金兄又在會場裡碰面了。他提出的論文是有關馮友蘭先生的「境界」思想的，他向大會用中文發言，臨時由我作他的英文翻譯。1998年的下一屆中國哲學會議決定在韓國漢城舉行，我有理由相信，金兄將會同他心儀的錢穆先生一樣，英勇地寫出他自己的哲學思想，因為他「嚮往的絕不僅在於中國文化與民族之未來，亦在於世界與人類之未來！」

1994年冬天，春峰兄駕車到寒舍來共度聖誕，隨身帶來了他十幾年來撰寫和發表的學術論文的複印本，要求我為書寫一篇序言。今年聖誕節的前幾天，他從普林斯頓打電話來，除了特別預祝我在加州舊

金山大學醫院切除良性腫瘤定能成功之外，更告訴了我一個好消息：他的哲學論文集即將出版了！因而他也很婉轉地催我欠他的序文。我說，只要開刀成功，健康許可，許下的序文一定會在年底交卷。

今天是聖誕節後的第一天，不但切除手術成功了，而且已從醫院回家休養了。健康雖然沒有完全恢復，序文則可勉強提筆。重讀金兄的大作，稍理自己的思緒，謹草此序，一則向讀者們介紹，二則也向著者請益。

論文集收集了八篇論文，約可分為先秦、宋明、「五四」以後三個時期。先秦三篇中，我認為《剖析中國古代的宇宙模式》這一篇最能發人深思，而他的三條結論尤足以作為今日治中國哲學和科技史的學者們列為自己的座右銘：

1. 中國人的智慧是傑出的，因為它按照自己的宇宙圖式、思維方式與研究方法，發展出了完整的一套，取得了傑出的成就。應該為中國古代的成就而驕傲，自卑是完全不必要的。

2. 需要明白自己的弱點，要轉換思維方式，發揚長處，而同時著重西方形式邏輯及分析哲學的訓練，大大加強西方近代科學所體現的科學精神。

3. 當一種思維方式只能產生出一批成果而長期停滯，不能導致新的發現，甚至只能引導人們去進行空洞、無益、完全脫離實際而不能產生具體成果的思辨，其導致的結論根本無法證偽時，就應該及時從根本上對這種思維方式進行反思，予以批判、揚棄；否則，就會長時期把民族的認識引入錯誤的軌道。（《明報月刊》，1988年10月）

　　過去，關於中國科學何以落後於西方，學術界有許多不同看法，如梁漱溟、馮友蘭的中國人「求幸福於內心」說；金觀濤的中國大一統只能發展出為大一統服務的科技說；儒家文化阻礙自然科學發展說，等等。春峰兄的探討另闢蹊徑，提供的答案，在我看來，無疑是最有說服力的。

　　宋明時期，原收有朱熹思想剖析的四篇文章，已抽出，另收入論朱熹哲學的專著，現留下的兩篇，我個人最欣賞的是《王陽明思想之與朱熹》這一篇。本篇共分三節：（一）「心即理」與「性即理」；（二）良知亦是一超越的絕對；（三）由早年到晚年、由理到情。

　　他在結論中尤有一些獨到的綜合及引伸：

> 哲學史上，康德、孟子、朱熹、王陽明在道德問題上都屬於自律論者，堅持道德不萌於見聞，不來自經驗、俗緣、利益或感官的愉悅；但康德、朱熹以理性為基礎，王陽明晚期則以情感為基礎。
> 要而言之，由上帝本位、神本位或變相的上帝本位到人本位；由理性本位到情感本位；由教條、書本到實際的行動與生活；由文質彬彬、敬謹畏憚到達性任情、自由洋溢，這就是由朱熹到王陽明、由王陽明早年到晚年的思想變化歷程。經過朱熹，王陽明重又真正地回到了孟子。

　　關於王陽明思想與朱熹的關係，王陽明思想從早年、中年到晚年的變化、發展，學術界亦有種種不同看法，春峰兄的論述、剖析，在我看來，是最為貼切王陽明思想的實際與中國孟子、朱熹之哲學思想的特點所在的。

　　金著「五四」以後部分所評論的是當代具有相當代表性的兩位中國哲學史家，其中叫他最心儀的，並不是他在北大作中哲史研究生的導師馮友蘭，也不是許多人所崇拜的牟宗三，而是他未嘗列入門牆，而其人又不是專治中國哲學史的錢賓四先生。著者在其《人能弘道，非道弘人》這篇論文中，評論了錢穆的治學方法、目標、眼光和胸懷；同時，也比較了牟宗三和馮友蘭兩位對中國哲學的觀點，從而更彰顯了錢賓四先生對中國哲學文化的獨到見解。

　　　　錢先生一生為了弘揚中國文化和儒思想，兢兢業業，奉獻全部心血。「雖居鄉僻，未嘗一日廢學。雖經亂離困厄，未嘗敢一日頹其志。雖或名利當前，未嘗敢動其心。雖或毀譽橫生，未嘗敢餒其氣。……雖垂老無以自靖獻，未嘗不於國家民族世道人心，自任其匹夫之有其責。」以至鞠躬盡瘁，死而後已，其嚮往絕不僅在於中國文化與民族之未來，亦在於世界與人類之未來。

　　對錢先生的治學精神，著者顯然是十分感動的。

　　個人認為，撰思想史較易，評思想家更難。春峰兄捨易而取難，這是本著的一大特色。在先秦思想中，春峰兄月旦了的儒道諸子，都是言之成理，而持之有故的。你可以不接受他的論證，但不能不佩服他立論之新穎和評論之深刻。

　　中國的思想史上下數千年，能夠述而不作已屬不易了；如要理清頭緒，評其得失而論其精妙，則必須慧眼獨具，而取精用宏。著者在宋明時期中既分析了二程，又比較了朱王，這足見他斂繁入簡的功力。你可以不必贊同他的結論，而無法推翻他治學的方法。

　　對待中國當代的哲學思想家們，兩岸和海外的諸多學者們多因自

己的政治思想不同，而難免只持立場，不講客觀。本書作者多年在大陸哲學界工作，又到過臺灣去訪問，更在美國的名牌大學作研究。他能獨排眾議，勇敢地否定了別人所肯定的，而又肯定了別人所否定的，這也是難能可貴的。

　　總而言之，在評論中國歷代思想家時，與其說作者採用了儒家傳統的觀點，不如說他掌握了墨子的科學尺度；與其說作者利用了馬克思的唯物辯證法，不如說他既繼承了張之洞的「中學為體，西學為用」，又發展了毛澤東「古為今用，洋為中用」、各具中國特色的治學方法。

　　三十多年前，筆者也曾經從中國思想史專家錢賓四先生以及中國哲學家唐君毅先生游於香港新亞哲學研究所。可是，自經留美之後，卻跳槽到心理學領域了。因此，在這篇序文中說的難免有「外行人說外行話」之處。倘有言之非當，尚請諸讀者包涵。

李紹崑

1996年12月26日

自 序

　　這本論文集，是從我的幾十篇中國哲學史論文中選收的，寫作時間從八十年代初到九十年代中期。下面聯繫其寫作時代背景，逐一作一簡短的論述。

　　《哲學：理性與信仰》，脫稿於1995年6月，是本文集寫得最晚的一篇文章，1996年發表於湖南《求索》第2、3期。文章的主旨是論述中國哲學與理性及信仰兩者的關係。這實質上是中國哲學之民族特點的問題。「五四」以後，中國哲學史研究全盤西化，幾乎所有大陸出版的中國哲學史論著，都絕不提理性與信仰的關係，似乎中國哲學與西方世俗哲學一樣，理性是其唯一的內容與基礎。似乎對哲學問題的探討，中國哲學亦莫不以主客對立為基礎，以認識論為中心，以成就出種種哲理之知識系統。實際上，西方哲學有兩個系統，希伯來神學哲學系統與希臘的自然知識系統。兩個系統雖然相互聯繫、呼應，但各有其獨立的對象與任務。前者以信仰為基礎與軸心，後者以理性、知識為基礎與軸心。中國哲學傳統與此不同，從來是政教合一、天人合一的，由此中國哲學具有與西方世俗哲學及神學哲學不同的內容與特點。不了解這一點，中國哲學的研究不可能獲得真正獨立的地位與恢復其光彩奪目的內容與充滿活力的生命與青春。所以本文的寫作，既是對幾十年來中國哲學史的反思，也是對個人從事中國哲學史研究的反思，也是個人對中國哲學史研究之新途徑的體悟。

　　《論孔孟荀思想與個人獨立人格或尊嚴之關係》。本文發表於《孔

子研究》1987年第1期，原是與周繼旨先生商榷此問題的一篇文章。周先生的看法發表於《孔子研究》創刊號，其基本觀點認為：儒家早已確立了個人人格獨立與尊嚴的觀念。在方法論上，周先生強調的是先秦儒家哲學種種命題的純思想的普遍意義，忽略其具有的時代與實際經驗內容。本文則著重發掘了這些命題提出時的時代與經驗內容，指出這些命題在該時代所實際發揮的社會作用。歷史上凡真實的有生命力的哲學命題，莫不具有這樣的兩個方面。謹具前一個方面，它將是抽象的、貧泛的，不可能具有綿延的生命與活力。但如只有後方面，它就將是僵死的、局限的、片面的，是注定沒有生命活力的。儒家哲學某些基本命題之所以有永恆的生命與活力，正是由於其內在地含具有上述兩個方面。因此本文雖然著重指出了儒家思想在整個封建社會的實際經驗內涵，但並不排斥它可以在新時代條件下演變出新的內容而仍然具有活力與生命力。

　　《莊子對人類自由本性的探索及其貢獻》。　這是為紀念湯用彤先生百年冥誕而寫的論文，載於1993年北京大學出版社出版的紀念論文集，內容主要是指出：莊子對自由人格的追求及由此而對於當時以禮教與等級為內容的世俗文化與名利人格之批判與決裂。莊子認識到：凡社會已成的定型的與權威的文化，對人性的發展是一種「異化」，一種異己的桎梏的力量，必須加以批判、否定。莊子對種種追求名利者之心靈及世俗文化的批判，是站在這樣的認識高度進行的。這是莊子之為莊子的真精神。它實際上為我們了解人類文化何以會不斷地推陳出新及其歷史發展，提供了一把鎖匙。

　　《剖析中國古代的宇宙模式》。　中國何以不能發展出西方式的近代自然科學？中國自然科學是否只是近代才落伍了，十七世紀以前則走在西方前面？本文是對這一問題的探討與解答。這一解答基本上是

認為，在宇宙模式及由此而來的自然科學之研究方法與思維方式上，中國自古就發展了與現代系統論、控制論、信息論相類似(幼稚的、樸素的)的「一套」，從而窒息了古希臘式的以機械自然觀為基礎的種種自然研究方法在中國古代產生的可能。這一答案，相對於將其原因歸結為「求幸福於內心說」；大一統阻礙科學發展說；儒家義利觀及「學而優則仕」阻礙中國發展科技說；本文的解答可能更符合於中國歷史的實際。

以上是關於先秦的三篇文章。下面兩篇是論述宋明理學的。

1982年在杭州召開了國際宋明理學討論會，我在大會上發言，指出宋明理學的理性主義實質，當時受到批評；認為理學是蒙昧主義，為維護封建等級制度、強化中央集權服務，絕不能美化為理性主義。大會以後，我陸續寫了《概論宋明理學的思潮、人物、學派及其演變和終結》(《求索》1983年第3期)，《二程唯心主義哲學的理性主義實質》(《中州學刊》1983年第2期)，《周易程氏傳思想研究》(《中州學刊》1984年第4期)等，對程朱哲學的理性主義作進一步的闡釋。在海外，這是不成問題的問題，但當時在大陸，這些論述卻具有解放思想、打破封閉、僵化，活躍中國哲學史的作用。這裡收錄《程頤周易程氏傳思想研究》，著重強調程頤思想的崇尚變動與要求變革的辯證法方面，即是這一背景的產物。

《王陽明思想之與朱熹》。本文脫稿於1995年12月，實質是我研究朱熹思想的一部分，是針對兩種流行的觀點而發的。這兩種流行的觀點，一種是把朱王對立起來，認為一者是理學，一者是心學。另一種是認為，王陽明思想從早年到晚年的變化以及由朱熹到王陽明，是由理性主義到存在主義的演變。本文指出，這兩種觀點都是值得商榷的。實際上，王陽明思想早年籠罩在朱熹「性即理」的影響之下，其

「心即理」實際即是朱熹所講「心之體，性也」，「性即理也」的思想。晚年，以《大學問》為標誌，王強調道德情感是道德的本源，是道德行為的真正的動力，脫離了朱熹天理的軌轍而回到了孟子式的「情感」本位。以西方現代哲學的存在主義類比王陽明是不恰當的。

近現代範疇的兩篇，第一篇《梁漱溟思想與新儒學》是1988年北京香山召開的紀念梁漱溟先生學術討論會的論文。本文主要是剖析梁先生「五四」後發表的《東西文化及其哲學》一書的基本思想，指出：梁先生對儒家文化及哲學的反思所得的認識，無疑比當時要高出一個層次或一個時代；因為當時（五四時期）對儒家的認識、批判全部集中於功利、政治、倫理、道德的層次，在這個層次中，儒家被認為是由一系列固定的觀念、教條與制度相結合而成的「文化結構」，可以用「綱常名教」四字來加以概括。所以當時陳獨秀把儒家思想就歸結為「綱常名教」四字，並認為這就是所謂「孔家店」的全部內容與貨色，從而提出了「打倒孔家店」的口號。這樣的「孔家店」當然是應該打倒的。唯有打倒這樣的「孔家店」，才能建設中國的新文化；但這樣的「孔家店」實際上就是中國的封建意識形態及其相應的經濟基礎與上層建築。因此打倒了這樣的「孔家店」，並不就等於否定了儒家文化及其含具的深層的核心的價值觀念。打倒了這樣的「孔家店」，也不就等於建設了一個有中國特色的新文化；所以梁先生對儒家文化的分析，一開始就著眼於它的根本的核心的價值系統，並以人類的與世界的眼光予以觀察、分析和論定，確是高人一等，令人為之一驚，顯示出梁先生對儒家文化的特別的洞見與卓識。儒學在當時本來已經成為過街老鼠，似乎窮途末路了。經梁先生的點撥，卻立刻柳暗花明，不僅走出了黑暗，重顯生機，而且由中國而走向人類和世界。這是梁先生對儒學的貢獻，也是梁先生之為當代新儒學開山的有力的見證。

《人能弘道，非道弘人——試論錢穆先生的治學方法、目標和眼光、胸懷》，本文實際是為恢復「國學」的真精神而作的。國學絕不是國粹，絕不是盲目的崇中、崇古、排外、排洋。相反，國學的眼光真正是世界的、人類的，是暢開胸懷、吸取西方及一切外民族的先進文化思想成果以為己用的；但「國學」絕不惟西方馬首是瞻，絕不以西方的東西為標尺去剪裁、硬套、取捨中國民族的文化。國學的真精神有如陳寅恪先生提出的：一方面吸收、輸入外來之新學說，一方面不忘本來民族之地位。錢穆先生一生之治學，其方法、眼光、胸懷即是此一方針的最好的體現與證明。在《「素書樓」浮想——訪臺雜感》一文中，我曾寫道：「在西方，宗教與學術分途；宗教育人成德，學術則育材增知。為學術而學術，是其傳統風尚，史學亦然。中國則完全不同。天人合一，政教合一，育人成德與育材增知合一，是中國學術之特點，故中國之史學，無不重視民族之光榮，先人之業績，人格之丰采與夫政治、軍事、世道、人心等等之得失，經驗、教訓的總結，擔負起傳道的重任。《易傳》說：『君子多識前言往行，以蓄其德。』……司馬遷作《史記》，秉承父親司馬談的遺訓：『幽厲之後，王道缺，禮樂衰。孔子修舊起廢，論《詩》、《書》，作《春秋》……自獲麟以來，四百有餘歲，而諸侯相兼，史記放絕，今漢興，海內一統，明主賢君忠臣死義之士，余為太史而弗論之，廢天下之史文，余甚懼焉，汝其念哉。』即體現了這一傳統。但『五四』以後，學界惟西方馬首是瞻，片面崇尚『專業』眼光、學術標準、論點論據，中國史學的固有傳統被摒斥，以至史學論著逐漸變成了牛角尖、掌故集、考證癖、鬥爭史、規律論、八股文，符號與邏輯、數字與公式；見物不見人，不見道德、精神，可謂數典忘祖，昏憒糊塗到家了。錢先生不為時髦所動，其史學著作，中西結合，揚其長而避其短，情理兼融，文德並茂，有古史

之遺風，其難能可貴，及其典型與示範之意義，今後將歷久而彌新。」
（《中外論壇》1995年第5期）我對錢先生治學精神的論述，亦是有感
於此的。

　　歸結起來，確如紹崑兄所言，本文集之精神，借用張之洞的話來
說，是「中學為體，西學為用」；用陳寅恪先生的話說，則是一方面
吸收外來之新學說，一方面不忘本來民族之地位。陳先生說：「此二
種相反而適相成之態度，乃道教之真精神，新儒家之舊途徑，而二千
年來吾民族與他民族思想接觸史之所詔示者也。」（《中國哲學史審查
報告》）陳先生深信這是「真能於思想上自成系統、有所創獲者」必
須遵循的方針。我亦深信如此。

　　1985年，得紹崑教授兄的熱情幫助，我曾來紐約參加第四屆國際
中國哲學學術會議，當時思想尚完全籠罩在馬克思主義的支配之下。
雖然1978年國內提倡思想解放、改革開放以後，我的思想產生了很大
變化，曾率先撰文批判當時盛行於大陸中國哲學史研究中的黨性原則、
兩軍對戰及對唯心主義一概否定的非科學的專橫武斷學風，但批判的
鋒芒只是針對馬克思主義的教條化傾向，並沒有觸及馬克思主義本身。
馬克思主義的種種基本原理對我仍然是天經地義。所以曾和紹崑兄有
過激烈的爭辯。當會議結束，紹崑兄約我和湯一介先生至賓州他任教
的大學等地訪問時，我們曾反復護衛著馬克思主義的基本觀點，沒有
絲毫懷疑和動搖。但隨著對西方文化學術的日益深入的了解，目睹「六
四」的悲劇，1990年到普林斯頓大學以後，就逐漸完全擺脫馬克思主
義框框的羈絆了。社會發展五階段論、資本剝削論、剩餘價值論、共
產主義終極目的論等等，通通脫下了其科學的真理的外衣與一度享有
的信仰與崇敬。思想獲得了真正的自由與解放。一種曾未有過的輕鬆
之感湧現出來，以至愈到後來，對中國哲學史研究的反省、回顧和重

寫的願望就愈益強烈，真正希望有一個新的開始。第一篇《哲學：理性與信仰》就反映了這種心情。與1985年初到美國相比，十年之間，思想的變化真是何等激烈、巨大。但中國與世界，不也正是這樣嗎？現在又是歲暮了，送舊迎新。希望我的中哲史研究也能在未來有更好的成果，以不負湯一介先生及紹崑兄，不負三民書局劉振強先生及同仁們的熱心支持和鼓勵。

　　1990年至現在，一直寓居於普林斯頓，此地鳥語花香，山清水秀，風景迷人。其高貴典雅的學術氣質和校園、街景，常令人置身於湖光山色、天人合一的自然境界及自由、高雅的文化氛圍之中，思想不覺也變得自由、滋潤和靈異起來。本論文集中，九十年代所寫的《莊子對人類自由本性的探索及其貢獻》、《試論錢穆先生的治學方法、目標和眼光、胸懷》、《論王陽明思想之與朱熹》及《哲學：理性與信仰》，就是在這種境界和氛圍中完成的。值此論文集出版之際，謹向普林斯頓大學東亞系諸友人及中國學社的支持，表示衷心感謝。

　　當然，普林斯頓對於我亦不是世外桃園。家事、國事、天下事，常令心緒為之焦慮起伏，無法寧靜，特別是母親與好些親屬、師友、故舊、同仁的亡故，更常使人悲痛難名，愧疚泣噓。但下面的兩條消息卻是印象深刻，很受鼓舞的：

　　世界日報《世界周刊》1996年10月20日報導，法國人重燃信奉天主教熱忱。報導說：「一千五百年來，天主教經歷了法國大革命以及現代科技的考驗，再加上七十年代的反宗教風潮，年青一代的法國人，對宗教抱著懷疑的態度，天主教不再吸引人，神父也後繼無人。許多教堂因信徒流失而紛紛關閉。然而，今天的年青人卻重拾信仰，竟導致神父不敷所需。有些村莊甚至舉行無神父的自助彌撒。信教的村民，星期天早上自己聚在一起討論《聖經》。」（賴慧芸）

世界日報《世界周刊》同年9月11日報導，美大學校園掀起宗教熱。報導說：「在賓州州立大學，學生宗教團體十年前只有十五個，如今卻增至三十個。……」亞特蘭大艾莫里大學康德勒神學院教授羅貝嘉·喬普說：「美國人追求靈修的鐘擺前後擺動，我想我們目前正處於精神覺醒的時候。」

這是無法解釋的。真如一個鐘擺，擺來擺去。文明看似墮落了，又自己振興起來。信仰衰落了，又自己高漲起來。這也就是所謂「基督耶穌的復活」。理性與信仰，過去在支撐著人類文明，今後也將如此。中國人號稱沒有宗教信仰，但類似的信仰的復甦，顯然也是可以預期的。

但人究竟走甚麼路？向上或向下？是自己決定的。

亡友傅偉勳教授說：「我一分一秒都不敢浪費，每天不是教書就是寫書，希望在有限的生命中多寫點書，盡到身為學者的人生使命。」謹錄此以作為本書出版的自勉。

1996歲末

哲學：理性與信仰

目　次

哲學：理性與信仰
── 中國哲學史研究之反思

一、哲學研究的任務與對象

從來認為，哲學是對人類認識的反思或對人類思想的反思。黑格爾說：「哲學是思想要求在它自身之最高的內在的滿足中而以思想為它的對象。」(《小邏輯》，賀麟譯，三聯書店1955年版，頁63)。哲學「是將思想本身、單純不雜地作為思考的對象」(同上，頁53)。馮友蘭先生說：「哲學是人類精神生活的反思。人類的精神生活的主要部分是認識，所以也可以說，哲學是對於認識的認識。對於認識的認識，就是認識反過來以自己為對象而認識之。」(《中國哲學史新編》，第1冊，《全書緒論》)這種看法，像幾何公理一樣，是現時大陸中國哲學史研究中最為流行的哲學觀。

實際上，與理性認識一樣，信仰也是人的本質，是人之為人的基本。「人為萬物之靈」，不僅在於人有聰明智慧、有理性，也在於唯人才有信仰、有「超越」的要求。理性是人類精神生活的重要部分；信仰，同樣是人類精神生活的重要部分。兩者既對立，又互補，構成人類精神生活基本內容；因此，信仰有同樣的權利與地位，要求成為哲學研究的內容。

近代，隨著人性的覺醒，科學的興起，理性被宣布為光輝的日出，成為光榮、尊嚴、文明、進步、智慧的同義語；凡被理性宣布為非理性的東西，就被目為異端、邪惡、愚昧、野蠻、黑暗，信仰成了極不

光彩的名詞。但考諸歷史，信仰是與理性俱生的，理性提升信仰，信仰亦提升理性。與理性並列，信仰也是人與人類社會、文明之向上與進步的支持與鼓舞力量。荀子說：「水火有氣而無生，草木有生而無知，禽獸有知而無義，人有氣有生有知亦且有義，故最為天下貴也」（《荀子・王制》）。荀子認為人之有義，使人能群，是人之可貴之所在。但義是由理性產生的，故理性是人之能群的基礎。荀子可以說是中國理性主義的代表。實際上，人之能群，遠非如荀子所說是人之理性、智慧的功績，更主要的是依靠「信仰」。遠古時代，理性極不發展，人之能群，建立部落，保護自己，抗禦敵人，求取生存，信仰起著重要的作用。信仰衰落了，「群」的生命、活力也就消失了、瓦解了。

　　就信仰與理性、智力之發展的關係言，流行的觀念認為信仰束縛與阻礙著理性的發展，似乎一部人類認識的發展史，即是理性如何與信仰鬥爭、突破信仰之「迷誤」的歷史。故一些哲學家總是撇開與信仰的關係，逕直探討理性是如何自己發展起來的，例如是如何在生產中隨生產工具的製造與使用而發展起來的，完全不談「信仰」對原始人群之理性、認識之發展的作用。實際上，信仰對於理性發展起著重大的作用。例如，理性據以認識世界的最重要的因果範疇、因果觀念，就是借信仰之助建立的。面對陌生的自然環境，隨時出現的種種危險、威脅、疾病、飢餓、死亡、及生育的痛苦，災難性的因果景象對原始人的因果表象之形成，比之生產工具的製作，無疑起著更關鍵的作用。它所引起的刺激、興奮、與印象之強烈，是正常的工具生產、製造、與使用所無法比擬的。「一次被蛇咬，十年怕草繩」。蛇咬與死亡的因果關係，在原始人的頭腦中變成了「類似」的表象（像蛇的草繩）之間的聯繫（咬、死亡），久而久之，類似的因果表象不斷積累反覆，產生飛躍，才形成因果之認識範疇與觀念。就一般情況而言，「因」如果

不被信仰肯定為某一「因者」，原始人是不能設想「果」會是這「因」引出的。但信仰是人類生而有的天性、本質，所以當理性注意到兩種表象先後發生的聯繫時，信仰就幫助理性把它所不知道的環節、因素填補起來。沒有信仰之助，人類要由在先與此後的事實聯繫，發展出因果表象，再發展出因果觀念，可能不知要困難多少倍。康德說因果範疇是先驗的；休謨說經驗認識本身不可能產生因果之必然性，都在實際上道出了「因果」觀念與信仰之本質的聯繫。

道德與信仰的關係更加密切。理性不可能建立真正的道德，這是許多哲學家的共識。理性、認識所能建立的，是知識及對種種利益、利害的計算，設計種種社會制度、規約、契約、戒律，用以保障社會的共同生產與生活，其中不被強迫而逐漸成為人們之習慣與風俗的東西，人們就稱之為道德；但此種道德與「殺身成仁」、「捨生取義」、「視死如歸」、見孺子入井而湧現惻隱之心等等以獻身為自然與當然者，是不可同日而語。所以康德與宋明理學家們強調道德是天賦的，是從人心自然發出的，從而預設了人是某種自由與「神性」之存在。這種「神性」，康德稱之為「靈魂不死」、「善的意志」，朱熹稱之為「太極」、「天地生物之心」、「愛人利物之心」，王陽明稱之為「良知」，孟子歸之為「此天之與我者」，認為它們都不是來自理性、認知，而是作為天賦獨立存在於人的。

信仰也是美感產生的動力、中介與心理基礎。

古代，生活在西班牙阿爾塔米拉的原始人群，在漆黑狹小、須匍匐才能進入的洞窟中，畫出了令人嘆為觀止的壁畫，不僅其精神、毅力來自對神的崇敬，所畫野獸的栩栩如生，分外傳神，也是因為「信仰」使他們在反觀這些自然物時，以之為精靈、為生命，與之感情交流，從而產生出強烈的印象。僅僅是狩獵生活、對動物的熟悉，是不

能使之進入如此卓越的「藝術」境地的。

美的節奏、形式、對稱、與和諧等等之形成，工具的製造與使用可能起了作用，但動物、人本身就是對稱的，其動作、生活、生理就是有節奏的、和諧的。青年女性的健康、活力、彈性、明亮與老年的萎靡、枯槁、死氣、灰暗，不能說只在現代人中才會引起不同的快感，在原始人中則完全一樣。色彩鮮艷的花朵、鳥類，原始人固然不能如現代人有閑情逸致去欣賞，但不能說其引起的快感也如蒼蠅、蛇蝎一樣，沒有任何區別。與沉重的勞動相聯繫的生產，更難於引起人們的快感、美感。所以原始的歌舞，雖然反映生產的動作、生活的節奏，但反映者的心情，則是與信仰、與對神的崇奉相聯繫的。普列漢諾夫說「狩獵神話是原始裝飾藝術的基礎」（《沒有地址的信》）。西方流行的觀點認為美、藝術奠基於巫術與巫教，這是很有道理的。

因此，許多古代美術、藝術作品之特點、內容的說明，與其求助於社會生產對人的心理的影響，不如同時求助於人的信仰特性更為直捷、簡明。沃林格 (W. Worriger) 指出：「美的抽象的形式，如原始陶器紋飾、中世紀圖案、峨特教堂、現代藝術等等，與寫實性的形象移情之不同，在於抽象表現的是對生命和現實世界的隔離、否定，是為了消滅具體時空以求超越有限，是對永恒的追求」（引自李澤厚《美學四講》三聯書店（香港）有限公司 1989年版）；「是直接與心靈對應的抽離。」沃林格所指出的，實際上正是這些藝術作品所反映的人的信仰之精神特性。人的理性，追求變動、運動，所謂「智者樂水」、「智者動」。不停地探索、懷疑、否定，永不寧靜，是理性的特徵。信仰的心靈則恰恰相反，對寧靜、無限、永恒之追求，是它的特性，所謂「仁者樂山」、「仁者靜」。在紛繁、複雜之爭奪、計算，「與物相刃相摩」的現實世界中，精神永遠得不到它所需的超越與平靜；美術、藝術正

是它的補償。故在狩獵、漁獵時代，藝術作品的特點一方面是強力和節奏，再現狩獵生活以求取神的賜福與歡悅；一方面是陶器紋飾之與塵世、生活的隔離以追求精神之永恒與寧靜。農業時代也同樣如此。殷人的藝術，一方面是青銅器上饕餮的猙獰及在《山海經》、《楚辭》與種種神話中所反映的對遠古神靈與力的崇拜；一方面則是如青銅器上的裝飾圖紋（風紋等）之與塵世的喧囂的隔離及對寧靜與永恒之嚮往。一直到現代，人們的心靈也是如此。暴雨、荒漠、怪石、奇景、鬼蜮、地府成為欣賞對象，固然是由於它們是被現代巨大生產力所征服了的對人已無害的規律性與力量，同時也是因為它滿足著人的「信仰」心靈之需要。在荒誕、荒漠、奇景、怪石、鬼蜮與種種神秘中，心靈超越了塵世的平庸、紛擾、折磨而進入遠古的神秘世界，重新激發起了原始生命之活力與激情。自然風光的美麗、寧靜、超渺，為人們所欣賞，主要並不是它們是一種被掌握了的規律性或能令人產生某種實用價值的聯想，而亦是因為它們能滿足「信仰」心靈之追求寧靜、超越，掙脫塵世、平庸的心理需要。

「信仰」是人性或人心的本質特徵，宗教的產生更是極好的證明。世界的幾大宗教如基督教、回教、佛教，並非如流行所謂，植根於人類理性的愚昧與迷誤，而以虛幻的形式反映人的類本質與力量。實際上，人尋求自己的歸宿、尋求生命的意義及其在茫茫宇宙中「安身立命」的需要，才是宗教產生的基本因素。愚昧、苦難，固然會驅使人們信仰宗教，理性的發展，物質生活的富裕、平靜，同樣會驅使人們信仰宗教。宗教所塑造的神、上帝、涅槃之境，正是人自身的「神性」的集中與完滿化。耶穌在《新約》中所佈的「道」，其靈感實際來自人的內在的「神性」。這「神性」本是人所內具的，正如理學家認為「良知」、「愛人利物之心」是人所本具的一樣，耶穌或聖人只是把它完滿

地體現出來而已。基督教雖然宣布人是「原罪」，「神性」是人永遠不能企及的，但實際上，《聖經》是人寫下的，如果人自身沒有「神性」，只是理性、理智，《聖經》也就絕不可能寫出了。

人來到世界，猶如在大海航行中的孤舟，最大的心理需要是明白自己的目標與歸宿。這歸宿與目標，單純靠理智的探索並不能提供，需要依靠信仰來最後確立。

「信仰」，在歷史上，它的表現形式是多種多樣的。遠古時代，由於理智的不開化，許多民族採取圖騰、祖宗崇拜、「萬物有靈」種種形式。隨著時間與歷史的進展，西方有猶太教、天主教、基督教、回教，印度產生了佛教，中國則有儒家天人合一式的「內在超越」與「三不朽」的「信仰」。現今在不同的人群與人那裏，信仰亦有種種不同形式，有高低之分，精粗之分，內容可以完全不同。但不管怎樣，信仰是人類精神生活的重要部分，它與理性、認知一起，構成人類精神生活的兩大支柱，是沒有疑義的。

因此，哲學既應該是關於人之認識之反思的學說，是關於世界的全部具體內容及對它的認識的發展規律的學說，是對世界認識的歷史的總計、總和、結論；也應該是關於人的本質、生活與生命之意義、歸宿之研討與反思的學說，關於人之信仰之反思與研討的學說。

澤厚兄說：「康德在某些方面比黑格爾高明，他看到了認識論不能等同、也不能窮盡哲學。黑格爾把整個哲學等同於認識論、或理念的自我意識的歷史行程，這實際上是一種泛邏輯主義或唯智主義。這種唯智主義在現代受到了嚴重的挑戰，例如像存在主義，即使沒有提出什麼重大認識論問題，卻仍無害其為哲學。人為什麼活著？人生的價值和意義？存在的內容、深度和豐富性，生存、死亡、煩悶、孤獨、恐懼，等等，並不一定是認識論問題，卻是深刻的哲學問題。它們具

有的現實性比認識論在特定條件下更為深刻，它們更直接地觸及了人的現實存在。人在這些問題面前，更深切地感受到自己的存在及其意義和價值。」（《康德哲學與建立主體性論綱》）這是完全對的。但是如果否認人之內在的信仰與「神性」，認為人只是一理智系統，那麼哲學就絕不可能跳出泛認識論、泛邏輯主義的窠臼。即使把它置於實踐、生活、生產及工具的製造與使用的基礎之上也是如此，因為到頭來這也不過是使泛科學主義、泛邏輯主義、唯智主義獲得一新的立足點而已。

二、中國哲學史研究的反思

以認識論為哲學的基本內容、以理性為精神生活的基本內容而排斥信仰，這對中國哲學史的研究產生了相當消極的影響。這種影響，馮友蘭先生所寫的兩本中國哲學史（三十年代與七八十年代的）可作為代表。

中國哲學或中國思想，先秦以儒道兩家為代表，本來不僅奠基在理性之上，亦奠基在信仰之上。就理性一面而言，道家是卓越的代表。但老子的著作中所凝聚的理性、智慧，絕不是僅僅圍繞認識論、圍繞共相與殊相的關係展開的。它有著中國民族的智慧的特點，有自己關心的問題與解決問題的角度，因而不同於西方哲學如柏拉圖、亞里斯多德及以後的新實在論；因此一當用西方式的「認識論」、用一般與個別、共相與殊相這把標尺去剪裁、切割時，它的智慧的深度、廣度，它的無限精彩的內容，就被弄得與民族之思想的生命、靈魂、它的活的運動、發展完全脫離關係了。

從民族智慧之精華與對民族文化、思想之活的深邃的影響而言，《老子》所包含的無限豐富的智慧中，最為重要、最有活力、最有影

響的無疑是下列四項智慧：(1)關於有無的智慧；(2)自本、自根、自生、自養、自成的智慧；(3)「玄德深矣、遠矣」的智慧；(4)「失道而後德，失德而後仁……」的歷史發展之智慧。所有這些都絕不是「共相與殊相」之關係所能反映與概括的。

以老子提出的有與無的智慧而言，當然也涉及共相與殊相的關係，也可以從這方面作一詮釋，但老子的著眼點並不僅是邏輯與認識論。他的「有無」是對全部世界歷史與生活的概括，包含著軍事的、政治的、藝術的、人生的極其豐富的內容。軍事上，部隊、兵員、武器、糧草、彈藥等等是有，政治、指揮、運籌帷幄、道德、士氣、軍心等等是無；藝術上，造型、布局、色彩、形式等等是有，神韻、意境、言外之意是無；「大衍之數五十，其用四十有九」是有，其一不用是無；大音希聲、大象無形，有象有形的東西是有，無象無音的東西是無；一切存在的可見的具體的有形的東西是有，它賴以存在、運動、發展的根據、生命、靈魂是無；形而下的東西是有，它賴以存在與作用的超越的東西是無。……老子的無比傑出與深刻之處即在於：當通常的智慧只能看到有，有的存在及其作用的地方，老子指出，在這有的背後，尚有與之相聯繫的作為它的根據與生命的更重要的東西：無。幾千年來，在老子這一智慧的潤澤下，中國民族產生了極其卓越的軍事智慧，戰略與戰術的智慧，藝術的智慧，科學、醫學的智慧，以及人生與形而上的智慧，避免了死板、僵化、庸俗、膚淺。中國哲學或思想史的任務，應該把這一智慧的深邃而豐富的內容、涵義及其形成的條件、背景與影響闡釋出來，而不是套用西方哲學的框架、以共相與殊相之關係的尺度予以剪裁和切割，但馮先生的兩本哲學史卻恰恰忽視了這點。

按認識論、理性的標準，老子「玄德深矣、遠矣」的命題被完全

忽視了，認為沒有什麼價值，甚至被斥之為「不可知論」、「神秘主義」而予以批判、否定。實際上，老子在這裏顯現出了極大的洞見，就是：事物的本性、道的本性，絕不是表面、淺層所顯見的東西。你認識了表層的東西，實際上仍然還有比它更深層的東西。事物的本質，「玄德」是很難窮盡，甚至是不可窮盡的。故「前識者道之華而愚之首」，那種自以為能憑自己的聰明知識而對世界、人類、歷史之命運作預言，作準確科學判斷的人，實際上是極為愚蠢的。老子並沒有像通常的認識論一樣，闡述認識的起源、階段、真理的標準、認識與實踐的關係等等，但它提出的這一真知灼見，確是對認識、對理性的最深刻中肯的分析。「玄德」的說法，追究到最後，會與神秘信仰相聯繫，但這並無損這智慧的價值，相反，它正好突顯了它的洞見的深遠、深刻，是一般的智慧所無法企及的。

其他兩項也是如此。

故老子上述智慧的每一項，都可以發展為一深刻的哲學體系，後人永遠可以從中汲取智慧與靈感而用之不窮，用種種現在流行的辯證法公式或西方理性的哲學觀去解說，就把它的無限價值弄成枯燥平庸的哲學說教了。

和老子、道家不同，儒家以孔子為首，則是以正面教導的姿態出現，擔負著教人如何成德、成人的任務的，因而「信仰」之被肯定、尊重，道德之被提到首要地位，就成為孔子和儒家思想的最顯著的特徵。

孔子及其《論語》的基本價值正是在展現一完滿的人格，一倫理道德的典範，一如何做人的師表。而孔子之能如此，與孔子極為虔誠真誠的信仰有深刻的內在關係：

五十而知天命，六十而耳順，七十而從心所欲不逾矩。　《論語·為政》

天生德與予，桓魋其如予何。　《論語·述而》

文王既沒，文不在茲乎?! 天之將喪斯文也，後死者不得與於斯文也，天之未喪斯文也，匡人其如予何。　《論語·子罕》

　　正是對於其所擔負的宏揚文化、教人成德成人的神聖任務，有著如此「天命」一樣的自覺，孔子才可能「學而不厭，誨人不倦」，發憤忘食，樂以忘憂，不知老之將至；才可能知其不可而為之，在任何困危與艱難險阻中，不放棄自己的奮鬥。但馮先生的哲學史卻把它作為迷信、落後，輕輕否定了。

　　一部《論語》，看似平常，實際上是在前無範例的情況下，在各方面為人們樹立起範例、典範、標準，許多話有如從「神性」、從純粹之道德心靈中自然流出的一樣，既平凡、簡易，又崇高、純潔，無不過，也無不及，展現了道德的本性，在今天也依然是道德的標準。比之《聖經》，它更為圓渾、簡明、豐富、精煉。

　　但在「認識論」、理性的剪裁下，孔子之對中國文化與思想的真正貢獻及其生命活力，也完全被切割而弄成零散的一堆知識和說教了。

　　自孔子而後，孟子強調「四端」，強調「天之所以與我」，強調「存心養性以事天」，強調「當今之世，舍我其誰」；董仲舒宣揚「天心」、「察於天之意，無窮極之仁也」、「天之生人，使之生義與利，利以養其體，義以養其心」；朱熹提出「天地生物之心」；張載強調「德性所知，不萌於見聞」；王陽明強調「心之體，性也」等等，對天命、良知、天心、仁心等等的信仰、肯認、自信，成為他們思想的一種最鮮明的

特色。但在崇尚理性、貶斥信仰，以共相與殊相的關係是哲學的基本
內容的剪裁下，這些也一概被切割、被西化、知識論化了。

　　在西方，柏拉圖的理念論，亞里斯多德的哲學思想，中世紀的唯
名論與唯實論之爭，以及康德的三個批判，實際上與社會、人生、人
生意義、信仰是緊緊相聯的，絕不是單純邏輯上的對一般與個別之關
係的抽象，但在馮先生的中國哲學史中，這哲學問題與社會、與人生
的血肉相聯的內容、關係也被切割了，剩下的只是共相殊相的一種純
認識、純邏輯與純抽象。老子的有無，「異名同謂」，是這種純邏輯的
抽象；公孫龍的《指物論》，「離堅白」、「別同異」是這種純邏輯的抽
象；王弼、郭象的有無，是這種純邏輯的抽象；程朱的理氣仍然是這
種純邏輯的抽象。一直到馮先生自認是中國哲學之最高峰與集大成的
他自己的「新理學」，也仍然自認為是這種純邏輯的抽象，認為這才是
中國哲學的正路與正宗。試想，這如何能不使中國哲學與中國思想變
得簡單、乾巴、貧瘠呢！

　　馮契先生說：

> 馮友蘭先生對中國哲學的貢獻，是將邏輯分析方法運用於中國哲學，使蘊藏在
> 中國哲學傳統中的理性精神得到了發揚。

> 馮先生運用邏輯分析方法來研究中國哲學，給人以耳目一新之感。

> 馮先生在《中國哲學史》中對先秦名家兩派的分析，對程朱理學的闡述，均著
> 眼於揭示其理性精神而提出了嶄新的見解。　（《馮友蘭先生紀念文集・
> 新理學的理性精神》，北京大學出版社）

比之於胡適的中國哲學史，比之於一般的中國哲學史，馮先生的兩本哲學史確有這種貢獻，但如果以之為中國哲學之研究要走的正路、範本，這就將走向反面了。

馮契先生又說：

> 中國傳統哲學中蘊藏的最深邃的智慧是關於性與天道的理論。不論儒家、道家，還是玄學、佛學、理學、心學都以為本體論與智慧學是統一的。而在中國哲人看來，所謂智慧就是關於宇宙人生的真理性認識，它和理想人格（或自由人格）的培養是內在地相聯繫的。因此哲學家不僅要認識世界（認識天道），而且要認識自己（自反以求盡心知性），並要認識世界與認識自己的交互作用中，轉識成智和培養自由人格。而「轉識成智」包含有飛躍，即通常所謂悟和理性的直覺，因此，智慧的表達雖離不開名言，也遵守邏輯，卻又總有言不盡意的情況，要求突破形式邏輯的界限，所以正的方法和負的方法都是需要的。馮先生對「轉識成智」問題的探索，揭示出其中的一些環節，把問題引向深入了，是一個貢獻。　（同上）

實際上，馮先生在轉識成智的問題上，恰恰不是把問題引向深入了，而是片面化了。老子式的智慧，確是可以轉識成智的。這裏的識指認識、知識，但道德人格（自由人格）的樹立與培養，必定要基於理想與信仰，如孔孟、如董仲舒、如朱熹、如王陽明；即便是革命人格與革命理想，立足於對社會發展規律的認識之上，這種「認識」實際上也帶著目的論性質，是一種「信仰」。純理智的認識，科學式探索的知識，可以轉成某種「哲學」的智慧，但不可能提供理想人格的獻身精神與忘我奮鬥的內在動力。否定了「信仰」、理想，轉識成「智」，即人生與道德之超越境界，是無從談起的。

　　直覺、悟，人們常常使用這一詞彙，但實際上有種種不同的直覺或「悟」。有科學上的，有哲學上的，也有人生價值上的。老子的許多思想可以說是哲學的直覺、慧解、悟。慧能的，朱熹的，二程兄弟的，王陽明的，就屬於人生價值、道德根源、生命究極的智慧與悟，它的轉識成智的基礎，是理性與信仰的結合，是理性所引導的信仰、或信仰所引導的理性。單純的理性、知，不可轉成他們所得的「智」的。而馮先生強調的解悟、悟解，基本上是理性的、科學的、知識的，因此與儒學、孔孟、程朱、王陽明是脫節的。

　　西方哲學由於天人相分、政教分離的傳統，一直存在兩個領域：神學哲學與世俗哲學。神學哲學以信仰為基礎，研究的中心內容是人的本質、人與神、與無限的活的關係，人如何超拔自己以成人。世俗哲學則以認識論為中心，不論研究自然、道德、倫理、宗教、政治原理、藝術、美，一概以之為客觀對象，對之作認識的、理性的、科學的剖析，總結為一系統的知識。中國哲學特別是居於文化思想主導地位的儒家哲學思想，與西方不同，是天人合一，政教合一，信仰與世俗、與理性合一的。故既是一理性智慧系統，又是一信仰超越的系統，是合客觀的研究探討與成德成人的雙重任務、內涵而為一的。因此，一當忽視中國哲學的這一特點，用西方哲學的認識論標尺來剪裁、評判、篩選中國哲學思想時，中國哲學特別是儒家思想與民族文化、心靈之活的關係、聯繫就被切斷了。它的一部分極重要的思想資源被摒棄、否定，從而不可避免地成為西方哲學的附庸與貧瘠的翻版。

　　因此，關於中國哲學史或思想史的研究，必須從馮先生或當今流行的純理性模式中解脫出來，既研究認識，也要予「信仰」以正當的地位，肯定其在思想史與精神生活上的價值，而予以深入地、精心地研究。研究理性與信仰之對立、矛盾而又互補的歷史行程與經驗教訓，

應該是新哲學史的眼光、胸懷與任務、內容。

三、信仰衰落與理性獨尊在哲學上的反映

西方，中世紀結束，進入文藝復興以後，信仰衰落，理性高漲，反映在哲學上是：與古代哲學主要陳述本體論不同，近現代哲學主要研究認識論問題，研究認識的方法、表達的方法；研究科學發現的邏輯；研究在認識過程中主客體的相互關係，認識的內在機制，認識及其語言表達之間的關係等等。邏輯分析、語義分析、操作分析、結構分析、價值分析、精神心理分析等等成為哲學的內容和特色。本體論、人的本質、命運及價值等等，基本上被排擠出哲學主流研究的領域。存在主義等，雖然與之不同，以人生、存在為研究的對象，但始終無法成為哲學的主流，由於其突現的人的孤獨、絕望、悲鳴、掙扎、無助，並且以它為客觀、客體而進行解剖，因而亦仍然是認識論式的。

中國沒有西方式的文藝復興，從社會性質來說，「五四」以前或維新變法以前，它基本上還是中世紀，從「五四」起，它才比較正式地展開了類似文藝復興以後西方經歷的近代的思想、文化進程，但有意思的是，信仰衰落，理性興起，本體被排斥、解體的過程，卻也早在十四、五世紀就開始了，這就是由程朱到王陽明、到王陽明後學、到黃宗羲與清代戴震所經歷著的歷程。

宋代，周敦頤提出太極，程氏兄弟體貼出「天理」， 朱熹把「天理」「太極」解釋為「天地生物之心」及「人得天地生物之心以為心」，一天人、合內外，牢固地建立「性即理」、「性即心之本體」的觀念。這些都是「信仰」堅定、「信仰」引導理性之「心靈」狀況在哲學上的反映。王陽明否定太極，逕直講「人是天地之心」、「人之心即本體之心、道德之心」。講法雖然不同，實際上也高揚了「信仰」，仍然引導

人們對良知、對「心之本體」有真誠的肯認與信仰。正如神秀的「性是菩提樹，心是明鏡臺」一樣，無論這本體是在天上或是在人心，或是既在天上又在人心，其真誠不二的肯認，都是論述與思想的前提。但王陽明後期，以良知為是非之心，又以是非為好惡，就實質上和禪宗慧能一樣，以當前「一念」的不同來決定一切，而把「信仰」與「本體」動搖了。

王畿說：

> 吾人學問未能一了百當，只是信心不及，終日意象紛紛，頭出頭沒，有何了期。吾人且道如何是心，如何是信得及？心無所用則為死灰，不能經世，才欲用時便起煩擾，用不用之間何處著力？日月有明，容光必照，變化云為，往來不窮，而明體未嘗有動，方不涉意象，方為善用其心。有諸己始謂之自信，非解悟所及也。　（《龍溪語錄》，卷一）

> 良知是天然靈竅，變動周流，不為典要……不是玄思極想推測得來，須辦個必為聖人之志，從一點靈竅實落致將去，隨物隨事不要蒙昧此一點靈竅，久久純熟，自有靚面相呈時在，不求其悟而自悟也。

> 若信得良知過時，方是未發、先天宗旨，方是一了百當，默而存之可也。　（同上）

> 知，一也，根於良則為本來之真，依於識則為生死之本，不可以不察也。知無起滅，識有能所；知無方體，識有區別。……變識為知，識乃知之用，認識為知，識乃知之賊，回賜之學所由以分也。　（同上，卷三）

這些都極明確地肯認良知是超越的絕對，只能由啟示而自信，不能由解悟、玄思、極想所究明。

王陽明的另一大弟子錢德洪說：

> 天地間只此靈竅，在造化統體而言，謂之鬼神，在人身而言，謂之良知。惟是靈竅至微不可見，至著不可掩，使此心積凝純固，常如對越神明之時，則真機活潑，上下昭格，何可掩得？　《明儒學案》，卷八，《姚江學案二》）

> 充塞天地間，只有此知。天只是此知之虛明，地只是此知之凝聚，鬼神只是此知之妙用，四時日月只是此知之流行，人與萬物只是此知之合散，而人只是此知之精粹也。　（同上）

極明顯地表現出對良知的崇拜、崇敬的神祕傾向。但到明末，王陽明的再傳、三傳之時，情況就完全不同了。

王艮將良知之不慮而能、不學而知歸結為自然、為學樂、為明哲保身，說：「明哲者，良知也，保身者，良知良能也。」「身者，天地萬物之本也。」（《明儒學案・泰州學案》）「知得身是天下國家之本，則以天地萬物依於己，不以己依於天地萬物」。故愛人即是保身，保身則須愛人。不僅理學之「天理」、「良知」被消解，道德的本質亦歸之為保身的「功利」了。其「依於己」，以「己」為一切之主的觀點，更是儒學思想史上前所未有的。

繼王艮而起，徐樾提出「我者萬物之體，萬物者我之散殊。」（《明儒學案・泰州學案》）顏山農提出「人心妙萬物而不測，只須率性所行，純任自然，便謂之道。」（同上）羅近溪提出「所謂樂者，只是個快活而已，豈快活之外，復有所謂樂哉。」「生意活潑，了無滯礙，

即是聖賢所謂樂。」「人之為生，自有天然之樂趣，故曰仁。」（同上）個人性情的舒暢、快樂，被認為是道德的根本。天理本體、良知本體，蕩然無存。

發展到李贄，思想更加越出常軌。李贄說：「人之是非，初無定質，人之是非人也，亦無定論」（《藏書·世紀列傳總目前論》），否定有所謂永恒的是非準則。又說：「夫私者，人之心也，人必有私，而後其心乃見，若無私，則無心矣。」（《藏書》，卷三二《德業儒臣後論》）以私為道德之根本，心的「本體」及其理學方向被徹底否定了。

劉蕺山、黃宗羲屬於儒學正統，但劉提出「心只有人心，而道心者人之所以為心也。性只有氣質之性，而義理之性者氣質之所以為性也。」「學者只有工夫可說，其本體處直是著不得一語，才著一語，便是工夫邊事，然言工夫而本體在其中矣。」（《明儒學案·蕺山學案》）雖不否認本體，但空懸其事。到黃宗羲，則明確宣稱：「心無本體，工夫所至，即其本體。」（《明儒學案·序》）本意雖在於強調道德踐履，反對空談性命，但由於工夫人人不同，時時不同，故「本體」亦人人不同，時時不同矣。黃又說：「知者，氣之靈者也，氣而不靈，則昏濁之氣而已，養氣之後，則氣化為知，定靜而後能慮，故知言、養氣是一項工夫。」（《孟子師說》，卷二）工夫被歸結為「知言」，為知，即理性，與信仰「自信得及」無關，從而使「本體」成為保留的一個詞彙，實質上沒有意義了。

到清代，這一過程仍然在繼續著，沒有停止，其典型代表是戴震對以理殺人的批判。

戴震指出，像程朱所講的那種高懸在彼岸的天理、本體是根本不存在的，良知也是子虛烏有。「理也者，情之不爽失也。」（《孟子字義疏證》）「理也者，盡乎情欲之微而區以別焉，使順而達，各如其分寸

毫釐之謂也。」(《答彭進士初允書》) 離開情欲，無所謂天理。情欲之
適度、合乎分寸、不爽失就是理。因此情欲是基礎，是第一位的，正
當的情欲之滿足，是一切問題的出發點。這不僅有如西歐文藝復興之
把人的情欲的解放作為思想的根本，也在哲學上把對本體的信仰拔除
了。

所以從王陽明到戴震，中國哲學之變化、思想之變化，確有著與
西歐某種相類似的進程。

維新變法及「五四」以後，引進了西方的民主、科學，哲學就更
加自覺地依附於理性，以科學為自己的基礎，為自己的準繩與尺度，
哲學變為科學，科學成為哲學成功的標誌與最高的追求，「本體」就更
被摒棄了。

「五四」前，嚴復首先開始了這一進程。

嚴復說：「一理之明，一法之立，必驗之事事物物而皆然，而後
方定之為不易。」(《嚴復集》，第1冊，中華書局1986年版，頁45)「可
知者止於感覺。」(同上，頁1036)「不實驗於事物，而師心自用，抑
篤信其古人之說者，可懼也乎。」(同上，頁1029) 因此，一切學問、
學說，包括哲學，只有首先變成科學，才有生存的權利與價值。傳統
哲學師心自用，在嚴復看來，不僅無用，而且有害，是應該徹底摒棄
的。

二十年代，中國科玄論戰，科學主義的代表人物，一個個理直氣
壯，信心高漲，科學萬能之聲響徹雲霄。哲學特別是中國傳統哲學，
被藐視、批判、否定，認為都應由科學取而代之。王星拱說：「在知識
界內，科學方法是萬能的，不怕玄學終久不投降。」(《科學與人生觀之
論戰》) 胡適說，一切學說、理想（價值）等等，都必須依據科學，立
足於三個原則的基礎之上：「(1)從具體的事實、境地下手；(2)都只是

待證的假設，並非天經地義；(3)都必須用實行來試驗過，實驗是真理的唯一的試金石。」(《胡適文存》，卷二) 丁文江宣布說：「哲學是假科學，科學是真哲學。」(《科學概論·序》) 中國傳統哲學所講理、氣、道、天、太極、無極等等，由於沒有試驗證明，都被認為是臆想、廢話、胡說，沒有任何意義與價值。

「五四」以後建立的新哲學，多自稱是新儒學、新程朱、新陸王，如梁漱溟、熊十力、馮友蘭等等，他們強調哲學 —— 玄學仍有其自身的價值，但由於「科學萬能」的權威與「壓力」，實際上也都不能不宣稱自己的哲學是「科學」的，是立足於科學方法與科學定律之上的。

梁漱溟說：我的新哲學「與愛因斯坦的相對論頗為契合」。 愛的相對論「不但使兩個互不相涉的靜的羅素哲學與動的伯格森哲學得一個接觸，並且西洋的、印度的、中國的東西都相接觸。」(《朝話》)就是說，相對論是他的哲學的「正確性」的支柱。又說，「從生物的進化史，一直到人類社會的進化史，一脈下來都是這個大生命無盡無已的創造。」(同上) 就是說，進化論也是他的哲學之正確性的支柱。又說，人之可貴，在於「人的生命中具有智慧、能夠持久地創造下去」；「人生的意義，在於他會用心思去創造」(同上)。就是說，人的本質是思，是知覺靈明，是創造，是智慧。在人的觀點上，實質和荀子、和道家自然論一樣，以「理性」為人的尊嚴和可貴之所在。因此，和梁所真正崇尚的「本能、情感、直覺」、「仁」、「意欲」、「完全聽憑直覺活動自如」(《東西文化及其哲學》)不自覺地完全矛盾而不協調了。

熊十力宣稱自己的體系是「新唯識論」， 以心為宇宙本體，但以「體用不二」、「質能不二」、「心物不二」為自己哲學的基礎。這些「不二」歸結到最後，是「翕闢不二」，翕指凝聚、靜止、形、質、物；闢指開放、運動、擴展、心。「翕即凝聚而成物，故於翕，直名為物；闢，

恒為開發，而不失其本體之健，故於闢，直名以心」（《體用論・明變章》）。「剛健而不物化的勢用即闢，是遍涵一切物而無所不包，是遍在一切物而無所不入。」「闢畢竟是包涵著翕」，而「翕畢竟是從屬於闢的」（《新唯識論・轉變章》）。實際和嚴復《天演論》的觀點完全一樣。嚴說：「天演者，翕以聚質，闢以散力。方其用事也，物由純而之雜，由流而之凝，由渾而之圓，質力雜糅，相劑而為變者也。」（《嚴復集》，第 5 冊，頁 1332）這種翕闢也即物理學上的排斥、吸引、正電、負電；生物學上的同化、異化、遺傳、變異。它們對於真正的「心學」、「心本體」、道德本心，完全是多餘和累贅，但熊卻以之為基礎。這種矛盾混雜、不中不西、不倫不類，也是「科學萬能論」的壓力有以使然。

　　馮友蘭先生的新理學，自稱承程朱而起，是新程朱，故大講「太極」、講「道」、講「理」、講「氣」、講「心」，但方法完全是純邏輯、純理性的。故其上述種種概念，完全建立在純邏輯的抽象之上，其「太極」、「仁」、「道德」、天地境界等等，與程朱特別是朱熹哲學的宗旨、本質完全不相干。在科學主義、理性為唯一標尺與權威的時代，馮先生自己及學術界卻視此為「正常」「合理」而毫無疑義。所以「五四」以後之中國哲學進程，可以說是西方近代哲學之否定本體、崇信科學這一思潮之在中國的擴展。

　　當馮先生、熊先生各自建立自己的體系時，關於良知，他們曾有一場很有名的爭論。馮說「良知是假設」，熊極表憤怒，拍案而吼，說「良知是呈現」。馮先生是理性主義，按科學和理性，一切要經過驗證，良知當然是假設。只有肯認人是理性，同時也是信仰，才能說「良知是呈現」。但熊也以科學、理性為自己體系的基礎，所以對「良知是假設」也就無可反駁而只能拍案了。

　　新一代的新儒學如牟宗三先生，不再在翕闢不二等等上糾纏費

力，而逕直講求本心。但由於對人的本質之理性與信仰之矛盾兩重性認識不清，因此，又走向了泛道德主義，以理性、科學知識為「現象」、為「良知」本體「自我坎陷」所顯現的作用。人完全本體化、道德化了。真實的人，充滿感性欲望與生活之活的矛盾、痛苦的人與人生，也被否定了。但這種矛盾是真實的，不能迴避的。

在大陸，科學主義、科學萬能論一直到現在仍然支配著哲學界，故所有關於哲學史的寫作、分析及新哲學的提出，莫不企圖把自己變成科學；即便提出的是人的命運、意義、價值的問題，解答時也完全視之為科學問題。這種傾向，張立文兄提出的「和合說」和李澤厚兄提出的實踐性的主體哲學，可以作為例證。

張提出「和合說」，要求哲學概念都應該是能「被檢證的」，和胡適、王星拱等人完全一樣。故它的新哲學充滿著狄拉克方程、相對論、波粒二象性、動態平衡、關係網絡等等自然科學內容，由此而引伸出哲學應如何如何的結論，與當年譚嗣同援引氣、電等等物理、化學知識以說明「仁」的特性，在方法上完全一樣。不用說，這種心態完全是科學主義與科學萬能論的。

澤厚兄給自己提出的任務是以實踐為基礎，給予康德的認識——先天綜合判斷如何可能？道德如何可能？美感如何可能以科學的解答。他的解答歸結起來，不外是社會的（如禁忌、戒律）如何慢慢內化而成心理的、道德的；實踐的（不斷反覆重複）如何在人的認識與心靈中積累沉澱而為認識之因果的、規律的、量、質的種種範疇，而成為先天綜合判斷之基礎；以及勞動之節奏、對稱、和諧等等及感官的文明化、社會化而變成為美的欣賞官能。但這種自以為科學的解答，實際上預設了：(1)人的心靈認識是一張白紙、臘模，是可以任由實踐的重複打下印記的；(2) 人只是也只能是一理性、認知系統（如荀子一

樣）；(3)人的本質是真、善、美三者所可以窮盡的，一旦他的實踐論指引科學把這三個問題解答了，人的本質、人之為人也就全部被認識了；但這些預設根本是不能成立的，也是不能由他的實踐論解答和證明的，故其「科學企圖」本身就是流行的科學萬能論造成的妄覺與幻想。由這種幻想而企圖建立科學的哲學，當然也不可能真正成功。

但澤厚又大力強調偶然性，說：

「這裏不再是必然（總體）絕對主宰規範或排斥偶然（個體），而是偶然去尋找、建立和確定必然。這樣，偶然就避免了荒謬、焦慮和任意，而在對超越的追求中，獲有了具體的歷史性格。」（《關於主體性的補充說明》）

對「超越的追求」成了人的本性，成了偶然性變成必然性的環節，但如果不與「信仰」相聯繫，它會是什麼呢?!

所以宋明以來，特別是「五四」以來，中國哲學所走的路程可以說是理性萬能所引致的哲學的貧困、矛盾、混亂的進程，它對人的本質之說明的無力、無能，不能不加深著當今文化與道德的危機。今天，是我們清醒頭腦，對之進行認真反思的時候了！

四、信仰的復興

《老子》說：「道曰大，大曰逝，逝曰遠，遠曰反。」

宇宙大爆炸、擴散、排斥，然後吸引、凝聚、黑洞，然後又是大爆炸，循環往復，可作為老子這段話的例證。

《朱子語類》：「問：天地會壞否? 曰：不會壞，只是相將人無道極了，便一齊打合、混沌一番，人物都盡，又重新起。」（卷一）「康節以十二萬九千六百年為一元，則是十二萬九千六百年之前又是一個大闢闔，更以上亦復如此。」（卷九四）也以宇宙為循環。

司馬遷說：「三十年一小變，五十年一大變。」也是循環論。

辯證法的說法是否定之否定，每一次否定有新質產生，因而歷史不是循環的，是進化的。但從宇宙宏觀的尺度看，是大循環中的小進化。

人心也是如此，一段時間保守思潮得勢，下一輪一定是自由化思潮當位。保守、自由，不斷往復循環。

理性與信仰，在人類思想史上也經歷了這樣的過程。

中國春秋戰國，禮崩樂壞，百家爭鳴，信仰消退；但漢代，經學確立，儒術獨尊，目的論、天心觀念流行，「信仰」重新確立主導地位。魏晉，自然論當位，「天地以無為心」，理性思潮盛行，信仰重新消退；唐代，三教鼎立，但純從中國之哲學思潮看，仍是魏晉自然論居於支配地位。唐末綱常解體，社會失序，理性失色，信仰亦趨凋零。宋代，理學興起，天理、太極之說流行，「信仰」重新確立統治地位。明代以後，本體消解，情欲盛行，信仰衰落。「五四」以後，科學主義取而代之，理性支配一切，信仰更被徹底批判、排除。用一種類似排斥吸引的公式，上述過程可簡單描繪為：原始信仰 —— 原始信仰的衰落（禮崩樂壞），理性興起（先秦）。然後是信仰（漢） —— 理性（魏晉隋唐） —— 信仰（宋明） —— 情欲（明清） —— 理性（五四以後）。也是一種循環。到今天，理性與情欲，可以說已發展到了盡頭。人心思動、思變，下一輪的風水，將是「信仰」的復興。

但這復興，並不是也不可能是社會的倒退，理性的排除，相反，它將承認理性、科學的正當地位與價值，只是要求予信仰以應有的地位。

這信仰只是說：「人，並不只是知覺靈明、理性，並不只是探索、求知的工具與系統；信仰同樣也是它的內在的本質、天賦、本能、潛

能。如同理性一樣，信仰也應該得到人的珍視、培養、提高，以更顯人的莊嚴、崇高和價值。」

這復興也不意味種種偶像的崇拜將要得勢。相反，就哲學、思想說，宋人的「信仰」已不是對外在的超越之上帝或鬼神偶像的崇拜，而主要是內在的超越和信仰。新的「信仰」亦將是如此。偶像崇拜，燒紙焚香，是低級的、卑俗的，帶著功利的目的的，在高級心靈中，將不可能有它的地位與作用。

這復興也絕不意味某種外在的權威、專制，將藉信仰而得勢，使民主、自由精神不能發展。相反，隨信仰而興起的道德、責任、使命、理想之熱情，將更有力地成就民主、人權、平等、自由與人的尊嚴的價值，這些價值在純理性與功利的計算中，可能被利益所排斥、遺忘而可有可無。惟有「信仰」的心靈才能顯現它們的崇高、莊嚴和美，而吸引人們為之獻身。

按西方的說法，自由、民主、平等、人權是上帝所賦予和保證的，惟有對上帝的信仰才能使之在人間大地生根。如果不從形式而從實質看，這裏的真理是：這些「價值」不是在功利和功利的計算中產生的；它們不是知識，不能視同理知探索的對象，而是人對自己本質的一種覺醒、頓悟。文藝復興所帶來的理性的高漲，人的自我意識的覺醒是它產生的一種機緣、條件。但它的本質也是一種「信仰」，是與信仰相聯繫的。因此，純功利的利益計較，只會導致它的毀滅、凋零。

所謂信仰，信是堅信、自信、信任、信念。仰是抬頭、向上，自己挺立自己，超拔自己於功利水平以上。動物只能平視，無法抬頭向上，所以永遠無法超拔自己。人能抬頭、仰望，成為萬物之靈。理性發展了，超越之追求亦成為人獨有的天賦與本質特徵。這天賦使人除有優異於動物的理性，亦有優異於動物的「道德」，而使人在本質上成

其為人。故當人自己體悟或頓悟到自己是一「信仰」、是一價值系統時，人也就達到了道。

　　傅偉勳教授說：

> 每個人一開始就站在人生的十字路口，面對十字交叉的兩條路向：一是水平線的 (Horizontul)，另一條則是垂直線的 (Vertical)。水平線的路向是決定論的，人的生命隨波逐流，得過且過，無所謂奮勉，亦無所謂墮落，一切只不過是運不運氣。垂直線的路向是有 (大乘佛教所云) 向上向下二門之分，或 (實存哲學所云) 本然性與非本然性之分，或儒家所強調的道心 (或天理) 與人心 (私欲) 之分，故有自由論的偏重。我們所以探問自己究竟是有自由還是已被決定，原是站在十字路口帶有為了自我了解與生命摸索的實踐性關心而如此探問的……，換句話說，我們究竟要偏取自由論 (垂直線的路向) 還是要偏好決定論 (水平線的路向)，本質上是實際生活態度的問題，而不是純粹知性探索的問題。　(《「壇經」慧能頓悟禪教深層義蘊試探》)

　　十字路口、歧路，它們通向遠方、未來，通向人生的究竟和深處。對於人生的歧路，理性、知性，並不能完全通過計算利害、指明前景而幫助你決定應有的選擇。如果能夠，就沒有歧路了。需要的是你的勇氣和決定。而支持你的最終決定的，將是你對價值的「選擇」與內在於心靈深處的「信仰」。如果沒有任何「信仰」，沒有任何價值之信仰的支持、引導，你將只能徬徨、徘徊、隨波逐流或如墨子一樣，哭泣而返。

　　所以人總是要有自己的信仰。問題只在信仰的高低、精粗、好壞與是否自覺。如果你有自覺，有對高級的可稱之為真善美的信仰，你就得到了道，你的生命就超出了動物、常人而成了一真正的高級的人。

而人是不甘墮落的，所以隨著理性、物質文明的進展，新的信仰的興盛將是必然的。

許多人預言二十一世紀將是中國文明或儒家文化的世紀。這預言建立在西方基督教信仰的衰落和儒家代表的理性——教育——成德成人之思想特徵上。似乎世界和歷史的潮流是人文主義的理性或理性的人文主義。這並不完全正確。實際上，西方已經在探索和展示種種新的信仰與信仰形式，顯示新的宗教虔誠的回歸，如齊克果的「信仰」的存在主義；如存在主義所包含的「信仰」成份及種種新神學❶。故信仰在西方的復興也是可以預期的。但斷言它將一定採取儒學的形式則是片面的。說西方將由信仰的基督教宗教文化而轉向人文主義的理性主義，則更加沒有根據。

儒學在中國的復興，恰恰不是由於它的理性主義，如荀子式的理性的人文主義，相反，將是由於它是理性與「信仰」結合的人文主義。隨著信仰作為時代思潮的當位，儒學的復興是必然的，但儒學的形式則將會是新的。

這些，也就是本論文集關於中國哲學及其研究的反思所體悟到的新的思想或指導思想。

（1995年 6月）

注　釋

❶參閱劉小楓《走向十字架上的真理——二十世紀神學引論》，三聯（香港）有限公司1994年版。《大趨勢》，約翰・奈斯比特(John Naisbitt)、

帕特里夏・阿伯迪妮(Patricia Aburdene)著，北京軍事科學院外國軍
事研究部譯，中央黨校出版社1990年7月版，第9章《宗教復興》。

論孔孟荀思想與個人獨立人格或尊嚴之關係

　　本文不同意先秦儒家思想中出現獨立人格覺醒的觀點❶，認為直到十九世紀，在中國的整個封建社會中，沒有什麼「個人獨立人格」可言。孔子的「人」是指人的「類」而不是具體的個人；「天地之性人為貴」也只是貴其有義，不同於動物。中國古代「人為貴」的觀念引導出來的，是中國古代的人道主義，而不是近代意義下的人格獨立和個人尊嚴。孟子時代出現的士階層，代表著兩種不同的歷史趨向，有利於個人獨立人格形成的，恰恰不是以孟子為代表的「士」，而是以楊、墨為代表的「士」。荀子比孟子前進了一大步，他強調「群與分」、「維齊非齊」的法制思想，為個體在群體中爭得一席位置，但這只是理想而已。個體人格獨立在荀子時代仍然談不上。不應該把「獨立人格的覺醒」和「士階層的獨立意識」等同起來。「士階層的獨立意識」指的是「集團意識」，而「獨立人格的覺醒」指的是個人意識。「獨立人格的覺醒」只有在「士階層的獨立意識」解體之後才能建立。但這要在新的歷史條件下才能產生，而整個中國封建社會沒有具備這種條件。下面分五節予以論述。

一、孔子思想與獨立人格之關係

　　中國哲學與古希臘哲學有明顯的區別。反映在人格問題上，前者強調整體倫理意義及義務觀念，後者強調個人的獨立人格。在中國，以孔孟為代表的哲學思想，以天人合一為基礎，確立了以倫理道德為

主體的群體意識，抑制了自我和個體人格獨立觀念的發展，而希臘哲學的尚智傾向，以天人相分為基礎，在倫理道德問題上，其特點正是對個體獨立人格的強調。由於牢固的氏族血緣關係已被斬斷，希臘公民作為個體的工商業者，生活在以城邦為基地的獨立工商業經濟和民主政治活動中，發展了以利害、利益計較為基礎的人際關係，家庭倫理關係處於次要的地位，遂產生與發展出了以個體獨立人格為基調的倫理道德觀念。中國則完全不同。

從歷史上看，個體的獨立人格尊嚴的確立，需要兩個條件：一是個體在經濟上以及在生產活動中的相對獨立地位的確定，一是與尊卑觀念相對立的個人人格尊嚴與平等觀念的確立。也就是說，獨立人格的實質內容是對理性的平等以及對個人地位和人格平等觀念的自覺。因此它與各種形式的以自然經濟與血緣紐帶為支柱的農業家庭的生產、生活方式是完全不能相容的。

中國古代，經濟上一直以農立國，宗法血緣關係始終是人際關係的基礎。孔孟的時代，舊的經濟、社會、政治形式發生了重大變化，分封、等級、世襲三位一體的宗法氏族的政治經濟體制雖已被瓦解、破壞，而為立足於個體小生產者基礎上的封建家庭所取代，但農業血緣家庭這一基點並沒有改變。相反，它逐漸成為中國封建社會長期存在的社會經濟基礎和社會組織的細胞形態。而孔孟的思想，客觀上正是這個新的、以血緣家庭關係為基礎的社會經濟政治形式的思想表現，是為適應它的需要而產生的，因此，在孔孟思想體系中，不能發展出個體人格獨立與尊嚴的觀念是必然的。

剖析一下《論語》和《孟子》，可以看到，以孔孟為代表的儒家思想，其軸心與基點，是對孝弟忠信的強調與宣傳。所謂「君子務本，本立而道生。孝弟也者，其為仁之本與!」(《論語・學而》)「仁之實，

事親是也；義之實，從兄是也。智之實，知斯二者弗去是也；禮之實，節文斯二者是也」(《孟子‧離婁上》)，其實質是確立與維護家長對家庭的絕對統治權。在封建宗族法家庭中，家長享有從經濟到政治、到思想的至高無上的地位，強調「孝」正是家長的這種封建統治權在倫理觀念上的反映。強調悌、敬兄，則是嫡長子財產與權利繼承制在倫理觀念上的反映。與此相適應，在國家政治生活中，忠的觀念是至高無上的。君父大義在倫理關係中居於壓倒一切的支配地位。在這樣的條件下，很難設想有什麼個體獨立人格會產生。所以從孔孟一直到荀子、董仲舒，反覆宣傳與提倡的都是尊卑等級制度天然合理的思想。《易傳》說：

　　天尊地卑，乾坤定矣；卑高以陳，貴賤位矣。

董仲舒說：

　　君臣父子夫婦之義，皆取諸陰陽之道。君為陽，臣為陰；父為陽，子為陰；夫為陽，妻為陰。　(《春秋繁露‧基義》)

　　諸在上者皆為其下陽，諸在下者，各為其上陰。　(《春秋繁露‧陽尊陰卑》)

在如此強調貴賤尊卑等級的絕對性與普遍性，強調它的天然合理性的整個封建社會，不僅儒家關於禮的思想，就是孔孟關於仁的思想亦不可能突破這個基本格局。

　　孔子仁的基本內容是「愛人」、「己欲立而立人，己欲達而達

人」、「己所不欲，勿施於人」。這裏的人，在形式上是獨立的個人，是被愛被立的對象，但實際上由於社會上不存在這種孤獨的獨立的個人，而只有帶著自己的特定等級名分而存在的具體的個人，即作為等級名分的體現者而不是在觀念上擺脫了這種等級名分而被抽象出來的與己相對立的個人，所以孔子的「愛人」，真實的含義就是自己和別人都同一地履行封建倫常的尊卑等級義務。正是因此，《大學》在解釋孔子的忠恕之道時，歸結為「絜矩之道」，即：「所惡於上，毋以使下；所惡於下，毋以事上；所惡於前，毋以先後；所惡於後，毋以從前；所惡於右，毋以交於左；所惡於左，毋以交於右。」要求人人盡倫盡職、絕對忠實地履行自己的倫常義務與等級名分。忠實地忘我地盡倫盡職，就是「己欲立而立人，己欲達而達人」。《中庸》說：「君子之道四，丘未能一焉。所求乎子，以事父未能也；所求乎臣，以事君未能也；所求乎弟，以事兄未能也；所求乎朋友，先施之未能也。」亦是以名分為依歸的。荀子對孔子恕道的理解也是如此，故說：「君子有三恕：有君不能事，有臣而求其使，非恕也；有親不能報，有子而求其孝，非恕也；有兄不能敬，有弟而求其聽令，非恕也。士明於此三恕，則可以端身矣。」（《法行》）所以形式上的抽象而平等的「愛人」觀念，其實質內涵恰恰是以「否認」獨立平等的人格存在為前提與結果的。

　　許多著作說孔子發現了人，孔子的仁體現了新的時代精神，這是應該承認的。奴隸由被當成能說話有語言的禽獸而被當成了「人」，享有與禽獸不同的「人」的地位，確是人類歷史向著平等自由的方向前進的一大步。但應該看到，這裏的人並非享有個人獨立人格尊嚴的人。就奴隸之被解放而為農奴言，他的地位只是離開禽獸所邁出的最初的一步。他雖被從禽獸群中提升出來，但仍然不過是土地與財產的附屬物。他的價值有了提高，但仍然是「天有十日，人有十等」中的下層，

不僅沒有獨立的人格，而且也沒有獨立人格的要求與意識。歷史的進步只是使他有僅比奴隸好一點的半獨立的地位與私有財產，可以不被隨意打殺剝奪而能更好地為封建主盡自己的本分與義務。所以孔子的仁所發現的並不是個人，而是人的「類」，即作為「類」的人。在奴隸制時代，奴隸不被承認為屬於這個「類」。現在則被承認為屬於這個類；有如君子、小人、大人、男女、父子統統屬於這個類一樣。但這個「類」只是自然的「類」，是人的自然屬性，而不是社會屬性。孔子的「問人，不問馬」，人也是與禽獸有別、又與禽獸對舉的自然人。而一當進入社會屬性時，人就分成了不同的「類」，體現不同的等級名分，個體的人，個體的獨立人格就不見了。只有擺脫這種等級名分觀念，並與它相對立，獨立的具有平等地位與理性尊嚴的個人才能出現，但這樣的人是孔子所沒有發現的。嚴格地說，孔子沒有個人的觀念，他注意的是人的類別。而這正是《論語》一個突出的特點。所以一部以論述人際關係、論述如何作人、成人的《論語》，通篇所論的是「君子」、「小人」、「大人」、「成人」、「士」，這些以類為對象的概念。其中君子是統治者、道德高尚者、在上者、勞心者，而小人則相反。「君子而不仁者有矣乎，未有小人而仁者也！」「君子喻於義，小人喻於利」（《論語·里仁》）一直到荀子，所論述的仍然是人的類，人被分成為「通士」、「公士」、「直士」、「愨士」、「小人」（《荀子·不苟》）。「有狗彘之勇者，有賈盜之勇者，有小人之勇者，有士君子之勇者」（《荀子·榮辱》）。社會上所有的人，不是屬於君子這個類，就是屬於小人這個類，沒有獨立的個人存在的餘地，因為沒有這種存在的歷史條件。

那麼如何看待孔子講的「志」呢？孔子的確是強調志的，特別是士的志，即士的責任與歷史使命，但「志」是否有個人獨立人格覺醒的意義，需要認真討論。

　　立志、奪志的志當然是個人的志。正如組成「士」、「君子」這個類的是各個個人，「有教無類」之類的受教育者是各個個人一樣。離開了「個人」、「主體」，志就沒有依附者。在人際關係和具體的認識主體、對象、認識過程或行為中，人也只能是個人而不能是抽象的人的類。這是很自然的。所以孔子的教育思想強調「因材施教」。對受教育者的個性及個人特點在教育學中的重要意義，給予了充分的重視。但它與個人獨立人格之覺悟、培育是不同的兩個問題。「因材施教」雖以教育對象有獨特的個人特點為前提，但這裏的個人特點並不含具倫理和歷史、社會、政治的意義，並不是人的解放的歷史尺度的表現。在奴隸制社會，「因材施教」的思想亦可以產生，並已產生。而在整個中國封建社會，因材施教思想（如在朱熹、王陽明一類教育思想中）亦有突出重要的地位。但這些都不包含有發揚與重視個體人格獨立的思想。就「志」而言，孔子強調受教育者要「立志」，特別是「士」要有志，強調個人在道德修養中發揚主觀能動性的重要，「不憤不啟，不悱不發」（《論語‧述而》）。認為天下動亂的時候，個人對立場與前途的選擇十分重要，要求君子有道則見，無道則隱，「隱居以求其志，行義以達其道」（《季氏》），在概述自己個人成長的經過時，孔子也指出立志的重要意義，說：「十有五而志於學」，認為自己立志早是自己成功的起點。但細加分析，所有這些對「志」的強調都不含具「個人獨立人格」之歷史意義與社會政治意義。因為這裏的「志」都並不需要也絲毫沒有觸及抹殺與否認個人獨立之現存的尊卑等級秩序，相反，倒是為了鞏固與加強這種秩序服務的，其精神是強調士在建立這種秩序中的個人自覺和能動性的重要。因此在這裏，要區分兩件事情，一件是：是否有產生個人獨立人格的歷史過程與社會政治變動；一件是：在建立新的等級秩序中強調個人的能動性。對於後一種能動性，歷史

上許多時候都是強調的。所以歷史上有愚忠、愚孝、烈士節女；宗教徒有很多可歌可泣的獻身精神；佛教在創立時期產生了不少以身奉法的故事。但越是如此，個人的獨立地位及獨立存在的價值與意義，就越是被抹殺、被否認，而不可能形成。

　　真正重要的問題不在於「志」的承認，而是在於「志」的歷史及社會政治內容，在於志的價值含義。孔子所強調的「志」，其內容是與道聯繫的。反覆強調的是「志於道」、「志於學」、「志於義」、「志於仁」、「志於禮」：「士志於道而恥惡衣惡食者，未足與議也」，「志士仁人有殺身以成仁，無求生以害仁。」但這種道義、仁、禮，在當時的現實社會、政治內容就是封建的道德體系和等級秩序，沒有對個體人格獨立的肯定。一直到荀子，所強調的也是「入孝出弟，人之小行也。上順下篤，人之中行也。從道不從君，從義不從父，人之大行也。若夫志以禮安，言以類使，則儒道畢矣！」(《子道》) 因此，在中國的歷史發展中，真正的個人獨立人格的發現是很晚以後的事，孔孟荀的時代，還沒有產生它的真正的歷史條件，所以也是不能以此來苛求於前人的。

二、「天地之性人為貴」的涵義

　　這裏有必要專門討論一下儒家「萬物之性人為貴」的問題。

　　「天地之性人為貴」，其具體意義究竟如何？包含著什麼樣的歷史內容？提出這個命題的《孝經》並沒有加以說明。按中國傳統的解釋，儒家和道家是分別從兩方面說明的。一是「人為萬物之靈」。故人之所以貴，「貴其有知識也」。這是王充和《淮南子》這類接受黃老自然思想的人所強調的說法。這裏的人是自然人。人之比動物高貴是在於有知識，或能「智能相通」。但知識或「智能相通」，正如「勇力」之於動物一樣，對人不過是一自然的屬性與事實。人與動物比較，人

在智能相通、有知識這一點上，高於動物，顯得可貴；但在勇力方面，人則不如動物。所以這裏的比較是從鬥爭，即人與動物之生存競爭而言的。因此，人雖然為天下貴，但沒有超出於自然物的水平。它仍然是一自然物，不過是一優異的自然物而已。所以道家的這類思想內在地包含有貶抑人的價值與尊嚴的思想。既然人只是一自然物，所以人的價值只是在於自己的自然的生命。甚至也可以推出老子那樣的結論：「天地不仁，以萬物為芻狗。」與芻狗一樣，本質上人也是某種巨大力量的手段而不是目的，他的價值不在於自身，而在於為超人間的力量之所用。所以《莊子》中對人生的意義討論甚多，而其結論可以是厭棄人生、否定文化、知識的價值，以個人之無用為大用，希望處於材與不材之間，以終其天年。

與道家不同的是儒家的解釋。孟子說：「人之所以異於禽獸者幾希，庶民去之，君子存之。」(《孟子・離婁下》) 荀子說：「水火有氣而無生，草木有生而無知，禽獸有知而無義，人有氣有生有知亦且有義，故最為天下貴也。」(《荀子・王制》) 認為人之可貴是在於他具有禽獸沒有的人倫道德。人倫道德不僅使人這個類在價值尊嚴上，高出於動物之上；而且由於義 —— 人倫道德的組織，亦使人具有優勝於動物的「制天命而用之」的力量。到董仲舒則更進一步提出了「人是目的」的概念，說「舉凡一切，天皆歸之以奉人」。人不是手段而是宇宙一切的目的。人是目的的體現，因而在宇宙萬物中居於中心與享有一切的地位。董仲舒說：「孔子曰：『天地之性人為貴』明於天性，知自貴於物；知自貴於物，然後知仁誼；知仁誼，然後重禮節；重禮節，然後安處善；安處善，然後樂循理；樂循理，然後謂之君子，故孔子曰：『不知命，亡以為君子』，此之謂也。」(《舉賢良對策》) 但問題不在於字面，而在於實質。而從實質來看，則儒家的說法雖然把人拔出於自

然之上，人不再是自然人而具有本身的社會尊嚴與價值，但它強調的只是人的類而不是個人。相反，由於「義」的等級性，「人之貴」反而是導向個人獨立與尊嚴之被剝奪！因此，在中國古代「人為貴」的抽象議論，不僅不具有近代意義下的人權及人的尊嚴觀念，相反，是與它相矛盾的。不過應該指出，由於這樣的宣傳，在中國近代，當資產階級的人權觀念出現時，它不感到與之衝突，因為僅從字面上看，人為貴的命題，又確是可以作出近代的解釋的，而且中國古代也一直有強調個人的道德義務和道德自律的傳統。所以認為中國傳統文化與近代人的觀念並不矛盾的看法也是很自然的。

由中國古代「人為貴」的觀念發展出來的，不是近代意義下的人權、個人尊嚴的思想，而是中國古代的人道主義思想、愛人思想。這種愛人思想，如董仲舒之要求「廢奴婢，除專殺之威」；陶淵明之要求把奴婢當人看，告誡兒子「此亦人子也，當善遇之」等等。但這種人道主義正如「泛愛萬物」、天地一體之類的思想一樣，是以根本不了解「人」之個人尊嚴為內容的。這種人道主義正如張載的「民吾同胞」、「為生民立命」之思想一樣，都是以「天生蒸民，作之君，使司牧之」為前提的。人之被愛，是大人的惻隱之心、同情之心的流露與發現，是天德良知之發現於外的表現。孟子所謂「天之生此民也，使先知覺後知，使先覺覺後覺也。予，天民之先覺者也，予將以斯道覺斯民也。」（《孟子·萬章上》）被愛者並不享有任何獨立的人格。說句不好聽的話，亦如當今之獸道主義一樣，人們之成立各種協會，挽救與保護自然界之各種野生動物，使之不瀕於滅絕，熱心者亦莫不有博愛萬物的高尚感情，但它與近代意義的「人」的觀念是毫不相干的，相反，它的發達正是證明了這種觀念的缺乏。真正的「人為貴」的觀念，其愛，是排斥憐憫與同情的。它只是一種平等自由者的天然的情感和權

力。他愛別人完全是他自己的本性與使命，是他自己人格尊嚴的表現。他並不比被愛者具有更高的地位與權力。真正的親子之愛、夫妻之愛，應該是這種愛的典範。所以由中國古代的人道主義產生的是「泛愛萬物」、「天地一體」的觀念，只有在儒家的倫理強制下，它才能「理一分殊」，與現實宗法倫理規範相協調，不流為墨家的兼愛。近代的真正的「人道主義」則以個人的自由平等為前提，它的目標與使命是自由人的聯合，它的實質也是兩個自由意志的自願的結合。

三、孟子思想與獨立人格之關係

孔孟時代，特別是孟子所處時代，中國社會存在著兩個歷史過程，兩種歷史社會的發展動向，出現了兩種士，因而需要細緻地分析兩者中何者真正有利於個體獨立人格的形成與建立。

在兩種歷史過程和士的興起中，孔孟代表的是一種歷史過程與士，與此不同的是由楊、墨以及申、商、公孫衍、張儀為代表的另一類的士。孟子的大丈夫氣概，是與這兩種社會歷史過程及社會歷史發展動向相聯繫的。因此，不能離開它而抽象地進行分析和評價。

從有利於個體獨立人格的形成而言，可以說不是孟子所代表的儒學正宗，而是楊墨及申商術士思想，才真正有利於個體人格的建立與發展，雖然後者也並沒有完成這樣的歷史任務。

前面講過，由於中國古代，農業始終居於經濟的主導地位，在奴隸制的宗法血緣關係被破壞以後，不可能像希臘一樣，建立以城邦地域劃分為基礎的國家和以工商業為主導的社會經濟及生產與生活方式，人們仍然只能被束縛在農業土地和鄉村的宗法自然血緣基地之上，所以總的歷史行程，使得早在希臘就已出現的獨立人格，一直到十九世紀末期才真正被提到歷史日程，為思想家所大聲疾呼和自覺地反映。

在楊墨和申商的時代，任何人都是不能完成這樣的歷史任務的。但是比較起來，孔孟是希望保存更多的宗法血緣親情關係與道義關係，而楊墨、申商等則是力圖更多地破壞這種關係而代之以人與人之間的純粹利害、利益計較的關係。作為貴族世家的願望與利益的代表，孔孟對過時的宗法情感表現出極大的依戀；而楊墨、申商則更多地代表與貴族宗法較少聯繫的新興的社會下層，要求把政治、經濟、利益的分配與現實的軍功、生產建立起密切的聯繫，真正把國家建立在地域以及按地域劃分的國家對民的直接控制與統治的基礎之上。因此楊墨、申商的政策與言論，客觀上指向舊秩序與舊觀念的破壞與新觀念新秩序的建立。這種較大規模與較徹底的社會變動，才真正造成了一種可能，使新的人際關係與獨立的人格有較大的機會產生出來。然而孔孟，特別是孟子的思想，正是與此背道而馳的。孟子對申商、楊墨進行激烈的攻擊，他說：「詖辭知其所蔽，淫詞知其所陷，邪辭知其所離，遁辭知其所窮」(《孟子‧公孫丑上》)，又說：「聖王不作，諸侯放恣，處士橫議，楊朱墨翟之言盈天下。天下之言，不歸楊則歸墨。楊氏為我，是無君也。墨氏兼愛，是無父也。無父無君，是禽獸也」(《孟子‧滕文公下》)，又說：「善戰者服上刑，連諸侯者次之，辟草萊，任土地者次之。」(《孟子‧離婁上》)

孟子的理想是仁政、經界、井田，「為政不難，不得罪於巨室」，希望以巨室大家為基礎，建立君君臣臣、父父子子的新的宗法秩序，恢復人與人之間的純粹宗法情誼與道義關係，所以孟子反對墨子、楊子，指出他們的言論是無父無君，指出申商的罪過是闢土地草萊，破壞井田及世襲制。

事實上，墨子的「兼愛」並不如孟子所恐嚇的，是要建立無父的世界。果真這樣的世界建立了，個人的獨立人格也許真的會出現，而

歷史完全沒有成熟到能建立「無父」「無君」的新的社會的水平；但是墨子的兼愛，確又是導向「無父」的，即削弱父的絕對等級權威與家庭的尊卑秩序。依據墨子的主張，（一）要建立的統治系統，是真正按地域組織的嚴格行政政治系統。在這個系統中，沒有巨室、世家的宗法的力量與地位。民－政長－將軍－大夫－君，這個新的官僚體系是支配政治關係的組織系統與主幹。（二）權力分配的標準是尚賢。「雖在農與工肆之人，有能則舉之」。「使官無長貴，民無終賤」。貴族世襲的特權要予以剝奪。而這個特權的存在正是宗法家長的絕對權威賴以存在的政治基礎。（三）新的財富與權利的取得要依靠強力、「反命」。「強力則貴，強力則富。」這種強力政策，也可以說是強人政策，正是許多獨立人格、個體尊嚴可能建立與表現的現實基地。（四）反對禮樂、久葬等等，即反對儒家體現尊卑等級的文化。取消了這些文化、禮儀，現實的尊卑等級同樣要受到削弱（這一點以後看漢初賈誼等人關於服制、禮制的建議就十分清楚）。所以墨子的社會政治思想才真正包含有較多的獨立人格的覺醒與要求。然而孟子正好現實地、尖銳地、鮮明地反對墨子的這些思想，斥之為「無父」。

　　楊氏「為我」的主張，其確切含義已經不很清楚。從殘存的片斷看，它與道家重生、貴我的思潮無疑有內在的聯繫。過去的分析大多指出它代表小生產個體農民的要求與願望。這也許並無真正的根據。但道家貴生重我思想之不利於宗法道德體系的建立是非常清楚的。「為我」而不是為別人，為自己而不是為君父，心目中只有自己、自己的生命最重，這在客觀上就是對君父大義的否定。道家思想以老莊為代表，果然也對儒家的仁義道德，進行了猛烈的揭露與批判。這種批判，雖然沒有指出積極的出路，導致新秩序的建立，因為這在事實上是不可能的，在理論上也仍然是消極的。「道法自然」。自然的秩序只可能

是倒退而不是前進。但這些批判，在當時對君父大義與仁義道德體系，確又是很大的諷刺與攻擊，至少開闢了個人與倫理等級秩序對抗的先例，提示了一種對抗性的選擇，而精神上的對抗正是可能產生個體獨立人格的尊嚴的條件。所以《莊子》有許多膾炙人口的故事，其標示的清高、不卑、傲然獨立、不向權貴低頭的氣概、風範，在以後發展而為仲長統、陶淵明、李白的清高，孕育了比較鮮明的個性、「自我」，一直到李贄，批判假道學，主張赤子之心、童心，也仍然是道家的這種影響❷。所以，楊朱的言論，客觀上是有利於個性發展與獨立人格的確立的，但是孟子激烈地否定與批判楊朱思想，斥之為「無君」。

孟子強調仁政、經界、井田、反對暴政與戰爭，但這些的實現，正是舊的宗法自然經濟的恢復與重建。以此為基礎引申出的人際關係，只能完全以倫理關係為主幹，以宗法血緣為基礎，所以它的真正結果只能是獨立個體人格的消亡，被徹底堵塞產生發展的可能。

從這樣實際的具體的社會政治內容看，孟子提倡的大丈夫氣概，它的力量的根源只能是對宗法道義的無可動搖的相信。當然孟子也卑視權貴與王侯，顯示出士的高貴、不卑，但它的意義只是主體道義尊嚴的顯現。而孟子越是這樣地抬高與吹捧道義的神聖、高尚，就越是把社會引向道義的方向發展，而多姿多采的個性與人格則越是不能產生與出現。

孟子的理想不可能在現實中找到切實的力量並受到鼓舞，所以他鼓吹「養浩然之氣」，希望個人精神境界的提升可以產生壓倒一切的力量。但這裏發展的也不是個人的獨立性，而不過是個人為道獻身，以道為至高，即道的獨立性與壓倒一切的力量。這種精神力量越是強大，地位越是神聖崇高，多姿多采的現實的、世俗的卑下的個性，也越是被壓抑而不能發展。「志士不忘在溝壑，勇士不忘喪其元……以大夫招

招虞人，虞人死不敢往；以士之招招庶人，庶人豈敢往哉」(《孟子‧萬章下》)，正是個人獨立與人格尊嚴的徹底的消失。

四、荀子思想與獨立人格之關係

荀子與孟子不同，正是在於經歷了法家的變法與社會的大動亂以後，宗法感情的力量受到了極大削弱。「人性善」被現實的殘酷爭奪、鬥爭、爾虞我詐、戰爭、強凌弱、眾暴寡所無情地粉碎。因此荀子的基本思想是認為人性惡而激烈地反對孟子人性善的幻想。因此，與孔孟不同，荀子所唯一依賴與信任的是人的理性的力量。荀子所希望建立的是奠基在理性基礎上合理的社會與社會秩序。在這個社會中，一切權力與財富的分配，禮儀、文化的建立，都經過理性的審查，建立在人的理性認為合理的基礎之上。因此，荀子特別強調法，強調人為的法制的力量，完全否定了宗法情感或人的天然善良情感與人性的作用。故在荀子思想中最重視的，也不再是仁而是禮。而禮的實質則是法，法的基礎則是人的理性。仁與宗法情感相聯繫，荀子的禮與法則完全立足於理性之上。

荀子論禮的起源與實質說：「人生而有欲，欲而不得，則不能無求，求而無度量分界，則不能不爭，爭則亂，亂則窮。先王惡其亂也，故為之制禮義以分之，以養人之欲，給人之求，使欲必不窮乎物，物必不屈於欲，兩者相持而長，是禮之所起也。」(《荀子‧禮論》，下引只注篇名) 這裏，荀子不僅不否定人的情欲，相反它肯定情欲的巨大力量，而提出的任務是對之進行引導與節制。節制的基本方法，不是反求諸己，不是內省，不是節欲、禁欲，不是以道義壓制情欲，而是以理性合理建立的法制、立法，來因時因地地調節滿足人的物質財富與權力欲的分配。所以他又說：「禮者養也」(《禮論》)。「以人之情為

欲多而不欲寡，故賞以富厚，而罰以殺損也，是百王之所同也。故上賢祿天下，次賢祿一國，下賢祿田邑，願愨之民完衣食。」(《正論》)提出「道者何也？曰：君之所道也。君者何也？曰：能群也。能群者何也？曰：善生養人者也，善班治人者也，善顯設人者也，善食藩飾人者也」(《君道》)。希望建立起一個理想的社會：「農分田而耕，賈分貨而販，百工分事而勸，士大夫分職而聽」，　人主的責任則是「官能而使」(《王霸》)。每一種人都能充分發揮自己的才能。雖然荀子要建立的這個社會制度仍然是等級制度，但是與孔孟不同，這種制度已經不是天然、自然的，而是人自己制定的，不是不可變動的，而是可以因時因情況而變動的，變動它的根據與標準，則是滿足人的合理物質欲望，而符合理性（雖然是通過聖人）的合理原則 ❸，則是唯一的指導原則。

　　因此在荀子的這個基本思想中，我們看到的不是與物欲、人欲、權力、財富對立的道義的至高無上的力量，而是人自己的理性的力量，而禮制與法制，也不是與物欲、權力、財富相對立的，而就是這種物質與物欲的合理的分配與平衡。荀子的思想所引導的是公平的法制，是法治的社會及在統一法制下的個人爭取財富與權力的正當性。所以毫不奇怪的是，在《荀子》中，現實的富貴的追求占有極重要的地位，指出：「禮者貴賤有等，長幼有差，貧富輕重皆有稱者也」(《荀子·富國》)。

　　在實現貧富貴賤皆有稱的過程中，和墨子一樣，荀子主張：(一)「雖王公士大夫之子孫也，不能屬於禮義，則歸之庶人；雖庶人之子孫也，積文學，正身行，能屬於禮義，則歸之卿相士大夫」(《荀子·王制》)。反對權力地位的世襲，鮮明地把矛頭對準享有特權的王公、士大夫，要求人人在禮義（法制）面前的平等。(二)反對「以族論罪，

以世舉賢」，要求在尚賢舉能上的地位的平等。

值得特別提出的是：荀子提出了「人能參天地之化育」的思想，認為人之能參天地之化育，與天地並立而為三，是因為「人有其治」。這裏的「治」既包括社會的法紀、群和分，也包括人的才能與智慧。這種才能智慧使人能「制天命而用之」，「騁能而化之」，「物畜而制之」。因而在能治的過程中，能者的地位就能有充分的表現並獲得合理的應有的地位。所以和墨子的強力論一樣，荀子「參天」的理論把人的地位提高了。

荀子強調「群」和「分」， 他所說的法制的內容也是群和分。但這裏群體和個體的關係不像孔孟所主張的人治和德治，導致個體獨立人格的不能發展，相反，它創造了一種可能，使分爭的個體在群中都有自己應有的地位而得到承認與「法」的保障，所謂「維齊非齊」。雖然這只是就理想而言，在事實上，由於法仍然是封建等級制，當然也就把個體的獨立地位抹殺了。但因為法的制定以分爭者的「相爭」為前提，以分爭者的個體存在之承認為前提，因此群與分，正是個體之間的分配財富權力的合理的協定。同時在荀子思想中，法制雖是聖王制定的，但他也同樣應該受到法制的制約。「雖王公士大夫之子孫也，不能屬於禮義，則歸之庶人！」按照邏輯，王公士大夫本人如果不能屬於禮義，也是可以廢除的。人君的職責只是「管分」，「人君者所以管分之樞要也」(《富國》)，本身不能越出分，在分之外，所以君和民的關係，君和臣的關係，全都是法制所維繫的關係。在這種關係中，民如水，水可以載舟，亦可以覆舟。庶民與君的關係，不再是天命恩情的關係，而是冷酷的利害的關係。庶民具有了巨大的力量。所以與表面相反，荀子的理論提供了一種可能與土壤，使道義以外的功名、事業、個性，能得到了一定的地位。《非相》篇中，荀子肯定衛靈公的大

臣──公孫呂、楚國的孫叔敖、葉公子高等等人的功名事業，提出「故事不揣長，不揳大，不權輕重，亦將志乎爾。」把志的內涵大大擴大了。霸業、功名也是立志的內容。人人「充其能」，「得其志」，「由天子至於庶人也，莫不聘其能，得其志，安樂其事」（《君道》），成了荀子發展個性的重要思想。

　　在現實的政治實踐中，荀子的理想：君主及其子孫不能屬於禮義，則歸之於庶人，並不能實現，因為在封建社會中，沒有一種現實的物質的力量，能做到這點，相反，歷史只能把君主專制、獨裁、世襲及士大夫官僚系統的特權強加於社會之上，所以荀子的思想被人們認為是君主專制的先導，並被罵為「鄉愿」。但考其本意，作為封建制度剛剛建立之上升時期的思想家，荀子所表現的正是維護階級公利的本色，是絲毫沒有鄉愿氣的。荀子的理想是「天下者，至大也，非聖人莫之能有也」，「非聖人莫之能王，聖人備道全美者也，是縣天下權稱者也。」（《正論》）而荀子講的「聖」，就是孔子之類的聖人、大儒，所以和柏拉圖一樣，荀子的理想是聖王的合一，而不是分裂。但現實的實踐卻正是把種種不肖和無賴推到了聖王的寶座，聖學也變成了無賴專權的工具，但這是時代使然，不能由思想家負責的。

　　從個體解放的歷史角度來考察，關鍵的問題正在於理性，在於：（一）理性的發揚與個人人格的建立之關係怎樣？（二）由理性建立法制社會的理想與個體人格之發展之內在關係怎樣？（三）承認人欲的正當性與不可剝奪、壓抑與個體人格之發展的內在關係怎樣？（四）承認分爭，認為協調社會的法的本質是調節分爭這種思想與個體人格之發展，其實質關係怎樣？而依據歷史經驗與理論本身的邏輯，在所有這些方面，兩者的關係都是正比的關係而不是矛盾的關係，所以在個體獨立人格問題上，正是荀子為它開闢了可能性的道路。

　　如果不是從經濟基礎導致的現實可能性來分析，而是作一種抽象的比較，我們可以看到，現代商業社會建立的法治與個人自由獨立的關係，正是荀子理論的現實、現代模式。所以荀子禮制的思想與孔孟強化宗法原始血緣關係的思想相反，是有利於個體獨立人格的發展的，是向著這個歷史方向前進的。至於朋友一倫，這不是問題的本質。實際上，正是在整個封建社會，朋友關係成了占主導地位的壓抑壓制人的個性發展的社會關係的補充和調劑，而得到了充分的承認。因此，兩者不是不能並存的。越是個體的尊嚴與獨立被統治者剝奪而喪失殆盡，朋友一倫的可貴就越是被珍視而受到歌頌，故朱光潛先生說：「西方關於人倫的詩，大半以戀愛為中心。中國詩言愛情的雖然很多，但是沒有讓愛情把其他人倫抹煞。朋友的交情和君臣的恩誼在西方詩中不甚重要，而在中國詩中則幾與愛情占同等位置。中國敘人倫的詩，通盤計算，關於朋友交誼的比關於男女戀愛的還要多。在許多詩人的集中，贈答酬唱的作品往往占其大半。」（《詩論》）這是十分正確的。

　　在荀子思想中，朋友一倫也是被強調的，並非在視野內消失了。《子道》篇說：「父有爭子，不行無禮，士有爭友，不為無義。」《法行》篇說：「交而不見敬者，吾必不長也。」《勸學》篇還從人性論上為友道的重要進行論證，指出：「蓬生麻中，不扶而直。白沙在涅，與之俱黑……君子不近，庶人不服，其質非不美也，所漸者然也。故君子居必擇鄉，游必就士，所以防邪僻而就中正也。」《修身》篇則從修身與交友的關係提出：「故非我而當者，吾師也，是我而當者，吾友也；諂諛我者，吾賊也，故君子隆師而親友，以致惡其賊。」這裏的師實際也是友。從道德職能方面對師友的內涵作了規定。

　　實際上，朋友一倫，中國歷史上早就普遍存在。故《詩經·小雅》既有「嚶其鳴矣，求其友聲」的佳唱，也有「喪亂既平，既安且靜。

雖有兄弟，不如友生」（《棠棣》）的感嘆。孔子則說：「吾猶猶及史之
闕文也，有馬者借人乘之，今亡矣乎。」（《衛靈公》）社會關係越是古
樸、原始、自然，朋友一倫就越是純真。相反，隨著商業功利關係的
發展，真誠的友情就慢慢消失了，由競爭取而代之。但也不能說它就
完全在人際關係中不存在。整個封建社會，「在家靠父母，出外靠朋
友」，一直是人們生活的格言。「天地君親師」的牌位中，師的地位也
十分崇高，而師與友是相通的。故韓愈在《原道》中總結儒家先王之
教的內容時指出：「其文《詩》、《書》、《易》、《春秋》，其法禮樂刑政，
其民士農工賈，其位君臣、父子、師友、賓主、昆弟、夫婦」，師友占
有重要地位。《朱子語類》：「問：所謂分者，莫只是理一而其用不同？
如君之仁，臣之敬，子之孝，父之慈，與國人交之信之類是也？曰：
『其體已略有不同，君臣、父子、國人是體，仁敬慈孝與信是用。』」
（卷六）故從學叫作「遊學」，交友叫「交遊」。良師益友相提並論。
故由友道的發達絲毫也不能證明人們形成了關於自我個人人格尊嚴的
歷史自覺或覺醒。

五、士階層的獨立意識與個體獨立人格之關係

　　最後我們討論一下士階層的獨立意識與個體獨立人格的關係問
題。這裏實際是有兩個獨立人格的概念。一是個體「獨立人格的覺醒」。
作為一個普遍命題，這並不是講的士階層。與此不同的是另一個概念：
「士階層的獨立人格覺醒」，「孔子提出士不可奪志的『匹夫』精神和
智仁勇的道德自我完善的標準，孟子提出以天下為己任的『大丈夫』
氣概和『君子有三樂』的境界，都是士階層的獨立人格覺醒的反映。」
這裏士階層的獨立人格覺醒與個體的獨立人格覺醒，明顯是兩個概念。
「士階層的獨立人格」可以有多種理解。（一）主詞是士階層而不是獨

立的個人，（二）主詞是作為士的成員個體，這就變成了前一個概念，（三）兼具上述兩方面的含義，即由階層獨立意識之發展而達其個人獨立人格之覺醒。但即使如此，兩者的區別仍是十分明顯的。對於階層，只可以說獨立意識，即對本階層之為一具有社會、政治、經濟之特殊地位與使命、從而與別的社會階層集團有別的意識。用現在的名詞，就是知識分子的獨立意識，所以兩者是不能混淆的。

在先秦，隨著士階層的壯大，關於士階層的獨立意識與覺醒，確在日益發展，其內容，歸納起來，包括三個方面：（一）政治上參政要求的提出。（二）在社會倫理道德教化中特殊使命感與責任感的形成。（三）在士之為士應具的個人品格與修養上提出的特殊要求。這三方面相互聯繫，代表了先秦時期士階層之獨立意識的內容與發展。

關於參政要求的提出，以孔子「學而優則仕」的口號為標誌。這個口號的外延，當然包括非士的成員，因而具有普遍性，即對統治貴族中的成員，也要求「學而優」然後入仕，否則被認為「賊夫人之子」；但主要是反映了士階層的參政要求，代表了這一階層對自己在政治上日益強大、日益成為一支獨立的社會政治力量的覺醒。因為這裏的「學」，主要指「士」的學，「學而優」指原來處於無權的下層貴族與平民中的人，通過學習，掌握六藝或禮樂射御書數，才德兼備，具備了擔任政治職務的資格，而要求參政，要求政權向他們開放，所以與「學而優則仕」並列，孔子又提出了「尚賢」的主張，要求「舉直措諸枉」、「赦小過，舉賢才。」（《論語‧子路》）以後荀子、墨子、法家申商進一步發展了這方面的要求。孔子自己曾擔任過一個短時期的魯國的司寇，並時時盼望有「用我者」，要「待價而沽」，聲言，「如有用我者，期月而可」，「吾其為東周乎」，政治上有強烈的抱負。孟子則宣稱：「如欲平治天下，當今之世，舍我其誰也。」荀子和墨子還提

出了「官無常貴、民無終賤」，「論德而定次，量能而授官」(《儒效》)，要求廢除貴族世襲制，用新的舉士、尚賢的官僚制取而代之。孔子弟子三千，賢人七十二，是當時最大的士集團，許多人確都成了政治上的重要人物，如子路、冉求、子貢、漆雕開等等。子夏的學生吳起，荀子的學生韓非、李斯，在政治和政治思想上的建樹，更是卓有名聲。大批士的參政，有力地促進了貴族舊體制的崩潰。所以從春秋戰國之際，到秦王朝的建立，整個歷史過程的興起與完成，主要內容和特色之一，就是士階層在政治上的興起與活躍，成為政權的重要組成部分與力量。秦始皇焚書坑儒以後，漢初黃老居主要地位，公卿大臣多武夫文盲，但很快董仲舒就提出了獨尊儒術的建議，文官官僚制度終於隨著尊儒選士而成為中國封建社會政治上的主導體制，發生了深遠的影響。「獨尊儒術」實際是「學而優則仕」在新的歷史條件下的翻版，是士階層在政治上的參政要求的制度化、政策化。這個政策被武帝所接受，標誌它取得徹底的勝利。

關於士在社會倫理道德教化中的特殊使命與責任感的形成，這在孔孟和荀子的言論中有一系列的論述，其意義甚至比前一方面更為重要。

照孔孟的政治主張，社會與國家都是建立在宗法血緣基礎上的。兩者的職能與性質雖然不同，但本質上又是一致的。不過一者是血緣宗法關係在政治方面的表現，一者則是在社會倫理關係上的表現，而倫理關係也就是政治關係，不僅有政治的含義，同時也可以使用政治和法律的手段來維護。反之，政治的職能與鞏固亦可以藉倫理的關係來進行，因而為政與孝弟、盡忠和盡孝、盡弟，是同一件事情。孔子說：「《書》云：『孝乎惟孝友於兄弟，施於有政』，是亦為政，奚其為為政?」(《為政》)「慎終追遠，民德歸厚矣」(《學而》)，而士的這種使

命感與責任感，集中表現為「士與道」的關係。要求士為道而獻身，而「當仁不讓」、「知其不可而為之」，甚至「殺身以成仁」（《衛靈公》）、「以身循道」（《孟子‧盡心上》）。孔子的弟子說：「天將以夫子為木鐸。」（《為政》）孔子自己也認為「文王既沒，文不在茲乎」（《子罕》），把士在傳道、聞道、衛道中的特殊使命感弘揚到極至的地步，表現出一種特殊的優越意識。這種優越意識，實質就是士對政治與道義、治統與道統的領導意識與領導權意識。

為此而對士提出了特殊道德品格與修養的要求。如要求為求道而甘於貧賤艱苦的生活：「士志於道，而恥惡衣惡食者，未足與議也。」（《里仁》）嚴於律己，一切以禮為言行視聽的標準：「非禮勿視，非禮勿言，非禮勿聽，非禮勿動。」

這樣的三個方面，不僅形成了士作為一個階層在先秦各社會階層中的獨特地位，而且在以後成了中國封建社會淵遠流長的士大夫的特殊精神與風貌。在這三方面中，每一方面士都感到自己都是與眾不同的。故在孔、孟、荀的言論中，士總是與小人對舉。不具備士或君子的使命感與品格、地位的人被斥為小人。在政治與道德的關係上，一方面要求內聖外王的統一，一方面則宣揚道高於政，形成了道統與治統、聖與王的明確的分野，而以兩者的領導權自任。但在這三方面中，比較起來，道又是最重要的。因此聞道、衛道、行道及個人的修養與品德居於中心的地位。荀子說：

> 故君子無爵而貴，無祿而富，不言而信，不怒而威，窮處而榮，獨居而樂，豈不至尊、至富、至重、至嚴之情舉積此哉！……故君子務修其內，而讓之於外；務積德於身，而處之以遵道。如是則貴。名起如日月，天下應之如雷霆。故曰：君子隱而顯，微而明，辭讓而勝。《詩》曰：「鶴鳴於九皋，聲聞於天。」此之謂

也。　《儒效》

雖然這也是君子個人的名聲，但由於是完全以修內、積德、重道為內涵，所以其至尊、至富、至重、至嚴，本質上都是屬於道而不是個人的。

士階層的獨立意識的形成，有助於個體獨立人格的建立，但並不必然標誌著個體人格的建立。因為一個階層的成員對本階層特殊地位與使命的觀念，是一種階層（群體）意識，正如一個氏族的成員之具有強烈的氏族觀念，是群體意識而不是個人意識一樣。雖然就氏族意識說，它是對本氏族的特殊地位、利益及尊嚴的自覺，建立在與別的氏族集團的區別與對立上，因而其歷史與社會內容與士階層之獨立意識有別，是兩個不同的歷史範疇，但兩者作為群體意識，卻是沒有區別的。

由集團意識的解體或進一步的發展，而使士個人能把自己與他人、與群體區別開來，建立個體人格的覺醒，需要有新的歷史條件和飛躍，即：士個人能把自己從士階層這個群體中分化出來，意識到自己作為個人是與自己所屬的階層對立的。即由類的自覺進一步飛躍，而達到個人價值尊嚴之自覺，從「類」概念向個人概念飛躍；不僅認識到個人作為類的價值，還進一步能認識到個人自身的價值，意識到自己不是為類而存在，而是為個人而存在，意識到類只是無數個人的自由自願的結合或被迫的結合，它絕不能代替與消融自己，甚至強烈地要求與原來抹殺它的個人存在的類相決裂，而把自己變為唯一的存在。就是說，它意識到它是它自己，它的價值，它的存在，它自己是自己的本質與根據。但造成這種個人意識的社會歷史條件，在孔孟以及在此後的中國封建社會中都是不存在的。

　　誠然，在孔孟的時代，士階層的來源已多樣化了。部分貧賤者如農民、工肆之人，也在變成士，但士階層作為貴族的一個低級階層之不同於庶民、勞力者、小人的地位並沒有改變。所以它爭取的是整個士階層的地位的上升，而不是個人的獨立。作為封建生產關係和統治集團的一部分，它的利益是與新的宗法等級秩序聯結在一起的。它需要發展的是封建意識、家族意識、倫理意識及道義使命，而不是個人意識、個人人格之觀念。所以在孔孟荀的儒家系統中，士的道義性格特別被強調，而與道義——群體意識相對立的獨立的個人意識，則一直沒有得到發展。一直到十九世紀，整個中國封建社會，個人的獨立人格觀念都是沒有的。

（原載《孔子研究》 1987年第 1 期）

注　釋

❶《孔子研究》創刊號發表了周繼旨先生題為《論孔子和先秦儒家思想中的獨立人格覺醒問題》的論文。文章認為孔孟的仁學「把個體獨立人格，推衍到空前的高度」。

❷但道家並未發展出一種主張獨立個體人格的理論。

❸相當於西方倫理思想中的公平原則。

莊子對人類自由本性的探索及其貢獻

人類精神的內在本性是追求自由與超越。精神作為精神，永遠處在不斷地超越自己及企求打破各種局限的追求之中。精神可以定義為一「永恒不斷地追求或探索，不斷地由自我肯定到自我否定的持續過程。」對於人類精神自由或人的自由本性的這一特徵，在中國古代哲學家中，莊子最早進行了深刻系統的探索。

一、

在先秦，究竟什麼是人的本性？各家哲學曾進行了熱烈的討論。其中儒家和道家的觀點最為對立，代表了兩種完全不同的趨向與答案。

儒家的基本點是對人之為人的本性進行正面的肯定，相信它是一種既定的完滿與光明，所謂「誠者，天之道也，誠之者，人之道也。」（《中庸・二〇章》）這裏的「誠」，按儒家基本的解釋（如朱熹、王夫之等）就是「真實無妄」。意思是說，天道的本質是一客觀實在，是一正面的、肯定的、完滿的存在。對於這一存在本質的自覺追求（誠之），就是人的本性。因此，從本質上說，人的本性亦是一種完滿，一種真實與光明，或真善美的統一。人在實現和追求這一完滿本性的過程中，有可能達到自由的境界。孔子說：「吾十有五而志於學，三十而立，四十而不惑，五十而知天命，六十而耳順，七十而從心所欲不逾矩。」（《論語・為政》）「不逾矩」就是經由學習、踐履、領悟、修養而終於使內在於己的真善美的本性達於完成、完滿而享有的精神自由之境界。

真善美的具體內容主要是人所創造的禮樂及仁義道德。所以孔子又說
「為仁由己」(《論語・顏淵》)，「興於詩，立於禮，成於樂。」
(《論語・泰伯》)孟子則說，「人皆有四端」(《孟子・公孫丑上》)，「反
身而誠，樂莫大焉。」(《孟子・盡心上》)

　　但以老莊為代表的道家對儒家的這一肯定卻充滿了疑慮，進行了
猛烈的批評與否定。他們痛感人世間之虛偽，對所有當時被社會所肯
定的種種假真善美之名所標榜的事物，他們都進行冷酷的剖析，無不
在其中看出種種虛偽與名實之不符。因此，他們寧願從負面，從否定
現存的種種被稱為人之光明、美好的本性出發，去探索人的本性究竟
為何物？人應該如何才能成為「真人」與「至人」？這一探索的結果，
是達到了和儒家完全不同的結論，即認為道（天道或人道）是絕不可
能以既定的完滿自足的形式出現的，它只能是一種否定，一種過程，
一種永恒的虛空與「飢餓」，一種永不停止的追求與超越，因而是一種
永恒的「不滿」，用概念來表示就是「無」。所以老子對道的基本描述
是：

　　　常無，欲觀其妙，常有，欲觀其徼。　(《老子・一章》)

　　　道沖，而用之或不盈，淵兮似萬物之宗。　(《老子・四章》)

　　　虛而不屈，動而愈出。　(《老子・五章》)

　　　繩繩不可名，復歸於無物。　(《老子・一四章》)

　　　為天下谷，常德乃足，復歸於樸。　(《老子・二八章》)

反者道之動，弱者道之用。　《《老子·四〇章》》

上德若谷。　《《老子·四一章》》

大成若缺。　《《老子·四五章》》

道者，萬物之奧。　《《老子·六二章》》

莊子也用類似的話來描述道，如：

夫道有情有信，無為無形，可傳而不可授，可得而不可見。……狶韋氏得之，以挈天地。伏羲氏得之，以襲氣母。維斗得之，終古不忒。　《《莊子·大宗師》》

夫道未始有封。　《《莊子·齊物論》》

就是說，道是真實存在的（有情有信），具有種種潛能和展開自己為各種存在形式的可能性，但它「無為」、「無形」、「未始有封」。因為如果它已是「有為」、「有形」、「有封」，它就被局限了。是這種「有為」，就不可能是另一種「有為」，是這種「形」，就不可能是另一種「形」，是這種「限定」，就不可能是另一種「限定」。因此，道只能是一展開自己為多樣性的可能性。正因為如此，狶韋、伏羲等都可以得道而具有一特定的技能與活動，並由這種技能與活動而表現出自己的本性。莊子又說：

惛然若亡而存，油然不形而神，萬物畜而不知。此之謂本根，可以觀於天矣。
（《莊子・知北游》）

（道）無所不在……在螻蟻，在稊稗……在瓦甓……在屎溺。彼為盈虛非盈虛，彼為衰殺非衰殺，彼為本末非本末，彼為積散非積散也。　（《莊子・知北游》）

道不可聞，聞而非也；道不可見，見而非也；道不可言，言而非也；知形形之不形乎，道不當名……道無問，問無應。　（《莊子・知北游》）

蕩蕩乎！忽然出，勃然動，而萬物從之乎……視乎冥冥，聽乎無聲。冥冥之中，獨見曉焉；無聲之中，獨聞和焉。故深之又深而能物焉，神之又神而能精焉。故其與萬物接也，至無而供其求，時騁而要其宿，大小、長短、修遠。
（《莊子・天地》）

也就是說，道作為本體或人的本性，只僅僅是一種能動的變化的源泉或潛在的造成種種變化與形式的可能性，因而它既是某一種東西，又永遠不是此一種東西。「若有真宰而特不得其朕」（《莊子・齊物論》）。如果借用寓言來表示，它仿佛就是一個「渾沌」，即一種未定型的、模糊不清、沒有局限性與固定性，因而是一種人與己所不能達到與認識的「神秘」。一旦這種狀態結束了，它的生命也就結束了。所以《應帝王》一個有名的故事說，當南海、北海之帝為中央之帝「渾沌」日鑿一竅，當其七竅皆具時，「渾沌」就死了。

　　莊子對人的本性的這一看法，無疑是十分深刻的。因為人的本性確是如此，是一種不能言說，不能窮盡的「神秘」，永遠處在不斷地自

我創造、自我否定與自我更新之中。「行年五十而四十九年非」。他剛
剛覺得他是自己，隨即就會把自己否定，從而永遠處在一種靜而又動，
即是自我又是非我的矛盾與衝突之中。所謂「非彼無我，非我無所取。
是亦近矣，而不知其所為使。」(《莊子‧齊物論》) 道家叫人「虛壹而
靜」，正是因為人的本性是一種由永恒的「不滿」所產生的創造與超越
自我的衝動與矛盾。

二、

　　基於對人的本性的這一看法，莊子認為人達到精神自由最基本的
途徑是敢於對已經「創造」的或定型化的「自我」，即人所創造的用以
表達「自我」的種種現存的文化進行否定。而人的本質、本性就表現
在這一已成的文化之中。正是因此，莊子對當時被稱為社會文明與文
化的一切，進行了無情的批判。莊子指出，儒家所奉為神明的文化與
禮樂，不僅是為某種特定的目的與利益服務的，而且禮樂、文化作為
人的本性的物化或外化的形式，一旦被固定、被僵化，就意味著人的
自由本性——創造性的結束，因而是必須加以批判與否定的。莊子說，
「有機械者必有機事，有機事者必有機心。機心存於胸中則純白不
備。」(《莊子‧天地》) 就是說，「機事」作為「機心」的表現與結果，
一旦被崇揚、擴張，成為人為之奮鬥的全部目標，人的多種多樣的創
造的可能性或潛能，就要被限制而不復存在了。這裏，莊子不是一般
地反對功利、反對技術與技術的進步，而是從根本上指出，對一種東
西的片面地執著與追求，會使人的自由自在的本性和它的多種多樣的
發展可能性被扭曲，使人成為殘缺的或機械化的人。莊子這一看法類
似於西方哲學的異化觀念，但莊子比當今流行的異化觀念來得深刻與
徹底。因為當今流行的異化觀點把異化歸之為某種錯誤的、不好的社

會制度，認為是這種制度造成了勞動的異化，造成了勞動產品與勞動的分離，從而使人的勞動產品成為人的本性（勞動）的異化物與對立面。一旦這種制度不存在了，異化現象就被消除了。所以某些理論家乾脆宣布，社會主義社會不存在異化現象。但按莊子的觀點，則這種異化現象不僅是社會制度造成的，主要是勞動本身——作為人的創造性的表現與結果所必然具有的。因為任何一種有限的、具體的被物化為某種特定形式的勞動，都僅是人的全部豐富的、不可窮盡的創造本性的一種表現形式。任何人一旦執著於這種形式，就會為此特定形式所挾制而變得機械、局限與片面。所以莊子關於人實現精神自由的公式是「有待」—「無己」—「無待」（惡乎待）（《莊子・逍遙遊》）。「有待」是說人的任何一種特定形式的活動及其結果都受到時空等條件的限制，人的本性一旦局限在這種有待的形式與活動之中，它就會喪失自由，成為一種「有己」。故「有己」是對「有待」而言的。人惟有在「有己」、「有待」的局限中突破出來，達到「無己」——不斷對已成的「自己」進行重估與否定，人才可能達於「無待」的、真正自由的境地。因此，凡「有己」一以已成的自我為神聖、為終點、為究竟、為完成的人，都不是真正自由的。唯「無己」的人才能「無待」，才真正享有精神的自由、創造與活動的本性全面發展的自由。

在《逍遙遊》中，莊子藉野馬、塵埃、蟬、班鳩、鴳雀、彭祖、列子、宋榮子、大鵬等，來比喻人類追求精神自由的這一過程。所有這些自稱「逍遙遊」的人與物，實際上都是將自己的活動（創造）局限於有所待之中，從而並不是自由的。唯有「乘天地之正而御六氣之辯」者，才真正「無所待」而達於「無己」的自由之境。雖然這裏的「乘」與「御」實際也是有所待的，但他所乘的「天地之正」，指的即是自然具有的自由本性。「六氣之辯」即是自然所具有的一切活動所需

之條件及其變化的總和。因此，他的活動就成了無所待的。因為他追求的唯一目標既然是發揮自己的自由本性（乘天地之正），而他在這種追求中又能利用自然所賦予的全部活動條件，並能駕馭其變化而不為任何有限的東西所限，他當然能超越「有限」、「有己」而達於「無待」、「無己」的自由之境了。

　　證諸人類追求精神自由的歷史，可以看出，莊子這一見地在世界哲學史上，無疑是對人類自由本性的極為深刻的體認。例如一部中國文學史，難道不是十分生動地表現出人的精神的這一特點嗎？由風、雅、頌變而為漢賦，為唐詩，為宋詞，為元曲，又變而為四才子小說，為《西廂》、《紅樓》，中國文學的精神，不是總處在不斷否定、不斷求新的過程之中嗎？「江出代有才人出，各領風騷數百年」，不論何種偉大天才的創造，都只能享譽於一時，而不能占領人心於永久。因為人的精神總是在不斷突破「有己」，而期待新的作家與文學形式的出現。「喜新厭舊」，正是他的本性。

　　在哲學領域，由先秦諸子的「百家爭鳴」變而為兩漢的經學、魏晉的玄學、隋唐的三教並立、宋代的理學、明代的心學，以至為明末清初的實學、乾嘉時期的考據學，除了社會條件變化的原因，人類自由的精神永不滿足於既定的「創造」而必欲推陳出新，不也是最根本的原因嗎？可以說凡人文的領域，凡表現人類自由本性的創造才能的領域，沒有一種東西、一種教義（有待、有己）是可以垂之永久的。它最多繁花怒放、風雲際會於一時，而絕不能興盛於無窮。它最終是注定要被埋葬和取代的。「無待」、「無己」，才是人類精神之所求。

　　《莊子》書中，有許多寓言，十分形象地表現了人類對自由的頑強追求及享有這種自由時的無限的愉悅。如「庖丁解牛」、「梓慶為鐻」、「蹈水有道」等等，令人極受教益。

「庖丁解牛」。庖丁不滿足於「良庖」與「族庖」（「良庖歲更刀，割也；族庖月更刀，折也」）之境，而要進至於「道」。何以如此？因為這是他的自由本性所使然。所謂「臣之所好者道也。」（《莊子・養生主》）故其解牛日進月益，三年不懈，終於「以神遇而不以目視，官知止而神欲行。依乎天理，批大郤，導大窾，因其固然。技經肯綮之未嘗，而況大軱乎！」（《莊子・養生主》）一旦達到了這種境地，精神就享有自由，得到了最高的享受。故惠文君曰：「吾聞庖丁之言，得養生焉」（《莊子・養生主》）。「解牛」是一種行為與活動，如果不能「批大郤，導大窾，因其固然」，處處受「有待」、「有己」的限制，就只能是精神痛苦。庖丁超越了這一「有待」與「有己」，充分地發揮了自由本性的無限豐富的創造潛能，因此「解牛」就成了一首最美的詩與音樂。「解牛」成了他的自由本性得以表現的最好的形式。

「梓慶為鐻，鐻成，見者驚猶鬼神。」何以如此？梓慶說：「臣將為鐻，未嘗敢以耗氣也，必齊以靜心。齊三日，而不敢懷慶賞爵祿；齊五日，不敢懷非譽巧拙；齊七日，輒然忘吾有四肢形體也。當是時也，無公朝，其巧專而外滑消，然後入山林，觀天性，形軀至矣，然後成見鐻，然後加手焉，不然則已。則以天合天，器之所以疑神者，其是與。」（《莊子・達生》）意思是說，這一巧奪天工的產品的完成，是在於心能排除世俗之是非、巧拙與慶賞利祿的干擾。「視公朝若無」，「視官祿如糞土」，而一任其自由創造精神之自由地發揮，從而使鐻之製作純然是作者自己自由本性之創造性的呈現。

「紀渻子養雞」、「痀僂承蜩」、「蹈水有道」（《莊子・達生》），亦都說明類似的道理。

三、

　　莊子對人類的自由本性有此真切的體認，因此他痛恨一切做作與虛偽，贊揚能表現自己真性情的人。他稱這種人為「內直」，為「與天為徒」，為「真人」與「至人」。他說：

> 內直者與天為徒。與天為徒者，知天子之與己皆天之所子，而獨以己言蕲乎而人善之，蕲乎而人不善之邪？若然者，人謂之童子，是之謂與天為徒。
> 《莊子‧人間世》）

童子就是有童心的人，這種人自覺自己在人格上是與天子平等的，故能不卑不亢，一切言行唯以己之心所是為標準而不管別人的評論。他「誠於中而發於外」，處處表現出內在的本性（天），所以他是「與天為徒」。相反，人云亦云，人非亦非，一切以討好世俗為標準，就是「與人為徒」，就是一個沒有內在本性的假人。莊子討厭這種假人❶。
　　莊子說：「且有真人而後有真知。何謂真人？古之真人不逆寡，不雄成，不謨士，若然者，過而弗悔，當而不自得也。」（《莊子‧大宗師》）「不以心捐道，不以人助天，是之謂真人。」（《莊子‧大宗師》）「不逆寡」是說他的意見雖是少數，多數人反對，他也並不在乎。他取得了成功，也不洋洋得意（不雄成），他只管直道而行，直陳己見，而不理會士的觀感與印象。這種直道而行的人就是「真人」、「至人」，或「全德之人」。
　　莊子說：「若夫人者，非其志不之，非其心不為。雖以天下譽之，得其所謂，謷然不顧；以天下非之，失其所謂，儻然不受。天下之誹譽無益損焉，是謂全德之人哉！」（《莊子‧天地》）「古之至人，先存諸己而後存諸人，所存於己者未定，何暇至於暴人之所行。」（《莊子‧人間世》）「存諸己」，就是本己之真心，心之自由本性而行。莊子認為，

如果一個人不能堅守自己獨立自由的人格與本心，那麼就絕沒有資格
去指責與要求別人。

> 老聃死，秦失弔之，三號而出。弟子曰：「非夫子之友邪？」曰：「然。」曰：「然
> 則弔焉若此可乎？」曰：「然。始也吾以為其人也，而今非也。向吾入而弔焉，
> 有老者哭之如哭其子，少者哭之如哭其母。彼其所以會之，必有不蘄言而言，
> 不蘄哭而哭者，是遁天倍情，忘其所受，古者謂之遁天之刑。」　（《莊子‧
> 養生主》）

　　老聃死了，許多人去哭。哭的人對於老聃，既非其母，亦非其子，
但老者哭之如哭其子，少者哭之如哭其母。這些老者和少者，對老聃
是否真有母子一樣的感情呢？並沒有。但照世俗的禮儀，老者必如是
哭而為人所稱譽；少者必如是哭而為人所稱譽，所以他們就這樣哭。
所以這哭實是按名之要求而作的表演，是一種虛偽。所以莊子批評他
們為「遁天之刑」或「遁天倍情」。就是說，他們的作為與道的要求是
完全背離的。另一種解釋是說，老聃平時深懂為人處世之道，深得世
人歡心，能使人不蘄言而言，不蘄哭而哭。但這樣的為人處世，一切
討好，必然是喪失了自己本性的人。所以秦失說「始也吾以為其人也，
而今非也」❷。

　　莊子妻死，「莊子盆鼓而歌之」（《莊子‧至樂》）。儘管這是一種驚
世駭俗的行為，但莊子並非故意要提倡一種怪誕，而是認為，一個人
既然懂得了死是歸於自然的道理，他不哭而歌是他內在本性所發，那
就是值得讚賞的。《天下》說：「不離於真，謂之至人。」「至人」正是
處處表現出自己的真性情的人。

　　《莊子》全書有人統計，共用了六十六個「真」字，如「有其人

而後有真知」、「其德甚真」（《莊子・應帝王》）、「無益損乎其真」
（《莊子・齊物論》)、「極物之真」（《莊子・天道》)、「反其真」
（《莊子・秋水》)、「真惡富貴也」（《莊子・讓王》）等等。這些真字，
都表現了莊子對人生真實性情的崇尚。《漁父》說：「真者，所以受於
天也，自然不可易也。」「真者，精誠之至也……故強哭者雖悲不哀，
強怒者雖嚴不威，強親者雖笑不和。真悲無聲而哀，真怒未發而威，
真親未笑而和。真在內者，神動於外，是所以貴真也。」（《莊子・漁
父》)「故聖人法天貴真，不拘於俗。」（《莊子・漁父》）

　　對虛偽做作，特別是為了追求個人名利而扭曲自己的真性的人，
莊子用「寓言」進行無情的諷刺。例如《人間世》的支離疏，他因為
身體生得奇形怪狀，得到世俗的崇敬與供奉。需服役當兵的時候，他
托病不受功；領救濟的時候，則以有病和殘廢而認為理所當然。這是
一個極端為自己打算的人。莊子諷刺說，一個殘傷、扭曲自己的肢體
的人，就能得到這樣多的好處，何況那些扭曲與殘傷自己的真正性情
的人呢？他們在社會上飛黃騰達，名利雙收，哪一個不是因為「支離
其德」，把自己扭曲得人格全無，不再像一個人呢！

　　所以在《莊子》書中，有兩方面的強烈對比：一是喪失了人的自
由本性，專在世俗名利與種種教條、框框中討生活的人。莊子稱他們
為「游於方（框框也）之內者」。這些人以孔丘及其學生為代表。一是
敢於打破套套、框框，不拘於俗，一任真性流露的人，莊子稱之為「游
於方之外者」。這種人如兀者王駘、申徒嘉、叔山無趾、哀駘它等等
（《莊子・德充符》)，儘管形體醜陋，莊子認為也比前者要完美高大得
不可比擬。

四、

在人類追求精神自由的三種形式中，莊子認為唯有美的追求最能表現人類自由的本性。

關於真，莊子指出，「吾生也有涯，而知也無涯。以有涯隨無涯，殆而。」（《莊子・養生主》）所以如此，是因為人的認識能力及個人使用此認識能力的時間都是有限的，而認識的對象無限，具有無限多的層次與領域。以「有限」去求取無限，只能勞而殆，得不到自由的愉悅。

斯賓諾莎指出，「自由是對必然的認識」。但究竟什麼是必然？什麼是認識了的必然？甚至什麼是認識？誰能講清楚呢！「夫知有所待而後當，其所待者特未定也。」（《莊子・大宗師》）對必然性的認識更是如此。認識來源於感性，而對同一事物的感性認識卻由於認識主體的不同而不同。以實踐檢驗認識的真偽，但實踐卻因人因事而異。「民溼寢則腰疾偏死，鰌然乎哉？木處則惴慄恂懼，猨猴然乎哉？三者孰知正處？民食芻豢、麋鹿食薦；蝍蛆甘帶；鴟鴉耆鼠，四者孰知正味？」（《莊子・齊物論》）「自我觀之，仁義之端，是非之途，樊然淆亂，吾惡能知其辯？」（《莊子・齊物論》）這裏莊子的看法不免過於悲觀，因為他不懂得人類認識是一個不斷積累、修正與深化的無窮過程。但從終極結果來說，他的這種見地確又是相當深刻的。今天，人類的認識比之莊子的時代，不知要高明多少，但「是非」依然是「樊然淆亂」。對生物的認識雖已發展到了「基因」的層次，但基因究為何物？如何形成？結構為何？人們仍然是茫然昧然，所引起的困惑也許比以前更多。

在道德領域，莊子認為，人亦是不可能有真正的自由的。因為世俗的道德本身就往往是反道德的。所謂「盜亦有道」（《莊子・胠篋》）。「田成子一旦殺齊君而盜其國，所盜者豈獨其國邪？並與其聖知之法

而盜之。」(《莊子・胠篋》)不同的人群、利益對道德的看法如此對立，人世間哪能有道德的自由呢？而且道德本身，作為人的已成的「創造物」，屬於「有待」、「有己」的範疇，它對人的自由本性就是一種限制與壓抑。真正的道德只能以「非道德」或超道德的形式存在，所謂「自得其得」、「自適其適」(《莊子・駢拇》)，但到此境界，道德也就與美一致了，變成美而不是道德了。

　　莊子認為，唯有在美的追求中，人的自由本性才能得到最好的展現，因為美的欣賞或創作，排除了概念式的分析、歸納及特定的認識目的的干擾，人的自由本性在此能得到充分的表現。在美的領域，人們越是能把自己的自由創造本性充分盡情地表現出來，其作品就越具有生命與價值。所以莊子讚賞「天籟」而反對種種人為的東西對藝術自由的限制。「咸其自取，怒者其誰邪！」(《莊子・齊物論》)「天籟」是自由本性的盡情的展開，所以生趣盎然，美妙無窮。「地籟」就差一等。最下等的是「人籟」，就像「比竹」一樣，由於處處受到限制與不自由，它奏出的音樂十分無力與渺小。

　　由此，莊子讚美大自然，以之為美的標本與極致。所以如此，是因為在莊子看來，⑴它容許無限豐富、多樣的內容與形式，一任其(萬物)生機盎然，趣味橫生，姿態各異，而絕不施以「人為」的干預，所謂「不同同之謂大」。「不同同之」即同一於「不同」，也即承認事物本身的多樣性。所謂「咸其自取，怒者其誰邪?」⑵它排除了語言──概念分析所帶來的認識的片面性與局限性。所謂「天地有大美而不言」(《莊子・知北遊》)。

　　《天道》說：「世之所貴道者，書也。書不過語，語有貴也。語之所貴者意也，意有所隨。意之所隨者，不可以言傳也。而世因貴言傳書。世雖貴之，我猶不足貴也，為其貴非貴也。」❸莊子認為言不達

意，意（意象、意境）是不可能以語言表達的。而美所反映的卻恰恰是一種意象與意境。因此，凡根據某種特定的藝術理論（言）創作出的作品，在莊子看來都不可能是上乘的作品。

莊子認為，人的自由本性亦是如此。因此，所有欲使自己的自由本性得以實現的人，都應該以天地之美為榜樣，從中吸取經驗與教益。

以上就是莊子對人的自由本性所作的基本探討。異花獨放，莊子的時代，這些見地不僅是極為深刻的，而且有其巨大的積極意義，是民族文化的一份極為珍貴的遺產。有的著作說，莊子企盼的自由──「逍遙遊」，是精神的自我麻醉與安慰，是在主觀幻想上追求自由，是遊戲人間的滑頭哲學與混世哲學。顯然，這是完全曲解了莊子的本意的。

（1991年12月，原載《國故新知──中國傳統文化的再詮釋》
北京大學出版社1993年版）

注　釋

❶ 在《人間世》中，莊子論述這兩種人皆以假言出之，似乎不加褒貶，但既然一者為「內直」，一者為外曲，莊子的愛憎還是很清楚地表現出來。

❷ 有一種解釋如成玄英，認為這是在指責老聃弟子。這顯然是不對的。後一種解釋似較符合原意。但「彼其所以會之」之彼究屬何指，從上下文看不清楚。所以姑作以上兩種解釋。

❸《莊子·外物》說：「荃者所以在魚，得魚而忘荃。蹄者所以在兔，

得兔而忘蹄。言者所以在意，得意而忘言，吾安得夫忘言之人而與
之言哉。」《寓言》說：「不言則齊，齊與言不齊，言與齊不齊也，故
曰無言。」都是發揮類似的思想。

剖析中國古代的宇宙模式
——兼論其對自然科學的思維方式與研究方法的影響

　　思維方式問題在近年被特別重視，許多文章在研究中西文化對比時，常常把問題提到思維方式的高度。之所以如此，其原因可以歸結為兩方面，一是認識的「主體性」問題近年來被重視和強調；一是中西文化的比較研究逐漸深入，重新突出了兩種文化的整體性的根本差異。而在這種整體性差異中，文化的民族性問題重新受到重視，於是民族文化的思維方式的差異，成為研究課題。思維方式有多重含義，本文所講的思維方式是從人與自然的關係，即從自然科學的角度提出的。它涉及某種文化心理，如建築在小生產基礎上的思維的封閉性、內向性、模糊性、對實用性的強調等等，但不歸結為這種心理。

　　就自然科學而言，中國古代有過光輝的成就與貢獻，然而它在近代卻完全落伍了，與西方根本不能相比。那麼為什麼中國在近代會遭受如此厄運？或在中國何以不能產生西方式的近代自然科學呢？

　　愛因斯坦說：「西方科學的發展是以兩個偉大的成就為基礎，那就是：希臘哲學家發明形式邏輯體系（在歐幾里德幾何中），以及通過系統的實驗發現有可能找出因果關係（文藝復興時期）。在我看來，中國的賢哲沒有走上這兩步，那是用不著驚奇的，令人驚奇的倒是，這些發現（在中國）全都做出來了。」（《愛因斯坦文集》，卷一，頁573）

　　就中國人來說，沒有走上那兩步當然感到驚奇，我們要問這究竟

是為什麼？同時對第二個驚奇我們也要問，是那些發現在中國全都做出來了？這些發現在愛因斯坦看來是同西方一樣的，實際並不如此。古代中國的科學成就具有與西方不同的面貌與性質，如中醫、天文學等，這才引出了思維方式的差異。如果中西雙方的成就及成就的性質是一樣的，而思維方式及研究方法完全不同，那倒真是令人奇怪了。

中國不能產生近代自然科學最本質的原因何在？「五四」以來人們對此進行了熱烈討論，並提供了許多答案，如「清兵入關引起倒退」、「大一統的政治制度制約了科技發展的方向」、「封建制度落後」、「科舉制限制了科學的發展」等等。但更深刻的觀點是歸結為東西文明氣質的差異。這又有兩種答案：㈠東方文明求內心的幸福，與西方走上了兩條不同的道路，即「非不能也，是不為也」。㈡中國的思維方式是「直覺」，是反邏輯、非理性的，或是直觀外推等等。

我們認為，這些都不是本質的原因，本質的或更根本的原因是在於由東西文化的整體差異所導致的自然觀及其思維方式的區別。這一點，我在《中國文化與中國哲學》（東方出版社 1987年出版）發表之《「月令」圖式與中國古代的思維方式及其對自然科學與哲學的影響》一文中曾加以論述，這裏著重從宇宙圖式方面再作一些補充。

一、中西自然宇宙模式的本質差異

西方文化以古希臘為代表，決定的因素是海洋、城市、工商業、世界交往、政治國家。由此，其特點是理性占主導地位。中國則是大陸、鄉村、農業、自給自足、宗法血緣。農業生態對「人」有決定性的影響，由此中國文化中感情以及以情感為基礎的理性是顯著特徵。

「情感」對民族的認識起了極大的影響，導致「天人合一」的思想方式與哲學世界觀長期支配人們的認識與思想。

　　從主客體的結合來觀察，由於農業生態的影響，中國古代自然觀的基本概念或基本圖式以有機、連續、系統為特徵，屬於控制論或系統論設想的那種類型。

　　西方自然觀或宇宙圖式的基本性質則以機械性與非連續為特徵，屬於牛頓力學那種類型。

　　表明中國古代自然觀特徵的材料極多，如老子把宇宙設想為一個風箱：「天地之間，其猶橐籥乎？虛而不屈，動而愈出。多言數窮，不如守中。」（《老子‧五章》）吳澄：「橐籥，冶鑄所以吹風熾火之器也。」「中」即閥門，為橐與籥湊合之處。意思是說，「講」是沒有益處的，最重要的是抓住事物的根本，對風箱來說，這個根本就是它的閥門、活塞。

　　風箱之為風箱，之能不停地鼓風，「虛而不屈，動而愈出」，就是由於有閥門的巧妙作用，一旦閥門破壞了，風箱作為「風箱」的生命也就結束了。這裏的「中」就是「機關」「閥門」，一些著作把它解釋為風箱中間的「空虛」，認為「守中」就是守著空虛不動，這恐怕是不符合老子原意的。既然守著空虛不動，那麼怎麼能「動而愈出」呢？所以「中」應該理解為「閥門」。吳澄所謂「橐與籥湊合之處」，正是指的閥門。故中有自控義。《內經‧六微旨大論》：「中，心也。」《史記‧樂書》「四暢交於中」、「情動於中」，《淮南子‧原道》「以中制外」，高誘注，都以「中」為心，亦有自控義。

　　又如《易傳》提出「形而上者謂之道，形而下者謂之器」。「一陰一陽之謂道」。「是故闔戶謂之坤，辟戶謂之乾。一闔一辟謂之變，往來不窮謂之通。見乃謂之象，形乃謂之器」。「往者屈也，來者信也，屈信相感，而利生焉」。認為乾坤並不是兩個獨立的東西或實體，而是一個東西的兩種運動狀態或屬性，猶如一扇自動啟閉的門的一闔一辟。

辟為張開，闔為關閉。也就是一張一縮，一排斥，一吸引。如此持續不斷，就表現為一陰一陽的變化，這種變化就是「易」與「道」，故說「一陰一陽之謂道」，「一闔一辟謂之變」，「往來不窮謂之通」。這種持續的「變易」，其可見者是象——如兩儀四象等，凝固成為形就是器。所以這裏的器，其實際內容仍是老子式的風箱，即氣的一陰一陽得以在其中實現升降出入平衡的機關或器具。故《鬼谷子》解釋捭闔之術時說，「捭之者開也，言也，陽也；闔之者閉也，默也，陰也。」「陽動而行，陰止而藏，陽動而出，陰隱而入，陽還終陰，陰極反陽。以陽動者德相生也，以陰靜者形相成也。以陽求陰，苞以德也，以陰結陽，施以力也，陰陽相求，由捭闔也。以天地陰陽之道而說人之法也。」（《捭闔》）這段話對《易傳》的「一陰一陽之謂道」，是很好的解釋。

所以不論《老子》或《易傳》，這兩大中國古代表述宇宙觀的著作，對宇宙的共同看法都是認為它是一個自控系統，其氣的運動、升降、出入的平衡是自己實現的。這種自控式的宇宙觀其他先秦古籍也無一例外。

《莊子》說：「天其運乎，地其處乎？日月其爭於所乎？孰主張是？孰維綱是？孰居無事推而行是？意者其有機緘而不得已邪？意者其運轉而不能自止邪？」（《天運》）在這段問話中，正面的答案並沒有給出，但其提問的前提或對宇宙本體背景的設想正是認為宇宙是一有「機緘」（機關）而能自動關啟運轉的自控系統。

《呂氏春秋》說：「天道圓，地道方。」「何以說天道之圓也，精氣一上一下，圓周複雜，無所稽留，故曰天道圓。」（《圓道》）所謂「複雜」，「複」指氣的循環往復，「雜」通「匝」，周匝之意。這也是說，精氣一上一下形成的「天道」，是一自控系統，因而能運轉不已，所以又說「陰陽變化，一上一下，合而成章，渾渾沌沌，離則復合，合則

復離，是謂天常。天地車輪，終則復始，極則復反，莫不咸當。」
(《大樂》) 以「車輪」形容天地也是對自控運轉的很好的比喻。

屈原《天問》，「何闔而晦，何開而明？角宿未旦。曜靈安藏？」認
為天的基本運動是開闔。開闔造成了晦明晝夜的變化。那麼是什麼東
西在開闔呢？屈原沒有說明，但無疑是指天或「天門」。所謂「四方之
門，其誰焉從。西北辟啟，何氣通焉？」所以屈原設想的宇宙本體模型，
也是一能自己開闔的自控系統。

這種宇宙係自控系統的思想一直貫穿中國古代全部的自然哲學
與宇宙科學，直至宋明清無一不是如此。

張載《正蒙》說：「凡圓轉之物，動必有機，既謂之機，則動非
自外也。」(《參兩》) 那麼「機」是什麼呢？張載認為就是陰、陽、乾、
坤的剛柔、闔辟的本性。「陽之德主於遂，陰之德主於閉。陰性凝聚，
陽性發散；陰聚之，陽必散之，其勢均散」(《太和》)，完全繼承了《易
傳》的思想。

王夫之在解釋《易傳》與張載思想時說：「天地之化、人物之生，
皆具陰陽二氣。其中陽之性散，陰之性聚，陰抱陽而聚，陽不能安於
聚必散，其散也陰亦與之均散而返於太虛也。」(《正蒙·參兩篇注》) 故
天地的運動與發生，是基於內在陰陽對立的統一的自我調劑與均衡以
循環不息的過程。

西方自然觀或宇宙圖式的基本性質則與此不同，而以機械、非連
續為特徵，屬於牛頓力學那種類型。在古希臘，典型地表述這種宇宙
圖式的是留基波和德謨克利特的原子論。原子論的特點是：

把元素之間的區別看成其他事物的原因。這些區別有三種：形狀，次序，位置。
……存在僅因形態、相互關係和方向而不同。形態屬於形狀。相互關係屬於秩

序，方向屬於位置。比如AN和NA是次序不同，I和 H是位置不同。 （亞
里斯多德《形而上學》。見《古希臘羅馬哲學》，頁 98）

又：

> 德謨克利特主張在自然中顏色是不存在的，因為元素是沒有性質的，只有一些
> 結實的微粒和虛空。由微粒構成的複合物，全靠元素的次序、形狀和位置而獲
> 得顏色。除了元素的次序、形狀和位置之外，就只是一些現象。

他們

> 把某種不可毀壞的、極小的、數目上無限的微粒叫做原子，並且承認有某種無
> 限的空間，他們說這些原子在虛空中任意移動著，而且由於它們那種急劇的、
> 凌亂的運動，就彼此碰撞了，並且，在彼此碰在一起時，因為有各種各樣的形
> 狀，就彼此勾結起來，這樣就形成了世界及其中的事物，或毋寧說，形成了無
> 數的世界。 （同上，頁 99）

這裏，世界、宇宙是一個機械，每個物都是一部「機器」， 是由
一些部件按機械程序與關係組裝成的。因此它有特定的結構。這種結
構與元素的多少，以及排列之形狀、位置、次序決定事物的性質，從
而決定世界的多樣性，因此這裏有著力學的原則。運動是碰撞、或振
動、或旋轉，是由力的作用引起並受力學規律支配的。一切現象也就
從力學的角度去提問和解釋，如德謨克利特說：地球

> 這球形的最初一層殼包著各種各樣的物體，這些物體由於來自中心的推動力而

旋轉，並且在外面形成了一個小殼。　（同上，頁 93）

太陽循著一個更大的圓周環繞月亮運動，地球則由於一種旋轉運動而被置於中心。　（同上，頁 92）

這已有離心力與向心力的觀點，並且有圓周軌道的觀點。
　　又如說：

視覺不是直接在瞳孔中產生的，而是在眼睛和對象之間的空氣由於眼睛與對象的作用而被壓緊了，就在上面壓下了一個印子。

　　這是很明確的力學觀點。力的作用改變了一個物體的形狀，留下了印記，產生了視覺。
　　因此構成宇宙的要素，在古希臘機械論圖式中是原子與空虛，是力學的機械運動與作用，如碰撞、振動、旋轉等等。而原子是微粒，有「不可分的堅硬性」，「由於他們的堅固，是既不能毀損也不能改變的」，「並且是光滑的和圓的。」（《古希臘羅馬哲學》，頁 97）
　　這種機械論式的自然觀，其他古希臘思想家也無不如此。
　　以亞里斯多德而言，有些文章似乎以為亞氏的「四因說」表現了一種類似中國古代的有機自然觀，實際並不如此。這裏要注意區分兩個不同性質的問題：一是哲學問題，一是自然科學範疇的自然觀問題，或宇宙圖式問題。亞氏的「四因說」首先是哲學而不是自然觀。就自然科學範疇的自然觀而言，那麼亞氏《物理學》與《形而上學》等著作所顯露的自然觀，正是屬於機械論這一類型的。如論「由於自然」而存在的東西之特徵時，亞氏說：「它們每一個都在自身內部具有一種

運動和靜止（位置增大、減小或改變等方面）的根源。」(《物理學》,卷
二，第一章。見《古希臘羅馬哲學》，頁 245，三聯書店）這裏所講的
運動和靜止及其標誌，就是從機械論觀點提出的。又如關於運動的連
續性與非連續性，亞氏指出，「在時間是連續性的這個意義上，運動也
是連續性的；因為時間或者跟運動就是一樣東西，或者是運動的一個
屬性。除了空間裏面的運動以外，沒有別的連續性運動，而在空間的
運動中，只有圓周運動是連續性的。」(《形而上學》，卷一二。見《古
希臘羅馬哲學》，頁 250，三聯書店）這裏所講的運動，顯然也是機械
運動，所以才把它劃分為兩類：一類是圓周的，從而是連續的；一類
是非圓周的，從而是非連續的。故又說：「現在運動是被認為屬於連續
性的東西那一類；而在連續性的東西裏面，我們首先碰到的是『無限』
——就是因為這個緣故。『無限』常常被用於連續性的東西的定義裏面
（『無限可分的就是連續的』）。 除了這些之外，地點、虛空和時間，
也被認為是運動的必要條件。」(《物理學》，卷三，第一章。見《古希
臘羅馬哲學》，頁 271）這裏特別提出地點、虛空和時間作為運動的必
要條件，也表明亞氏思想中的運動，主要是機械運動。所以有些地方
亞氏把運動劃分為「改變」、「增大」、「縮小」、「產生」、「消滅」、「位
移」等類型。其中「位移」很明顯是機械運動。最後還應指出，亞氏
的「四因說」是建築在兩個思想範型基礎之上的，一是嚴格的因果律，
而這正是機械論自然觀所具有的，所以關於運動，亞氏終於肯定了「有
第一推動者」，並且它「是不動的」(《物理學》，頁 2585～9)。第二是
基於自然物與手工業技藝產品的類比。這種「類比」，以手工業技藝產
品為中介，而不以農業生態為中介，正是古代中國與希臘自然觀之不
同的社會認識根源。一種手工業技藝產品，當其作為分析與認識之對
象時，既是靜止的，又是以機械形態出現的。所以可以剖析為構成之

質料與形式、結構及運動的力的作用與（原因）目的。故亞氏的目的論與中國漢代或宋明理學的目的論不同，後者常常以生態、生命為基礎，故主要是從「物種」、「種子」觀點上提出目的觀念，以之作為物所追求的目的及其發展之動力因，因而也就不可能以因果律為基礎，亦與機械論自然觀不相容。

其他如恩培多克勒論動物的呼吸、血液的流動、骨的組織及胚胎中男女性別的形成，阿那克薩戈拉論種子的各種形式、顏色、氣味、組合、混合等等，也都貫穿著機械組裝的思想。

與古希臘的原子論觀念不同，中國古代宇宙觀的構成要素則是氣。氣的聚散感應決定物的存亡變化，沒有結構，也沒有力學的觀點。因此從局部結構及機械因果觀出發才能提出的問題，如眼為何能見、耳何以能聽等等，就無從提出並以機械論觀點給予回答。

反映在時空觀上，西方的時空觀念自古就是機械論的，與牛頓力學的時空觀是一個類型，從而為近代牛頓力學的順利誕生，提供了文化和先行的思想基礎或前提條件。而中國則是連續有機的時空觀，與現代相對論或控制論、系統論屬於一個類型。

古希臘時空觀以德謨克利特與亞里斯多德為代表。時間與空間是分離的。空間猶如一個容器、箱子、空虛，時間則是不斷流逝的直線。因此形成牛頓力學所需的基本要素，即時間觀、空間觀與質點、剛體觀，以及運動的力學觀念，是在古希臘就奠定了的。

亞里斯多德論時間說：

> 正像運動是永恒連續的一樣，時間也是永恒連續的。　《物理學》，頁 219b9）

> 用「現在」來加以規定，並且被視為根據的，我們就稱為時間。　（轉引自

黑格爾《哲學史講演錄》，卷二，頁 325）

如果沒有運動存在，又怎樣能夠有什麼時間呢?　　《古希臘羅馬哲學》,頁 274）

時間或者跟運動就是一樣東西，或者是運動的一個屬性。　　（同上，頁 259）

時間是運動的數目。

在這些地方運動基本上是機械運動、位移，時間是運動的量度，是流逝的直線。

亞里斯多德論空間說：

正如水從容器中排除出去後，空氣又取替了它的位置，容器仍舊是老樣子。《物理學》，頁 208b28～33）

空間是屬於平面的一類，就像一個容器，即物體的包容者，因此空間就是物體存在或運動的範圍或界限，它存在於包容者與被包容的物體中間。（參看《物理學》，頁 209a5～7，209a20～23，212a28～30，209b4～14）

與此相反，中國古代的時空觀則以「月令」圖式為代表，是有機、連續的時空觀。

在「月令」圖式中，時間與空間是結合的。東方與春季相聯繫，由木主持，南方與夏季相結合，由火主持……因此不僅沒有脫離特定空間的時間觀念，亦沒有脫離特定時間的純空間觀；不僅沒有脫離主

體而存在的純客觀的時空觀念,亦沒有脫離時空和客觀的純主體方面。主客合一,天人一體。時間與空間,天與人,構成一內在聯繫的有機的整體。

在「月令」圖式中,時間不是直線流逝而是循環往復的,空間不是無限擴張,而是隨時間流轉的。時間的度量雖有年、月、日等等計量單位,但與空間相聯繫的天干、地支占重要地位,其實際的標誌和內容是特定的農業物候,故是一農業生態時空區。

在這個圖式中,支配時空變化的內在力量是五行,是陰與陽,是氣。氣瀰漫充盈於太虛之中,無處不在,無時不在,因而既不存在沒有氣的時間,所謂「陰陽無始,動靜無端」,亦不存在沒有氣的空間,所謂「太虛無形,氣之本體」。「氣泱然太虛,升降飛揚,未嘗止息」。所謂「無」,不過是氣的一種初始狀態,從而排斥了真空觀念,排斥了「剛體」、「質點」及物有原始結構這種產生近代機械論自然科學所必須的時空觀及物質形態的觀點。

《周易》的時空觀亦反映這種特點,故特別強調「時中」與「隨時」的概念。所謂「易有天道、有地道、有人道,兼三才而兩之。」人總是在天地之中,在一定的時與位的聯繫中。故「吉凶」既不是孤立的「時」決定的,亦不是孤立的「位」決定的,而是時間與空間的結合,即具體的時空條件決定的。

這種情況反映在許慎的《說文》中,時間的定義是「時,四時也。」《釋名》則說:「四時,四方各一時。時,期也,不失期也。」《廣雅》說:「時,期也,物之生死各應節期而止也。」與亞里斯多德的時間觀念,形態與內容完全不同。

即使在《墨子‧經說》中,這種時空觀亦居支配地位。雖然墨子在中國古代是最接近於西方的機械論型之科學家,故在力學、光學、

物理以及形式邏輯方面都有難能可貴的貢獻。

《經》：「宇，彌異所也。」《說》：「宇，東西家南北。」這裏把家看作方向的一部分與基準，以方向為五，正是《月令》天人合一的空間觀念。許多著作改家為冡，如譚戒甫《墨經分類譯注》認為，冡為蒙，是周徧的意思，實是一種誤解。《經》又說：「宇或徙，說在長。」《說》：「宇，長徙而有處。宇，南北在旦又在莫。」意思是說空間有「域」的運行，因為時間有長的移動故。長之移動和「域」之運行形成的宇，才是宇的本質。故宇與時間（旦）有內在聯繫，不可分割。

二、中國時空觀對自然科學的影響

這種時空觀支配了中國古代的自然科學（如醫學與天文學）。

例如在《黃帝內經》中，人被認為是天地的一部分，是一完整的「小宇宙」。因此它總是定位在一具體的並且不斷運動（與天地一起）的宇宙時空之中。他的「身體」及「生理」與這個具體的時空區相聯繫，隨時空區域的不同而有不同的變化。故治療、養生都必須聯繫對象所處具體的時空區的特點而採取不同的措施。由此中醫發展了因時因地因人的辯證施治的一套理論以及生物節律即生物鐘的思想。

《內經・四時刺逆從論》說：「是故邪氣者，常隨四時之氣血而入客也」，「春氣在經脈，夏氣在孫絡，長夏氣在肌肉，秋氣在皮膚，冬氣在骨髓中」，「故刺不知四時之經，病之所生，以從為逆，正氣內亂，與精相薄。必審氣候，正氣不亂，精氣不轉。」

《五運行大論》說：「五氣更立，各有所生，非其位則邪，當其位則正。」（位指時間與空間的結合）

《六微旨大論》說：「言天者求之本，言地者求之位，言人者求之氣交。」「上下之位，氣交之中，人之居也。」

如此等等。其特點總是把時間與空間聯繫在一起進行思考。

中國古代的天文學一開始就以北斗斗柄的方位定時間，所以空間與時間的內在聯繫是其基本特點。所謂「斗柄指東，天下皆春……。」春與東，夏與南，西與秋，北與冬，表現為一件事情的兩個方面，是一而二、二而一的。其具體內容則是生、長、收、藏的農業生態。以後中國的天文學全部貫穿陰陽五行思想，其時空觀無一不反映這種特點。

這樣，在中國古代的思維方式中，也就不可能重視機械運動的概念與力學規律的探索，因為它所著眼的總是聯繫在一起而不可分割的時空整體，是事物的有機的持續的變化，故形容運動的基本概念是變、化、神，不是機械力的作用與位移。

《易傳》說：

剛柔相推而生變化。

通變之謂事，陰陽不測之謂神。

擬議以成其變化。

參伍以變。

一闔一辟謂之變，往來不窮謂之通。

化而裁之謂之變。

幾者動之微，吉之先見者也。

其為道也屢遷，變動不居，周流六虛，上下無常，剛柔相易，不可為典要，惟變所適。

《內經·六微旨大論》說：

夫物之生從乎化，物之極由乎變，變化之相薄，成敗之所由也。

《內經·天元紀大論》說：

故物生謂之化，物極謂之變，陰陽不測謂之神，神用無方謂之聖。

夫變化之為用也，在天為玄，在人為道，在地為化。化生五味，道生智，玄生神。神在天為風，在地為木，在天為熱，在地為火，在天為濕，在地為土，在天為燥，在地為金，在天為寒，在地為水。故在天為氣，在地成形。形氣相感而化生萬物矣。

這裏，變化、變易，或神的概念基本上是從物的發生學的角度提出的，是一有機連續的概念，亦即質的變化的概念。所以強調的是它的不可測度性與對它的靈活（因時空的不同而不同）而心領神會的掌握與適用（神用無方），而反對機械的運用與死板的公式。

這種運動、變化的觀念以後亦支配了全部的中國古代自然哲學與自然科學。故張載、王夫之、方以智、李時珍等人的自然哲學與科學著作一講到變化，無一例外，都是發揮《易傳》關於變、化與神的思

想。以張載《正蒙》而言，其自然觀的基本概念就奠基在氣及其神與變、化的觀念之上，如：

　　散殊而可象為氣，清通而不可象為神。　《太和》

　　太虛無形，氣之本體，其聚其散，變化之客形爾。　（同上）

　　知虛空即氣，則有無隱顯、神化、性命、通一無二，屬聚、散、出入、形、不形，能推本所從來，則深於易者也。　（同上）

　　故聖人語性與天道之極，盡於參伍之神，變易而已。　（同上）

　　神易無於方體，一陰一陽，陰陽不測，皆所謂通乎晝夜之道也。　（同上）

　　一物兩體，氣也，一故神，兩故化。　《參兩》

王夫之在解釋張載這種思想時，亦發揮了這種觀念，如說：

　　自其神而言之則一，自其化而言之則兩。神中有化，化不離乎神，則天一而已，而可謂之參。　《參兩篇注》

　　神之有其理，在天為道，凝於人為性。易，變易也。陰陽摩盪，八卦具，六十四象成，各有時位錯綜，而陰陽、剛柔、仁義之體立，皆神之變易也。互相易而萬物各成其形色，變易之妙，健順五常之用為之，故聖人存神以盡性而合天。
　　《正蒙‧太和篇注》

　　　陰陽不測，合同於絪縕而任其變化，乃神、易、陰陽之固然也。　（同上）

　　由此導致了中國古代和西方不同的自然科學思維方式與研究方法。其特點可歸結為：

　　（一）不是著眼於個體、局部，而是著眼於整體或系統；

　　（二）不是著眼於靜態，而是著眼於動態，在時間與氣的流轉中把握客觀對象的運動形態；

　　（三）不是著眼於物體本身的具體結構與組成，而是著眼於它的功能屬性，即整體功能，整體反應能力；

　　（四）不注意幾何模型的設想與設計，也不可能提出運動的幾何軌道，而是通過大量觀察及對觀察資料的統計、計算、歸納、分類、對比，以描述對象的運動和發展趨勢。西方則恰恰相反。

　　這些方法與思維方式所導致的科學成就，其典型表現就是以《黃帝內經》為代表的中國古代醫學以及天文學、音律學與地磁感應思想等等。它們在形態上與古希臘相應的科學有別，都是以「自控系統」為主要特徵的。

　　就天文學而言，古希臘的天文學也離不開觀察、計算，但它以天體運行的幾何軌道模型的設想及機械運動為前提。故阿那克西美尼提出「在凝聚的堅固空氣推動之下，各個天體才在它們的軌道上循環。」畢達哥拉斯則認為圓球形是最完美的立體幾何形狀，因此宇宙必定是球形的，運行軌道也是圓形。恩培多克勒認為天體形成的原因是「旋轉」的加速所造成的離心力的作用，使許多物體被拋出，並供給以燃燒的熱力。歐克多索作為天文學家，既觀察天象，又研究幾何學，從而第一個建立了宇宙的幾何模型，等等。這些都為以後歐洲近代天文學的發展奠定了路向與基礎。

中國古代的天文學則恰恰相反，完全沒有天體運行的幾何軌道的觀念，亦沒有天體運動或形成是由於運動所造成的機械力的作用的觀念。不論蓋天說、渾天說、宣夜說的宇宙形成理論，都是如此。

就醫學而言，從西方的宇宙本體模型與思維方式出發，西醫對人體的看法，自古就接近於「人是機器」的觀念，而《內經》則十分接近現代控制論所謂「有機體是消息」的觀念。

基於「人是機器」即機械力學結構的觀點，所以恩培多克勒設想「聽覺是由外面的聲音造成的，當語言所推動的空氣在耳朵內鳴響時，便產生了聽覺。」「空氣振動時，便打擊堅硬的部分，產生出一個聲音來。」歐幾里德則認為視覺是眼睛發出一種無形的觸鬚般的視線與物體接觸而使人看見。古希臘的醫學之父阿爾克基則熱中於人體解剖，希望像弄清楚一部機械一樣，弄清人體的機械構造，由此他發現了視覺神經，以及聯繫耳朵和嘴的歐氏管。希波克拉底則創立了「四體液說」，認為人體的生理是由黑膽液、黃膽液、血液和粘液的狀況所決定。赫羅菲拉斯也在解剖學方面作了大量工作，第一個區分了動脈與靜脈，並考察了它們的分布情況，直至肉眼所能看到的微血管。醫生歐德讓，對神經系統、骨骼系統、胰腺與胚胎都有研究。總之西方醫學可以說是直接建立在生理解剖學的基礎上的，而推動他們不倦地從事解剖研究的則是基於「人體是機器」這一堅定不移的信念。

中國古代醫學則完全不同。

《內經‧六微旨大論》說：「故非出入無以生長壯老已；非升降無以生長化收藏。是以升、降、出、入，無器不有。故器者，生化之宇。器散則分之，生化息矣。故無不出入，無不升降。」就是說人體這個器，是氣即物質、能量等等升降出入取得平衡的暫時的「穩態」。所以中醫一開始就不重視人體解剖，全部的醫療思想都不建築於局部對

症，而建立在調節整體、活體的平衡上，認為醫療的實質就是維持與恢復被破壞的氣的升降出入平衡，而診病方法，最重要的是捕捉和掌握反映人體內部氣出入升降平衡狀況的信息。這種信息中醫把它找到了，這就是「脈搏」。

中醫與現代科學直接聯繫的三大特殊貢獻，可以說都是在上述指導思想下取得的，這三大貢獻，一是切脈、脈學的發達；二是經絡學說的建立及針灸的治療方法；三是生物節律思想與辯證施治原則的確立。

切脈是診病的基礎，故在中醫中，衡量醫術的高明，首先是切脈是否準確。高明的醫生無不是脈道高超。《史記》為之立傳的神醫淳于意說：「凡意治病人，必先切其脈乃治之。」神醫扁鵲醫術的高明，亦表現於診脈，故司馬遷說：「至今天下言脈者，由扁鵲也。」1973年馬王堆漢墓帛書，有《足臂十一脈灸經》，據考證可能反映春秋時期的醫學成果，其中記載了「三人參春」即現代的奔馬脈律，是心臟病嚴重的表現。說明很早以來，中醫關於脈的理論就達到了很高水平。

關於「經絡」，現代科學已完全證實它的存在，見《人民日報》1987年12月12日報導。雖然它的生理實體究竟是什麼還不清楚，但它的功能與作用是非常確定的。那麼為什麼中醫能有如此獨特的發現？正在於它有「有機體是消息」而不是「機器」這一傑出的科學思想的指導。有了這種理論指導，人們才能提出並在實踐上不斷摸索、總結，終於找到了現代科學所證明的十四條經絡路線，建立了精確而完整系統的經絡模型。沒有一種理論的指導，盲目摸索，是既不可能持久，又不可能形成完整的經絡路線圖的。西醫一直不能提出「經絡」思想，就生動地說明了這點。按照「人體是機器」的理論，其醫療實踐的方向與觀察問題的方向，必然是也只能是西醫的那套，從而必然排斥發

現經絡現象的可能性。

當然這並不是說中醫排斥形式邏輯的研究方法，而依靠「直覺」，相反，中醫中，無論脈的理論與實踐及經絡的理論與實踐，其研究方法都不是單純用「直覺」或「直觀外推」，或一般地「辯證邏輯」所能解決的。在上述有機自控模型的指導下，中醫的醫學成果也是通過統計、計算與歸納、分類、對比等形式邏輯方法取得的。

以王叔和的《脈經》而言，他對各種脈象的描述和區分就很周密，他的脈象定為浮、芤（摳）、洪、滑、數、促、弦、緊、沉、伏、革、實、微、濇、細、軟、弱、緩、虛、散、遲、結、代、動等二十四種。沉與浮指動脈搏動的部位的深淺，數與緩指頻率的快慢，實與虛指力量的強弱，結與代指節律的整齊與否，如此等等。這些顯然是在大量觀察實踐基礎上，對各種病人的脈象與其身體、疾病狀況的聯繫進行反覆統計、比較、分類、歸納的結果。《內經》關於脈的理論與分類，也是如此。

經絡與各種穴位的生理及對其聯結方向及功能與作用的認識，之能成為一種嚴密精確的系統，當然也不是憑「直覺」或「直觀外推」所能達到的。皇甫謐的《甲乙經》對人體所有的穴位，按頭、面、四肢、胸、背等解剖部位，作了分類和介紹，一共確定了六百五十四個穴位，對每個穴位的治療作用、禁、忌、操作方法以及其他必備知識，也作了詳細介紹。他的研究方法也是實踐、實驗（如在自己身上試針等），觀察記錄實驗結果，並加以比較、分析、歸納而成的。（參看《中國古代著名醫學家》，上海人民出版社）

其他如葛洪、巢元方等對傳染病的研究、探討等等，雖然還很樸素粗陋，但思維方法亦是以形式邏輯的歸納、比較、觀察為基礎的。

中國古代天文學的方法同樣是以「形式邏輯」諸方法為基礎的。

與西方天文學相異之處，在於它不是通過幾何學的途徑，缺乏幾何模型的設想，即宇宙的本體模型觀念不同，但在依靠觀察、統計、計算、歸納這一點上，兩者是沒有區別的。《科學史譯叢》1982年第三、四期連載日本學者藪內清的《中國古代天文計算方法》(杜石然譯) 一文，對此有詳細的研討與介紹，可以參閱。

以《漢書‧律曆志》所載漢代的太初曆或三統曆來說，它既有理論，又有節令、朔望及五星等的常數的推算。

這些計算，當然不是直覺、直觀所能作出的。以後中國曆法中關於一年長度數值的計算及一年長度隨年分而變短這一事實的發現，關於冬至與夏至的測定、推「黃道術、黃赤道變換」以及月亮極黃緯的計算、押值法的計算，等等，可以說曆法的進步沒有一項不是建立在複雜的數學計算方法之上的。

當然，直觀外推在中國古代自然科學的思維方式中，亦是不可否認的事實，特別是在設想與猜測宇宙日月運行等及解答許多當時無法由經驗驗證的自然現象之原因時，直觀外推無疑有更大的作用，但這種直觀外推法亦是古希臘的自然科學與自然哲學所具有的。正如恩格斯指出的，古代的自然哲學與自然觀由於不是建立在近代嚴格的科學知識基礎上，所以直觀與猜測正是它不可避免的特點。古希臘關於天體運用模型的設想，關於原子論的設想，關於人體生理運行機制的設想，關於四大元素的思想，關於目何以能視等等具體現象原因之解答，試問，哪一項不是以「直觀經驗」為基礎的外推呢？所以中西古代在這方面的不同，亦只在於直觀外推所據以進行的預設的本體模型的不同。古希臘是在機械範型的基礎與範圍內的直觀外推，古代中國則是在有機、連續、自控系統之範型基礎與範圍內直觀外推，以致導致問題求解的思路方向與具體答案有別。前者與近代自然科學的本性一致，

有利於促進近代機械論自然科學的產生，後者則與近代自然科學的本性相違背，不利於近代機械論自然科學的產生。區別只是如此而已。

由此對近年流行的中醫的主要特點是「黑箱」方法，可以提出一點不同看法，認為僅僅將中西醫的區別歸結於此，是不能說明問題的。因為「黑箱」方法作為一個普遍方法，西醫也是採用的。人體是一個黑箱，黑箱之中又有黑箱。因此解剖可以發現黑箱之部分結構，但不可能發現全部「黑箱」中之結構及其活的運動狀態。因此對西醫而言，在通過望、問、診而求解內部病因時，所使用的亦只能是「黑箱」方法。西醫在求解藥物之功效、作用、摸索疾病處方時，亦只能採取黑箱方式。故西醫對同一種病象，亦有不同醫學學派與醫療方案。因此，如果說中醫在更全面的意義上是黑箱方法與理論的體現者，那麼，在一定範圍與層次上，西醫也是如此。所以問題的真正實質所在，仍然是在中西醫兩者所設想的人體本體模型的不同。在西醫看來，黑箱的內容是機械系統，而中醫則認為是自控系統。離開這個本體背景去強調兩者的區別，是不能使研究深入的。

中國古代的自然觀或宇宙圖式及其思維方式與研究方法，導致了中國古代中醫學、天文學以及音律學等等取得了輝煌成就，形成了有獨特形態與使用價值的中醫學，但同時，也正是這種宇宙圖式與思維方式，使得中國的自然科學在秦漢奠定了基礎以後，就再也沒有質的突破了。而近代在明清時期，與西方近代自然科學之突飛猛進相比，就更加顯得落後了。

三、陰陽五行觀念堵塞科學的進路

這裡首先要指出的是，由於中醫、天文學、音律學及由感應說而產生的地震預報等等取得了巨大成就，就使中國以陰陽五行為基礎的

宇宙模式和思維方式成為一種普遍的思維模式，甚至成為構造答案的公式，從而嚴重地堵塞了民族認識的發展。

在董仲舒的天人感應思想中，他的「人副天數」、「天人同類」、「天人相應」等理論，都是陰陽五行的象數式思維方法導致的結果。在「讖緯」中，它被濫用於解釋各種各樣的現象，而不需要借助任何實踐經驗。其典型例證如：

《春秋·考異郵》說：

> 陽立於五，極於九，五九四十五日一變，以陰合陽，故八卦主八風，相距各四十五日。

> 三九二十七，七者陽氣成，故虎七月而生。陽立於七，故首尾長七尺。斑斑文者，陰陽染也。

> 七九六十三，陽氣通，故斗運，狗三月而生也。

《春秋·說題辭》說：

> 羊者詳也，合三為生，以養士也，故羊高三尺。

在《白虎通》中，陰陽五行作為一種公式，可以隨心所欲地解釋各種現象，從現在來看，令人十分好笑，如：

> 問：「《尚書》曰，平章百姓，姓所以有百何?」
> 答：「以人含五常而生，聲有五音，宮商角羽徵，轉而相雜，五五二十五，轉生

四時，故百而異也。氣殊音悉備，故殊百也。」

問：「人見面時，何以有再拜?」

答：「法陰陽也。」

問：「何以男娶女嫁?」

答：「陰卑不得自專，就陽而成之。故傳曰：『陽唱陰和，男行女隨。』」

問：「何以男三十而娶，女二十而嫁?」

答：「陽數奇，陰數偶，男長女幼者，陽舒陰促。男三十，肌骨堅強，任為人父。女二十膚肌充盛，任為人母，合為五十，應大衍之數，生萬物也。」

如此等等。

　　這種貼「標籤」與主觀地以陰陽五行解釋一切的思維方式一直支配到近代以前。

　　所以清代以前的自然科學完全不像有些論著所斷言的，以李時珍、宋應星、方以智、朱載堉為代表，其科學成就達到了最高峰，與當時西方比，也毫不遜色，只是清兵入關，清皇朝的建立，引起了倒退，中國自然科學才落伍了。認為李時珍、宋應星、方以智、朱載堉等人的科學成就，包含著近代自然科學的研究方法與思維方式的運用，是與中國古代的自然科學有質的區別的。在我看來，事情恰恰相反。

　　以李時珍而言。他的《本草綱目》在藥物學史以及植物動物學、礦物、化學等領域的具體成就是值得肯定的，無愧為偉大的科學家；但其科學貢獻的性質，其研究方法與思維方式則不能不說仍然是傳統的而不是近代的。

　　本草、藥物學在中國有發達的歷史。在《本草綱目》之前，早有《神農本草》、《本草經集注》（梁代陶弘景）、《新修本草》（唐代蘇敬）、《證類本草》（宋代唐慎微），以及上述綜合性大型本草的續編，

如《本草拾遺》（唐代陳藏器）、《本草衍義》（宋代寇宗奭）等等。其他各種專業性的本草也時有出版，如《食療本草》（唐代孟洗著，張鼎增訂）、《食性本草》（後唐陳壞著）、《救荒本草》（明代朱棣著）等。李時珍的《本草綱目》與之相比雖在內容、範圍、正確性（經驗總結）、觀察、實踐方面是大為豐富與提高了（收載藥物一千八百九十二種中新增有三百七十四種），但基本的研究方法與指導思想則與以前沒有變化。以李的新的藥物學分類而言，它明確地按植物生態來劃分類別，而摒棄了《新修本草》與《證類本草》中的將藥物分上品、中品、下品的純形式主義分類法，從而向著近代植物學分類思想前進了一步，但它的類別仍然是直觀的經驗的。草、穀、菜、果、木等類的劃分以及將草類分為山草、芳草、濕草、毒草、蔓草、水草、石草；穀類分為麻、麥、稻、稷、粟、菽、豆、造釀；菜類分為葷、辛、柔滑、蓏菜、水菜；果類分為五果、山果、夷果；木類分為香木、喬木、灌木等。這種分類與近代從植物本身的生理解剖形態上來作的分類完全不相侔。（參〔日〕森村謙一著，徐進譯，《歷代綜合性本草書中新收錄的植物品種的考察》。載《科學史譯叢》1982年第3輯）

　　如果進一步涉及藥物之原理即「科學」之實質問題時，則李時珍的回答，更是傳統陰陽五行的象數模式的一套，其第十二卷《序論》說：「天造地化而草木生焉。剛交於柔而成根荄，柔交於剛而成枝幹。葉萼屬陽，華實屬陰。由是草中有木，木中有草。得氣之粹者如良，得氣之戾者為毒，故有五形（金、木、水、火、土）焉，五氣（香、臭、臊、腥、膻）焉，五色（青、赤、黃、白、黑）焉，五味（辛、酸、苦、甘、鹹）焉，五性（寒、熱、溫、涼、平）焉，五用（升、降、浮、沉、中）焉。炎農嘗而辨之，軒岐述而著之，漢、魏、唐、宋、明賢良醫代有增益，但三品雖存，淄澠交混，諸條重出，涇渭不

分。苟不察其精微、審其善惡，其何以權七方、衡十劑而寄死生耶？
於是剪去重複，繩繆補遺，析族區類，振綱分目。除穀菜外，凡得草
屬之可供醫藥者六百一十一種，分為十類，曰山、曰蘇、曰濕、曰毒、
曰蔓、曰水、曰石、曰苔、曰雜、曰有名未用。」這段話表現了李時珍
本草的基本指導思想。而它不是別的，正是中國自古就有的陰陽五行。
因此他自己說他的本草，是在前人的基礎上繼續改良、「損益」、「剪去
重複，繩繆補遺」與「析族區類，振綱分目」，試問，就「科學」原理
之層次而言，《本草綱目》反映了什麼近代內容呢？答案只能是否定的。

宋應星的科學成就表現於《天工開物》。分析這本著作，其內容
可分兩大類：

一是實踐性的生產技術之描繪與記載：如造紙、織布調絲與紡紗
方法；農田耕耘技術、水利工具及染料的提取與染色、各種穀物與油
料的加工工具等技術過程等等。

二是博物知識，如稻、麥、菽、甘蔗、糖等之品種、形狀、生長、
播種與施肥概況。病蟲害等知識、蠶之養育、衣服種類及某些植物之
生長概況等。故可以說是一本有關中國古代農業和手工業生產技術的
百科全書。但這兩大類基本上都係經驗與觀察的描述，與「科學」有
嚴格的區別。此兩類知識在中國古代都有悠久的傳統與歷史。宋應星
的特點只是更加完整、系統，為生產、生活服務的目的性更加明確而
已。

《天工開物》中也有一些物理學的解釋，如火藥爆炸及其他各種
現象之原因，但在這裏，宋應星一點也沒有超出中國傳統自然科學的
思維方式與研究方法，並且一點也沒有在前人水平上有所前進。關於
「寶石」的形成原因，宋應星說：「凡寶石自大至小，皆有石床包其外，
如玉之有璞。金銀必積土其上，韞結而成。而寶則不然，從井底直透

上空，取日精月華之氣而就，故生質有光明。如玉產峻湍，珠孕水底，其義一也。」(《道十八・寶》) 又說：「凡玉映月精光而生。」「凡琉璃石，與中國水精，占城火齊，其類相同，同一精光明透之義。」(同上) 總之都是秦漢時期的老套。

宋應星在第十六卷有一段話，很能體現他的整個科學指導思想。他說：「斯文千古之不墜也，注玄尚白，其功孰與京哉！離火紅而至黑孕其中，水銀白而至紅呈其變，造化爐錘，思議何所容也！五章遙降，朱臨墨而大號彰；萬卷橫披，墨得朱而天章煥。文房異寶，珠玉何為？至畫工肖象萬物，或取本資，或從配合，而色色咸備焉。夫亦依坎附離，而共呈五行姿態，非至神孰能與於斯哉？」這段話的大意是：「歷代文化所以能流傳不失，靠白紙墨字的文獻記載。在火紅之中就醞釀出最黑的墨煙。水銀是白色的，而它卻能變出朱紅。……畫家各種顏料的配備，要依靠水火的作用，而作用的結果卻表現為五行 (水火木金土) 的千變萬化。不是自然的神妙，誰有這種本事呢？」全部思想都以陰陽、八卦、五行為基礎，與近代自然科學是完全背離的。

方以智關於科學的指導思想，見於《物理小識自序》關於質測的論述。他說：「以費知隱，重玄一實，是物物神神之深幾也。寂感之蘊，深究其所自來，是曰通幾。物有其故，實考究之，大而元會，小而草木蠢蠕，類其性情、徵其好惡、推其常變，是曰質測。」這裏「通幾」指哲學性的認識，「質測」屬於科學的範圍。他認為，「質測」的根本任務是實地考究「物之故」，所以它不指技術而指科學。但他列舉的科學範圍，仍是中國傳統的天文曆法 (元會)、醫占與博物知識 (草本蠢蠕之性情、好惡、常變)，並沒有新的研究視野。其研究方法雖已有西方近代科學的影響，但他並不瞭解其精神實質之所在。所以，方以智的所謂試驗、實驗，仍不外是王充的「實知」，在耳目聞見基礎上加以

「心意詮訂於內」而已，與西方近代科學實驗之實驗，是兩回事。不僅如此，他還以儒者之「宰理」駕馭一切，認為聖人「通神明、類萬物，藏之於易，呼吸圖策，端幾至精」，遠高於西方「質測」之「未備」。

正是如此。方以智的兒子方中通在談到《物理小識》之「編錄緣起」時，明確指出，他父親所繼承的是宋贊寧禪師、蘇東坡、鄧潛谷、王虛舟等之《物類志》、《物性志》、《物理所》，以及張華、李石之《博物志》的古代博物學傳統，嚴格地說，它與有目的的「科研」是不相侔的。

在這種「博物」思想指導下，《物理小識》天類的根本指導思想是張載、王夫之的氣一元論，「合虛實神形而表其氣中之理」，實是哲學而不是科學。風雷雨暘類之內容則或為記異，或為迷信，涉及原理之解釋則不外董仲舒陰陽五行的老套。所以關於雹的成因，方以智引漢元光元年七月董仲舒答鮑敞問，說「董子早精此理」。「醫要」、「醫藥」的基本內容則是《內經》三部九候、十二動脈等傳統醫學思想。「金石類」記金屬為金銀銅鐵錫等之品種、成色、煉金、鍍金、化鐵之方法等，係博物知識。涉及物理之成因時，則與宋應星一樣，以陰陽精氣解釋，如說：「錫受太陰之氣而生，二百年成砒，砒二百年而錫始生，陰氣故柔，又二百年不動，遇太陽之氣乃成銀、金、。酒在錫器浸久有殺人者，以有砒毒也。然錫又能解砒毒，從類化也。」（卷七）又說：「鹽碱者生於火也，地中得火，遇水成鹽。」（同上）「草木類」除博物記載外，涉及「原理」時亦莫不引陰陽五行以立論，如說：「草木感東方春氣而生，梅獨先者，酸為木性，得氣之正」，「蔓草皆左旋，皆體天左旋也，陰而承陽也。」（卷九）「鳥獸類」則說：「中秋無月，則兔不孕，世兔皆雌，唯月兔雄。陰類相感，乃其理耳。」（卷十）

　　《通雅》卷五二論古醫方原理，說：「天地生萬物者五氣，五氣定位，則五味生。氣者天也，溫熱者天之陽，寒凍者天之陰，陽則升，陰則降。味者地也，辛甘者地之陽，酸苦碱者地之陰，陽則浮，陰則沉。……」總之，全部藥理，方都歸之為陰陽、升降、浮沉。故說「博物君子，於此觀物理焉」，所繼承的亦是陰陽五行的老套。

　　那麼朱載堉的成就是否屬於近代自然科學呢？

　　有些著作認為如此。但應該指出律學及其數學計算方法，本來是中國古代早就存在並且相當發達的，朱載堉的計算及其運用的新公式在精密、完整方面雖然達到一個新的水平，但從形態上說，則絲毫沒有突破中國古代律學思維方式的範圍與質的規定性（如缺乏機械論的本體背景等）。

　　《律學新說》中計算公式和數值極多，「但其計算範圍，大體上不過圓及其半徑、直徑，圓內接正方形、外切正方形、圓周率、圓面積，正圓柱體體積，以及算法方面的比例、乘方、開方、勾股定理等等。」（馮文慈《律學新說及其作者》）這些計算，其數值與方法朱載堉都有自己的貢獻和創造，但無疑都沒有超出中國傳統的代數數學計算方法之外。

　　《律學新說》中兩個最重要的數值是二的十二次方根及二的二十四次方根。由於解決了這兩個數值的精確計算（算到二十五位數字），朱氏在世界律學史上，第一個解決了十二平均律的計算問題，其成就在這一點上是居於世界領先地位的。但朱的二的十二次方根的計算方法其基礎一步，仍是我國傳統的勾股術。第二步，求平方根的平方根，第三步求第二個平方根的立方根，是朱的獨特貢獻，但思路仍不外是代數計算之途徑。因此仍然沒有超出傳統科學的範圍，而不過是在傳統數學範圍內把它發展到可能達到的最高水平而已。

四、中國不能產生近代自然科學的根本原因

　　所以問題是十分清楚的。中國自然科學傳統的思維方式與方法是中國不能產生近代自然科學的根本原因，在封建制度落後等地方去找原因，都不能不流為軟弱無力的外因論或「無的放矢」。

　　就中國封建制度來說，其腐朽、落後無疑阻礙了中國生產力與科學的發展，但所阻礙的是中國傳統型自然科學的發展，而不是近代機械論式自然科學的發展。因為後者根本沒有在中國封建社會的娘胎裏發育出來，是「子虛烏有」。既然如此，對一個根本還沒有產生的東西，能談得上外界因素——如封建制度對其成長發育的扼殺、阻礙嗎？

　　以封建「大一統」而論，可能正如金觀濤、劉青峰所指出的，它導致了中國古代某種特定類型的技術的發展，而阻礙了另一些東西的發展。但中國古代的自然科學的主要部分：農學、天文學、醫學、音律學卻正是在與「大一統」有密切的正面關係下發展起來的，它們甚至可說是皇家科學，特別是天文學與醫學在封建社會得到了最好的研究條件與持續不斷的發展，但它的發展，難道不是在秦漢傳統天文學及醫學基礎上的發展而絲毫沒有什麼近代的新因素嗎？相反，它們越是受到「重視」，享有相對優厚的條件，它就越是把「傳統」的陰陽五行之思維方式及傳統的數學計算方法發展到可能的「頂峰」，而堵塞住近代以機械論思維方式為特徵、以幾何軌道與力學結構為基礎的自然科學產生的可能。所以事情的辯證法正好是這樣：中國古代的傳統科學越是被重視，越是不受阻障地發展，它就越是使新的因素與新的方法被壓抑與扼殺而難以產生出來。梁漱溟在《東西文化及其哲學》中曾說：

　　「假使西方文化不同我們接觸，中國是完全閉關與外界不通風

的，就是再走三百年五百年一千年也斷不會有這些輪船、火車、飛行艇科學方法和『德謨克拉西』精神產生出來。這句話就是說，中國人的不是同西方人走一條路線，因為走得慢比人家慢了幾十里路，若是同一路線而少走些路，那麼慢慢的走，終究有一天趕得上，若是各自走到別的路線上去，別一方向上去，那麼，無論走好久，也不會走到那西方人所達到的地點上去！」梁先生的話是就中國人的「生活慾望」來說的，所以不對。如果不是這樣而是像本文所指出的，是就兩種自然科學的思維方式的路向不同而言，那它是完全正確的。中國自然科學的思維方式，因為是另一種路數，所以如果老是封閉，不與西方接觸，確是無論走多久，也不會走出西方的近代科學來的。

　　明白了這點，應該如何看待科舉制度對近代科學產生的影響就不言自明了。科舉制度無疑吸引了眾多的知識精英之思想勞力於日益腐朽的封建政治之中，從而使自然科學地位低下，缺乏大量優秀人才，但假令中國科舉制度根本不存在，事情又會如何呢？最好的結局也不過是，在已有的中舉的狀元中，可能有二百或五百、一千的自然科學家產生出來，從事數學、醫學、天文學、音律學的研究，從而獲得豐碩的成果。但試問，這些思想精英能否拋棄傳統思維方式而另闢蹊徑，走西方式的自然科學之思維方式及研究方法呢？從張衡、王充、張仲景、巢元方、葛洪、祖沖之、張載、沈括、李時珍、宋應星、方以智、朱載堉、王夫之等例子來看，可以肯定也是絕不可能的。所以結果不過是增加許多張仲景、沈括、李時珍、方以智等等而已。他們會寫出更多更好的《傷寒論》、《本草綱目》、《天工開物》等等，但其「科學」的形態與思維方式卻絕不可能是新的。醫學仍然還會是中醫學而不是以「人為機器」的西醫學，天文學仍然還會是只靠計算與觀測的天文學，而不可能是以天體幾何軌道運行模型為基礎、結合幾何進行計算

的古希臘式的天文學。

馬克思說：每一代人都是繼承前人，只能在前人給予的生產力、生產工具、生產與生活條件下去生產與生活的，物質領域如此，精神領域也是如此。作為民族群體中的一員，他或她是不可能拋棄民族世世代代用以思考與思維的一系列範疇與思維方式而獨創全新的另一範型的範疇與思維方式的。所以除非受到了新的外來自然科學的啟發而能對「傳統」思維方式及其基本範疇進行根本的批判與改造，否則質變是不會發生的。但這樣的條件，在中國，只是在近代才有，這就是西方近代自然科學的傳入，但從此以後問題的性質也就變成為兩種文化的衝突與融合，而不是民族思維方式的自我更新了。

至於「求幸福於內心」，這種說法也只有部分的作用，因為它只能說明孔孟等等儒生不可能成為自然科學家的原因，而不能說明中國人全部注定會成為儒生，更不能說明中國何以產生的是那樣一種獨特類型的自然科學思維方式與科研方法。事實上有哪一個古代民族不發展出自己的與追求物質幸福及民生日用密切相關的自然科學呢？有哪一個古代民族，其思想精英會全部向內心求幸福而根本不發展出發達的實用技術與必需的自然科學呢？中國古代的自然科學與技術成就本身說明了中國人並不滿足於內心求幸福。相反，這些科學與技術成就是對這種說法的有力反駁，所以也就用不著另講更多的道理。

總之問題的根本是在中國古代獨特的自然觀及自然科學的思維方式與科研方法上。這是內因，是起作用的主導因素，其他都是次要的因素。

那麼我們可以從中國古代的自然科學觀及其思維方式的研究中得出一些什麼結論呢？我想可以得出三條結論：

（一）中國人的智慧是傑出的，因為它按照自己的宇宙圖式、思

維方式與研究方法，發展出了完整的「一套」，取得了傑出的成就。應該為中國古代的成就而驕傲，自卑是完全不必要的。

（二）需要明白自己的弱點，要轉換思維方式，發揚長處而同時著重西方形式邏輯及分析哲學的訓練，大大加強西方近代科學所體現的真正的科學精神。

（三）當一種思維方式只能產生出一批成果而長期停滯，不能導致新的發現，甚至只能引導人們去進行空洞、無益、完全脫離實際而不能產生具體成果的思辨，其導致的結論根本無法證偽時，就應該及時從根本上對這種思維方式進行反思、批判、否定，否則就會長時期把民族的認識引入錯誤的軌道。

（原載《明報月刊》 1988年 10月號）

程頤《周易程氏傳》思想研究

　　先秦以後，中國歷史上每一時期哲學的繁榮，都伴隨著《周易》研究的興盛。宋代慶曆前後，隨著理學的興起，《周易》的研究又出現了一個高潮。周敦頤的《易通》，歐陽修的《易童子問》，張載的易學，邵雍的先天學，王安石的《易說》等等，都勃興於這一時期，開創了《易學》研究的新面貌。《周易程氏傳》（簡稱《程易》）是這一時期研究易學的代表著作之一，對理學和以後哲學思想的發展產生了深遠的影響。

　　《程易》凝結了二程特別是小程的畢生研究成果，展現了程頤的豐富深刻的哲學思想，同時也反映了這一時期北宋政治上的風雲變幻和尖銳的矛盾。剖析《程易》，對於研究理學和北宋慶曆以後至紹聖這一時期程頤思想的特點，都有重要的意義。

一、「體用一源」的理本體思想

　　《程易》是繼承與發展王弼《周易注》（以下簡稱《王易》）的，研究《程易》與《王易》的關係，將使我們對《程易》的特點及其理本體論思想有更為明晰的認識。

　　程頤在《與金堂謝君書》中，推荐三個人的「易說」，謂：「若欲治《易》，先尋繹令熟，只看王弼、胡先生（胡瑗）、王介甫三家文字，令通貫。餘人《易》說，無取枉費功。」對《王易》可謂推崇備至。

　　《程易》是沿著《王易》的思路發展的。唐代以前，中國研究易

學有兩大體系，一是「漢易」，一是「王易」，其區別是「漢易」講象數，「王易」則講義理。從哲學思想上看，它們的區別在於「漢易」的象數體系是建築在經驗主義思想的基礎上的。「漢易」以天地為八卦之體，認為易卦、爻，都是天地間實有的可感可觀的實物，如牛馬等等及天象運行的屬性與表徵。六十四卦的每一卦都代表著具有特定屬性和關係的實物，代表天文氣象上特定的時間、方位及在此特定時間方位中的特定的氣的運行狀態。「王易」的思想基礎則是理性主義。它認為《易》及其六十四卦所代表的是道，是義理，是事物的所以然，因此研究《易》的基本方法是「立象以盡意」，「尋象以觀意」，得到了象所蘊含的義理，則象就沒有價值而可以捨棄了。卦象僅僅是表達意或義理的工具、入門、嚮導。「義苟在健，何必馬乎？類苟在順，何必牛乎？爻苟合順，何必坤乃為牛？義苟應健，何必乾乃為馬？」（《周易略例》）由此可見，「王易」既清新、深刻，又合乎情理，一掃「漢易」的神秘、迂腐、混亂、繁瑣，取而代之，這是理性對經驗主義和神秘主義的勝利。

「王易」不講象數，不講宇宙發生圖式，徹底地沿著義理的方向發展，從而構造出以本體論為特徵的精緻而富於玄思的哲學思想體系。《程易》就是直接繼承和發揮王弼的這個哲學思想路線的。

程頤說：

有理而後有象，有象而後有數，《易》因象以明理，由象而知數，得其義則象數在其中矣。必欲窮象之隱微，盡數之毫忽，乃尋流逐末，術家之所尚，非儒者之所務也。管輅、郭璞之流是也。

理，無形也，故因象以明理。理既見乎辭矣，則可由辭以觀象，故曰：得其義，

則象數在其中矣。　《《答張閎中書》）

　　和王弼一樣，程頤認為易象只是一種工具，它是聖人根據理而創作的，目的是「借象以明理」，所以在《繫辭說》裏，程頤明確指出「有理而後有象。」「在理為幽，成象為明。」《乾卦‧初九》又說：「理，無形也，故假象而顯義。」

　　程頤認為，《易》所包含的義理，其内容是「天地之道」。他說：「聖人作《易》以準則天地之道。《易》之義，天地之道也，故能彌綸天地之道。」（《繫辭說》）這裏所謂《易》包括易象、易數、易理。程頤認為它們都是「天地之道」的模擬或準則。「天地之道」是第一性的，是易義的基源。「天地之道」又稱為「天地自然之理」，它是永恒存在的絕對。

　　就《易》來說，程頤認為「天地之道」是《易》之體，它是至微的，不可見的；易象則是有形象標誌，可感可知，可以把握的。在《易》中，「天地之道」即理寓於象，象包含理。理是《易》之體，象是理之用。人們觀象用象，可以求理、明理，故總結說：「至微者理也，至著者象也。體用一源，顯微無間。」（《易傳序》）

　　「體用一源，顯微無間」，實際是《程易》對於理事關係、理氣關係的總結，因而有普遍的方法論意義。比較一下《程易》與《王易》，可以看出，《程易》的哲學理論思維水平，是大大提高了。

　　其一，《王易》雖然對理與事、理與象的體用和本末的關係，作了解決，但並不像《程易》這樣明確。《程易》有一個以理為本、為體的理學思想體系。王弼雖有理的思想，但理未成為其體系的基礎概念。王弼哲學的基本概念是「無」。「無」不是有，不是具體的物或氣。無的含義從否定方面說是明確的，但其肯定的含義則是不明確的。

《王易》中講到理的地方不少，如「識物之動，則其所以然之理，皆可知也」(《乾卦注》)；「夫體無剛健，而能極物之情，通理者也」(《坤卦注》)；「違義傷理，眾所不與」(《同人卦注》)；「明禍福之所生，故不苟說，辨必然之理，故不改其操」(《豫卦注》)；君子「同於通理，異於職事」(《睽卦注》)；「不勝之理，在往前進」(《夬卦注》)；「居中以柔，能以通理，納乎剛正吉」(《鼎卦注》)等等。但這些地方所指的理都是具體的，就事論事，不是事物的普遍的本體。《程易》則以理為本體，理成了其哲學體系的基本概念。

其二，王弼沒有提出易理或易義的來源問題，程頤則提出了易理的來源。他指出《易》的準則是「天地之道」，並對天地之道作了明確的規定，認為它是第一性的，是本；而可感可見的天地陰陽則是第二性的。他說：「形而上曰天地之道，形而下曰陰陽之功。」(《坤卦注》)

其三，王弼沒有將易理與易象的關係，推廣到於整個宇宙，程頤則明確提出了理與氣、理與數的關係。氣不是象，不是易學的組成部分。程頤提出「有理必有氣、有數」(《程易‧繫辭》)，就越出了易學的範圍，而明確地將易學中的理與象之體用關係，推而廣之，成為整個宇宙之理與氣、理與物的關係。可見程頤的體系比之王弼是完備、周密得多了。

其四，在王弼思想中，易象被認為是任意的構造。義理與易象的關係猶如筌之於魚、蹄之於兔。由筌和蹄可以得魚和兔，但筌、蹄和魚、兔的關係是外在的，筌和蹄並不體現魚兔的特徵和特性。筌、蹄可以被新的工具所代替，而其得魚得兔之功能、作用不變，正如文字語言與其所表現的義理概念之關係。這就是說：理與象不是一源，也不是無間的，兩者的關係不是嚴格意義上的由體以致用的體用關係。這說明，在王弼的哲學體系中，體與物、與用的關係，尚不十分確定，

本體與事物之關係，尚帶有不確定性和模糊性。程頤則明確肯定體用出於一源，微和顯兩者無間，不僅不能分割，且體決定用，由體可以致用，由用可以得體，體和用是一種內在的關係。這在哲學思想的發展上，達到了一更高的階段。儘管如此，《程易》與《王易》之繼承關係是十分明確的。

這裏應該討論一個問題：即《程易》和周敦頤易學的關係。我在《概論理學的思潮、人物、學派及其演變和終結》一文中指出，「學術界幾乎公認北宋理學的開山是周敦頤。但從時代思潮的眼光來考察，則周敦頤不能享有這種地位。理學思潮的先驅是歐陽修，主要學派是王安石的新學，張載的關學和二程的洛學。由於周敦頤默默無聞，因而完全沒有像朱熹所給予的那樣重要的地位。周敦頤思想具有理學思潮的一般的特徵，其《太極圖說》和《易通》援佛老入儒，在南宋朱熹以後，對理學的發展產生了重大影響。但因在當時不居於政治和思想的中心地位，脫離了時代思潮的中心，連二程本人都不承認自己的學說與周子有關，故不能把周敦頤視為理學的開山祖。」（載《求索》1983年第3期）

從《程易》看，這就更清楚了。周敦頤在當時，稍前於二程，是以《周易》教學的，著有《易通》，專門對《周易》作解釋和發揮，但程頤推荐給謝金堂的易學著作沒有《易通》。

這裏的深刻的原因，就在於《易通》和程頤的哲學思想屬於不同的路數和情趣。《易通》實際屬於王弼和程頤鄙視和排斥的象數之學。《易通》的太極圖出於陳搏，最早出自漢代《周易參同契》，成為道教的神秘主義思想來源。其哲學思想體系，屬於漢人所講的宇宙生成圖式。「無極而太極，太極動而生陽，靜而生陰，一動一靜，互為其根」，……然後分為五行、四時、萬物、男女。這些正是漢人宇宙論思想的

老調。《周易參同契》以後發展為管輅、郭璞的術數思想。程頤明確批評這是「尋流逐末，術家之所尚，非儒者之本務也。」(《答張閎中書》) 就現實所指而言，程頤的尖銳批評首先是針對邵雍的，但也是包括了周敦頤的。章太炎指出，周邵的易學思想近於緯候陰陽，這是十分深刻的看法。

周敦頤沒有理的觀念，實不知形上形下或理本體為何物。二程說天理二字是自家體貼出來，確是實際情況。二程十五歲左右時從周敦頤就讀一年，並沒有學到其「思想之真諦」，故隨即出入佛老約十年，反而求之六經，才終於把「天理」兩字體貼出來，建立了自己的體系。很顯然，說周是二程理學思想的先導，是不符合歷史實際的。

程頤在《與金堂謝君書》中，不僅不提周敦頤和《易通》，且指出「無枉取費功」，看來是深思熟慮的意見，而不是一時的疏忽和失言。事實的真相是：唯其因為程頤和周敦頤的易學思路劃清了界線，並自覺地加以抵制和排斥，他才能建立起「體用一源、顯微無間」的理本論易學體系，而上接王弼；又唯其自覺地承接王弼，沿著王弼的思路前進，建立了自己的理學體系，對王弼等以外包括周敦頤、邵雍在內的易學象數思想，才能摒棄否定得那樣堅決和徹底。

二、辯證法思想

《易傳》是中國辯證法思想的源泉之一。先秦，相應於儒家道家兩大思想體系的對立，有《易傳》和《老子》兩大辯證思想的對立。《老子》貴柔、守雌、主靜。然而，強調以柔克剛，以靜勝動，以下勝高，以無勝有，以陰勝陽，實際是強調鬥爭，以「不爭」為爭的，故以後發展成為黃老刑名，為法家兵家之所尚。《易傳》則主動、主剛，強調動和陽的主導作用，以生生為天地之大德，富有、日新為宇宙萬

物之生命，是體現儒家「貴仁」的根本思想的。《程易》發展了《易傳》辯證法的思想。《程易》主動、主剛、主革，與《王易》有較大的不同。

1.主動　《程易》發揮《易傳》的辯證法思想，認為世界和萬物的生命在於運動，動是世界的本質。

《程易》認為動和靜、進和止都是暫時的、相對的、有條件的。《艮卦・序卦》說：「物不可以終動，故受之以艮。艮者止也。」程頤發揮說：「動靜相因，動則有靜，靜則有動。物無常動之理，艮所以次震也。」意思是說，震──動之後，必出現止，然而止之後有「漸」。《序卦》說：「艮者，止也，物不可以終止，故受之以漸，漸者進也。」程頤說：「止必有進，屈伸消息之理也。止之所生亦進也，所反亦進也，漸所以次艮也。」「止之所生亦進也」，意思是說，止必然轉化為不止，由止至漸，是進的過程；「止之所反」，指止的反面，止的反面即不止，亦即震、動。因此，無論是生或反、進或止都是暫時的，動則是永恒的。在《革卦注》中，程頤又說：「物止而後有生，故為生義」，也就是說止是生的條件。止的內在含義中有生的意義，因而必然發展到它的反面，變為進和動，《程易》說這是屈伸消息之理所決定的。既然事物由一種狀態必然地發展變易為另一種狀態，六十四卦也必然由一卦發展為下一個新卦，因此動或變易，是事物和《易》的生命。《程易》在《未濟卦注》說：「易者變易而不窮也，故既濟之後，受之以未濟而終焉。未濟則未窮也，未窮則有生生之義。」《易傳序》說：「易，變易也，隨時變易以從道也。」又說：「吉凶消長之理，進退存亡之道，備於辭。推辭考卦，可以知變，象與占在其中矣。」就是說，《易》的主題是「變易」，其內涵為「吉凶消長之理，進退存亡之道」。「消長」、「進退」、「存亡」，是變易或運動的三種內容和形式。

《程易》認為，恒常不動，排斥運動和變易的絕對靜止的常，在

世界上是不存在的。「易道變動無常。」那麼什麼是常呢？它說所謂常或恒，就是運動和變易本身。「天下之理，未有不動而能恒者也，動則終而復始，所以恒而不窮。凡天地所生之物，雖山岳之堅厚，未有能不變者也，故恒非一定之謂也，一定則不能恒矣。唯隨時變易，乃常道也。」德國哲學家黑格爾把世界理解為一個過程，認為除了不斷的運動變化外，沒有什麼東西是絕對不變的。程頤不懂得世界是一個由低到高的永無止境的發展過程，但卻明確地得出了世界是一個不斷變易和運動的過程的結論，這是難能可貴的。

《程易》認為，一切生命長久的事物，其奧秘都在於運動。日月能保持久照，是由於順天之道，往來盈縮而不已。四時能夠年復一年，運動不止，也是因為往來變化，順天之道。總之，「天地造化，恒久而不已者，順動而已，巽而動，常久之道也。」王弼說：「復者，反本之謂也。……動息地中，乃天地之心見也。」又說：「天地雖大，富有萬物，雷動風行，運化萬變，寂然至無，是其本也。」（《復卦注》）周敦頤在《易通》中也提出主靜思想。程頤明確指出：「先儒皆以靜為見天地之心，蓋不知動之端乃天地心，非知道者孰能識之？」在動靜問題上劃清了和《王易》的界線。

2.尚剛　《易傳》以「天行健，君子以自強不息」作為《易》和學《易》者應該具有的根本精神。《程易》繼承和發揮了《易傳》這一根本思想。

在陰陽剛柔兩個對立面中，《程易》崇陽而貶陰，重剛而抑柔。一般地說，凡屬陽和剛的事物，都被認為是吉利的，相反則是不吉利的；而凡起主導作用的、吉利的事物，《程易》都認為是陽，相反則認為是陰。這裏把陰陽附加以吉凶和尊卑等級的界線，打上了封建階級的烙印，但它明確表現了《程易》崇尚陽、剛的精神。

　　《易傳‧泰卦‧彖辭》說:「內陽而外陰,內健而外順,內君子而外小人,君子道長,小人道消也。」《否卦‧彖辭》說:「內陰而外陽,內柔而外剛。內小人而外君子,小人道長,君子道消也。」《剝卦‧彖辭》說:「復亨、剛反,動而以順行……利有攸往,剛長也。」對這些尚剛的言論,《程易》都作了重複和發揮。

　　《程易》和《易傳》一樣,認為陽主剛,陰主柔,陽和剛代表上進的、新興的、正義的、有前途的力量,陰和柔代表衰退的、違道害義的、邪惡的力量。《易傳》說:「天地之大德曰生」,「生生之謂易」。而它認為生的本源是陽氣。春天陽氣萌發,萬物生長;夏天陽氣旺盛,萬物繁茂;秋冬陰氣漸盛,萬物衰老死亡,故以陽為生、為德。《程易》繼承這些思想,反覆說:「陽皆上進之物」(《大畜‧初九注》),「一陽復於下,乃天地生物之心也」(《復‧象辭注》),「陽生於下而上進,有亨之義」(《震卦‧卦辭注》),「陽者剛物,震者動義,以剛處動,本有光亨之道」(《震卦‧象辭注》),「陽之為物,剛健上進者也」(《需卦‧初九注》),「震剛動而上奮,孰能禦之?」(《震卦‧六二注》)

　　《王易》受老子的影響,貴柔、主靜,故不少地方違背了《易傳》的尚剛精神,如對「無妄」的解釋。程頤與其相反,則以「剛健」釋「無妄」。《程易》先就卦體指出:「無妄之為卦,下動而上健,則其動剛健也。剛健,無妄之體也。」(《無妄卦‧象辭注》)還就卦義指出:「動以天為無妄,動而以天,動為主也。以剛變柔,為以正去妄之象。剛正為主於內,無妄之義也。」(《無妄卦‧象辭注》) 又就卦象指出:「以陽剛為主於內,無妄之象,以剛實變柔而居內,中誠不妄者也。」(《無妄‧初九注》)

　　《程易》把「剛正」提升為天地根本之道,它說:「剛正而和順,天之道也。化育之功所以不息者,剛正和順而已。」(《臨‧象辭注》)又

說：「乾，健也，健而無息之謂乾。……乾者萬物之始。」(《乾卦注》)「至健固足以見天道也，君子以自彊不息，法天之行健也。」(同上)「行地無疆，謂健也」，「非健何以配乾?」(同上)坤卦代表地和陰，一貫認為坤的基本屬性是柔順。《坤卦・六二爻辭》：「直方大，不習無不利。」王弼釋為「任其自然而物自生。」《程易》則說：「直方大，君子所謂至大至剛以直也。……承天而動。」這就從根本上為尚剛思想提供了根據。

把這種尚剛的思想應用到人事和社會，《程易》提倡剛強、奮發、果斷、堅貞、守節。它說：「故艱險之際，非剛明之主，不必恃也。」(《頤卦・六五注》)「以剛中之道而行，則可以濟艱險而亨通也。」(《坎・象辭注》)

《程易》認為，萬物在發展過程中，開始總是幼弱艱難，「物之始生，其氣甚微，故多艱屯。陽之始生，其氣至微，故多摧折。」(《復卦注》)唯有剛強奮發，才能戰勝阻礙，順利發展。這是富有積極意義的❶。

3.主革　革的基本含義是變革，「革，變革也」(《革卦注》)，「革者，變其故也。」(同上)尚革是《易傳》尚變尚動哲學的應有之義。

《易傳》說：「天地革而四時成，湯武革命，順乎天而應乎人，革之時義大矣哉。」地主階級處在上升時期，革命是他們奪取政權、推動社會前進的手段，所以反映這一時期地主階級精神狀態的《易傳》，把「革命」看作自然（天地）和社會發展的規律。《程易》尚變，對《易傳》「革」的思想也作了一定的發揮。

《程易》認為，「物極則反」，「事極則變」，變革是事物發展的規律。它說：治極則亂，盛極則衰，久存則穢，「困極則有變困之道」(《困・上六注》)。「自古天下安治，未有久而不亂者。」(《臨卦注》)因

此，變革是正常的、必要的。

《程易》釋革卦卦序說：「革」次於「井」，「井之為物，存之則穢敗，易之則清潔，不可不革也」。「弊壞而後革之，革之所以致其通也，故革之而可以大亨。」這就是說，革是去穢除弊的必然和手段。革的目的是去故納新，變穢為清，因此必然有鬥爭。革為「水火相息之物。水滅火，火涸水，相變革者也，……乃火在下，水在上，相就而相克，相滅息者也，所以為革也。」(《革卦注》) 也就是說，革的過程是矛盾著的對立面相就相克，相滅相生的鬥爭和轉化過程。《程易》解釋「息」這一概念指出，既「為止息，又為生息」。「物止而後有生，故為生義。革之相息，謂止息也。」這是程頤從概念的辯證法上對「革」所作的一個極好的解釋。

一些論著說：「程頤的變革論實質是循環論。」這需要具體分析。《程易》確實認為一些運動形式是循環的。它說：「陰陽消長如循環，不可易也。」(《臨卦辭注》)「物理如循環，在下者必升，居上者必降。」(《泰卦・九三注》)「盛衰損益如循環」(《益卦注》)。但這裏有兩種循環：盛衰損益的循環和陰陽升降，屈伸往來的循環。前者有內容的變革，有去故納新，後者則無，所以前者在形式上是循環的，在內容上則是前進的。至於變革，《程易》更明確指出是舊的滅息和新的生息，不能概括為循環論。

程頤注《易》時，正當慶曆至熙寧的變革及隨後新舊反覆時期。慶曆時宋代內憂外患，民族矛盾和內部的階級矛盾空前嚴重和激化，統治集團面臨著深重的危機，實行改革，勵精圖治，成為朝野上下一致的呼聲。此時正當二程青年時期，都曾先後向皇帝上書，慷慨陳辭，要求變革。在《程易》中，程頤之強調變動、剛強、變革，顯然是由這個特定的時代條件所決定的。

不過，《程易》的變革思想是矛盾的。一方面它主張變革，另一方面親身的經驗又使程頤對變革十分膽怯。王安石的變法，使其心有餘悸，故《程易》中反覆強調：第一、「天下之事，革之不得其道，則反致弊害，故革有悔之道，唯革之至當，則新舊之悔皆亡也」。這就是要求變革不能過分，並能照顧新舊各方的利益。第二、「革而能照察事理，和順人心，可致大亨」。這就是說改革要顧及各種人的利益，使人心和順。第三、強調自上而下，不許來自下面的改革。「臣道不當為革之先」。「必有其時，有其位，有其才，審虞而慎動，而後可以無悔」。只有英明的皇帝，審虞而慎動，才有資格改革。這就把《易傳》的下革上、臣革君的「革命」思想，變成了有名無實的空談。

4.對立統一思想　　在《語錄》中，程頤對對立統一有一些很好的表述，其精神是強調對立和矛盾，如說：「天下物無獨必有對，皆自然而然，非有安排也。」這種思想在《程易》中也有表現。《鼎卦・九二注》說：「仇，對也。陰陽，相對之物。」《賁卦注》又說：「理必有對待，生生之本也。有上則有下，有此則有彼，有質則有文，一不獨立，二則為文，非知道者，孰能識之。」

《程易》認為陰和陽既是相互聯繫依存，又是矛盾對立的。用這種觀點解釋自然現象，它指出：「雷者，陽氣奮發，陰陽相薄而成聲也。陽始潛閉地中，及其動，則出地奮震也。」《豫卦・象辭注》「陰陽之交相摩軋，八方之氣相推蕩，雷霆以動之，風雨以潤之，日月運行，寒暑相推，而成造化之功。」（《繫辭說》）摩軋、推蕩、相薄，都是矛盾、對立和鬥爭的一種形式。

但是，《程易》關於矛盾對立面的關係，主要強調的是統一，強調兩者的關係是交感和洽、和順、陽唱陰和。

《屯卦注》說：「陰陽始交，則難屯未能通暢，及其和洽，則成

雷雨，滿盈於天地之間，生物乃通。」《泰卦注》說：「天地交而陰陽和，則萬物茂遂，所以泰也。」《小畜卦注》說：「雲，陰陽之氣，二氣交而和，則相畜固而成雨，陽倡而陰和順也，故和。若陰先陽倡，不順也，故不和。不和則不能成雨。」「陰之氣倡，故不和而不能成雨，其功施未行也。」《需卦注》：「雲氣蒸而上升於天，必待陰陽和洽，然後成雨。」

這些說法和漢代「合」的概念幾乎一致了。

在陰陽兩個對立面中，《程易》認為，陽始終居於主導和統帥地位，陰居於柔順、依附地位，不能轉化，否則就是大凶。《需卦・六三注》：「柔從剛者也，下從上者也。」《上下篇義》：「陰陽尊卑之義，男女長少之序，天地之大經也。」

「師」、「謙」、「豫」、「比」、「復」、「剝」諸卦，都是五陰爻而一陽爻。《程易》說：「卦五陰而一陽，則一陽為之主。」相反，「小畜」、「履」、「同人」、「夬」、「姤」、「大有」都是一陰爻，五陽爻。王弼說是「一陰為之主」。《程易》則說：「雖眾陽說於一陰，說之而已，非如一陽為眾陰主也。」（《上下篇義》）

易學很重視位與時，在《程易》中，凡陰柔居不當位，都被認為違反常道。《屯卦・六三注》：「六三以陰柔居剛，柔既不能安屯，居剛而不中正，則妄動……徒取窮吝而已。」《師・六三注》：「三居下卦之上，居位當任者也。……其才陰柔，不中正……覆敗必矣。」《比卦・六三注》：「三不中正，而所比皆不中正……其失可知，悔吝不假言也。」《否卦・六三注》：「三以陰柔，不中不正而居否，又切近於上，非能安道守命，窮斯濫矣。」其他「豫」、「復」、「頤」、「噬嗑」、「觀」、「坎」、「晉」、「睽」、「解」、「損」、「困」、「震」、「歸妹」、「兌」、「渙」、「未濟」等，無一例外。

《程易》雖然認為，陽和陰是可以轉化的，「陽變而為陰」，「陰變而為陽」（《益卦注》）。但認為，陽尊陰卑，陽大陰小，陽強陰弱，陽唱陰隨，這種矛盾的主次地位，是不能轉化的。陽，天也，君道也，父道也，夫道也。陰，地也，臣道也，子道也，婦道也。陽君子，陰小人。陰陽的地位不變，社會中統治者與被統治者的關係，也就可以永恒不變。宋代，社會危機嚴重，等級特權制度更加僵化，程頤這套理論就是為這種現實的政治需要服務的。比之王弼，《程易》在這一點上是倒退了。

三、倫理思想

慶曆以後，為了克服政治上統治階級面臨的嚴重危機，李覯、歐陽修、王安石、二程等人都認為必須在思想上加強封建道德的教育，強化倫理綱常的控制力量。李覯總結漢末和唐代的歷史經驗說：「秦以山西鏖六國，欲帝萬世，劉氏一呼而關門不守，武夫健將，賣降恐後，何耶？詩書之道廢，人惟見利而不聞義焉耳。孝武乘豐富，世祖出戎行，皆孳孳學術，俗化之厚，延於靈獻，草茅危言者，折首而不悔。功烈震主者，聞命而釋兵。群雄相視，不敢去臣位，尚數十年，教道之結人心如此。」（《袁州州學記》）李覯要求加強封建道德的教育，「譚禮樂以陶吾民，一有不幸，能仗大節，為臣死忠，為子死孝，使人有所賴，且有所法。」（同上）王安石總結唐末五代的經驗教訓，指出：「唐既亡矣，夷陵以至五代，而武夫用事，賢者伏匿消沮而不見，在位無復知有君臣之義，上下之禮者也。當是之時，變置社稷蓋甚於弈棋之易，而元元肝腦塗地，幸而不轉死於溝壑者無幾耳！」（《上仁宗皇帝言事書》）二程也反覆說：「東漢尚名節……只為不只道耳。」因此這一時期，歐陽修、李覯、周敦頤、王安石、二程等，幾乎一致為加強

以三綱五常為核心的道德教育而大造輿論。歐陽修在《新唐書》和《五代史》中，還特闢「死節」一欄，表彰忠義死節之臣，並痛斥馮道一類毫無民族和為人氣節的人為無恥之尤。歐陽修說，「士節為天下大防，不可不勉」，又說：「不有君子，果能國乎？」所謂士節，中心內容是君父有不幸，「為臣死忠，為子死孝」。

《程易》大力宣傳忠、孝和節義思想，把君臣上下之分，說成是聖神不變的天理。「夫上下之分明，然後民志有所定。……」（《履卦注》）「天而在上，澤而處下，上下之分，尊卑之義，理之當也，禮之本也，常履之道也。」（《履卦注》）「下順乎上，陰承乎陽，天下之正理也。」（同上）

在強化尊卑等級名分之下，《程易》於君臣關係、君民關係，更加強調臣對君的服從和盡忠。

它說：「人臣之道……謙恭自牧，恭畏之奉謙德之君。」（《謙卦注》）「陰，從陽者也，待唱而後和，……臣道亦然，君令臣行，勞於事者，臣之職也。」（《坤卦注》）「為臣之道，當含晦其章美，有善則歸之於君，及可常而得正。」（同上）「為臣處下之道，不當有其功善，必含晦其美，乃正而可常，然義所當為者，則以時而發，不有其功耳。不失其宜，乃以時也。非含藏終不為也。含而不為，非盡忠者也。」（同上）「竭其忠誠，致其才力，乃顯其比君之道也。」（《比卦注》）「其蹇蹇者，非為身之故也。雖使不勝，志義可嘉，故稱其忠藎不為己也。」（《蹇卦·六二注》）

歸結起來，就是要求臣對君盡忠，謙恭，勞於王事，盡忠職守，有功有善歸之於君；建議和規諫，要待時而發，不失其宜，但含藏不講，明哲保身，也是不忠的表現；遇到困難艱危，則要挺身而出。

另一方面，《程易》也指出君應「推誠以任下」。它說：「上下之

志通，朝廷之泰也。」(《泰卦注》) 就是說，君臣之間要以誠相待，臣要盡忠，君應該尚賢。《臨卦注》：「夫以一人之身，臨乎天下之廣，若區區自任，豈能周於萬事？故自任其知者，適足為不知。惟能取天下之善，任天下之聰明，則無所不周。是不自任其知，則其知大矣。」(《臨卦·六四注》) 又說：「為人君者，苟能至誠任賢以成其功，何異出乎己也。」(《師卦注》)

宋代軍權集中於君主，將帥無權指揮戰爭。程頤提出了異議。《師卦注》：「自古命將，閫外之事專制之。……人臣之道，於事無所敢專，唯閫外之事則專制之。」(《師卦·九二注》)「自古任將不專而致覆敗者，如晉荀林父邲之戰，唐郭子儀相州之敗是也。」(《師卦·六五注》)

這是總結了宋代的經驗，針對時弊，有感而發的。

對於君民關係，程頤強調：「天為萬物之祖，王為萬邦之宗，乾道首出庶物而萬匯亨，君道尊臨天位而四海從，王者體天之道則萬國咸寧也」(《乾卦·九五注》)，人民應該絕對服從君王的統治。同時又說：「民為邦本，本固邦寧」，「下者上之本，未有基本固而能剝者也」(《剝卦注》)，統治者應該以惠養民，不過分壓榨。一方面「民不能自保，故戴君以求寧」；另一方面「君不能獨立，故保民以為安」(《比卦注》)，「不求下民之附，則危亡至矣」(《比卦注》)；一方面下應該奉上，另一方面上應該節欲，不要誅求無已。企圖用這種辦法緩和矛盾，以鞏固統治。

中國封建社會經歷了漢、三國、魏晉、隋唐至宋代，積累了比較豐富的統治經驗。慶曆以後，歐陽修、司馬光、蘇軾、二程等人以各種形式對這些經驗進行了總結，形成了一套比較成熟的統治思想和政策。這些經驗是圍繞著三個基本問題闡述的：(1)君臣關係；(2)君民關係，即統治階級和農民的關係；(3)統治集團內部君子小人的關係。慶

曆至熙寧、元祐時期，新舊黨爭十分激烈。舊黨咒罵革新派為「小人」，革新派則指斥守舊派為「朋黨」。程頤指斥王安石派為小人，主張進君子而退小人。對歐陽修、范仲淹的「朋黨論」思想，則在《易》注中大肆發揮，反覆強調：「君子之進，必與其朋類相牽援。如茅之根然，拔其一，則牽連而起矣，……賢者以其類進，同志以行其道，是以吉也。」「君子之進，必以其類，不唯志在相先，樂於為善，實乃相賴以濟。」(《泰卦·初九注》)「君子小人未有能獨立不賴朋類之助者也，自古君子得位，則天下之賢萃於朝廷，同志協力，以成天下之泰。小人在位，則不肖者並進，然後其黨勝而天下否矣，蓋各從其類也。」(同上) 程頤認為君子和小人的矛盾是不可調和的，此長則彼消，彼起則此伏，只有共去小人，由「君子在內」，掌握政權，政局才能通泰。程頤經歷了熙寧變法、元祐更化、洛蜀黨爭、紹聖紹述、蔡京擅國，個人備受壓抑、打擊，紹聖年間，更以黨論放歸田里，四年十一月送涪州編管。但就在這種情況下，於元符二年成《易傳》時，仍然反覆申述「朋黨」思想，其嚴君子小人之分之立場可謂頑固之至。

此外，《程易》對天理人欲和義利問題，也有大量論述。

《程易》關於天理人欲，基本思想和《二程語錄》一樣，可歸納為「存天理，滅人欲」，認為人欲是惡的，天理是善的，所謂：「人之妄動，由有欲也。」(《無妄卦·六三注》)「心正意誠，乃能極中正之道……有所欲，則離道矣。」(《夬卦·九五象辭注》)「人之貴乎剛者，為其能立而不屈於欲也。既惑所欲，而失其正，何剛明之有，為可賤也。」(《頤卦·初九注》)

不過這裏所講的「人欲」是指「私欲」、「肆欲」、「嗜欲」，即違反封建道德標準而不加節制的物欲；合乎封建道德的「欲」，就不是「人欲」。二程認為，追求正常的物質利益和生活欲望是人之常情。「以富

貴為賢者不欲，卻反人情」（《二程遺書》，卷六），「人情莫不欲利」
（《明道文集》，卷六），「人皆知趨利避害」（《二程遺書》，卷一七）。即
使聖人於利，「亦不能全不較論」（《二程外書》，卷七）。在《程易》中，
這些觀點有反覆的發揮，如《需卦・序卦注》：「養物之所需者飲食也，
故曰需者『飲食之道也』。」

　　「夫物既畜聚，則必有以養之，無養則不能存息，頤所以次畜
也。」（《頤卦・序卦注》）

　　「天地之中，品物之眾，非養則不生」，「飲食衣服以養形也」
（《頤卦・象辭注》）。

　　《頤卦・象辭注》還說：「事之至近而所繫至大者，莫過於言語
飲食也。……在身為飲食，於天下則凡貨資財用養於人者皆是，節之
則適宜而無傷。」

　　符合於封建道德或法制規定的物欲、欲望，程頤認為不是人欲而
是天理。《家人卦・初九注》：「凡人欲之過者，皆本於奉養，其流之
遠，則為害矣。先王制其本者，天理也，後人流於末者，人欲。」

　　《歸妹卦・象辭注》：「夫陰陽之配合，男女之交媾，理之常也。
然從欲而流放，不由義理，則淫邪無所不生，傷身敗德，豈人理哉。」
可以看出，《程易》天理人欲思想的基本點是：以理節欲，欲需合乎理。
王弼說：「為節過苦，則物所不能堪也。」「節之中，以至亢極，苦節
者也。」（《易・節卦注》）程頤也說：「節貴適中，過則苦矣。」（《節卦
注》）東漢人尚名節，不能持久，程頤認為是流於苦節所致。

　　如何評價程頤天理人欲的思想，最近張恒壽先生作《章太炎對於
二程學說的評價》一文（載《中國哲學》第13輯），介紹了太炎的看
法。章太炎認為，二程所說的天理指「物則自然」，所說的「人欲」指
人的私利欲望（不包括人生一切欲望）。章說，二程的說法「其實鑿，

其名非」，道理是對的，但用人欲代替私利，在字義上容易引起混亂。章太炎指出，大程從政，並不以去欲說為依據，而是在修身（蓄德修行）方面提倡此說。「洛閩之言，本以飾身，不以隸政。」（《太炎文錄‧卷一‧釋戴》）太炎的這些看法，很值得參考。

張恒壽說，董仲舒早有「治身與治民之法先後不同」之說，認為「治民先富後教，治身先難後獲。先飲食而後教誨，謂治人也。先其事而後其食，謂治身也。」（《春秋繁露‧仁義法》）二程關於天理人欲的思想，是對董仲舒這種思想的繼承。

證之《程易》，章太炎和張恒壽的上述說法是確有根據的。

二程天理人欲的思想，在宋明以後在實踐中成為宣揚禁欲主義的理論根據，嚴重地阻礙了社會和人民身心健康的發展。章太炎指出，程氏後來的門徒們，把存理去欲的思想逐漸摻雜了佛氏的理論，用以指導人倫政事，這就枉戾不當，不如荀卿遠甚了。這雖然為二程所未料，但實踐的邏輯和力量，是不以哲學家的主觀願望為轉移的。

四、關於《程易》的成書

關於《程易》成書的時間，朱熹在所著《伊川先生年譜》中說：「紹聖間，以黨論放歸田里，四年十一月，送涪州編管。……元符二年正月，《易傳》成而序之。」這指出了《程易》完成的時間，但未說明程頤何時開始注《易》。

邱漢生先生在其近作《伊川易傳的理學思想》（載《中華學術論文集》，中華書局出版）一文中，有一個推論，說：

> 伊川《易傳》寫成於編管涪州的時候。程頤以紹聖四年（1097）十一月，從洛陽去涪州，照當時的交通條件，到達涪州當在年底，元符二年（1099）正月，

《易傳》成而序之，則其在涪州著《易傳》不過一年。一年而成《易傳》那樣深思熟慮的十五萬字著作，似不可能，則開始著《易傳》，當在去涪州之前。按紹聖間程頤放歸田里，四年編管涪州。古人憂患學《易》，則此時正是宜於注《易傳》，所以程頤注《易傳》當始於放歸田里的時候，而成書則在涪州，歷時四、五年。

這個推論有合理的地方。一年時間不僅從字數上說，難於完成十五萬字的深思熟慮的著作，更重要的是《程易》的內容，涉及廣泛的社會、政治及人生經驗的總結，引了大量歷史資料，闡述了一系列深刻的見解和思想。這些思想的醞釀、成熟、定型到寫出，一年的時間顯然是不夠的。但邱先生認為程頤在放歸田里的時候，憂患學《易》而始注此書，則根據似乎不足。我倒覺得程頤開始注《易》的時間，應該更早，是否可以說程頤一生研究《周易》的時間，也就是注《易》的時間。貫穿全書的理學基本思想體系，則是在熙寧變法前已經形成了的。各卦的釋義和文字的修改，斷斷續續，隨時在進行，編管涪州時，只是集其大成，最後完成並定稿而已。

《二程外書・卷一二》引祁寬所記尹和靜語，說：「橫渠昔在京師，坐虎皮說《周易》，聽從甚眾。一夕，二程先生至，論《易》，次日，橫渠撤去虎皮，曰：吾平日為諸生說者皆亂道，有二程近到，深明易道，吾所弗及，汝輩可師之。橫渠乃歸陝西。」這件事發生在仁宗嘉祐元年，是年，程頤二十四歲，張載對二程的評價是「深明易道」。這記載可能是誇大的，但不是全無根據，因此可以推論：二程此時已形成了關於《易傳》的基本思想。一個沒有形成基本思想與見解的人，捉襟見肘，是不可能條條是道，令人折服，讓張載許以「深明易道」的。

二程思想確實成熟甚早。同一年，程頤作《顏子所好何學論》，深

得胡瑗賞識。此文深沉老練，是程頤的代表作之一，不僅天分甚高，其理學的見解與傾向，也很明確。文中的主旨發揮王弼《易》注「性其情」的思想，說明此時程頤已對《王易》作了研究並接受了《王易》。

程頤《明道先生行狀》說：「先生為學，自十五六時，聞汝南周茂叔論道，遂厭科舉之業，慨然有求道之志，未知其要，泛濫於諸家，出入於老釋者幾十年，返求諸『六經』而後得之。」程顥自己說：「天理二字，實是自家體貼出來。」天理是二程之為二程的根本思想。按程頤的說法，當在二十五、六歲時。此時正是張載評以「深明易道」的年齡。

從仁宗嘉祐至熙寧變法前，這段時間，二程都比較年輕，血氣方剛，目睹地主階級面臨的嚴重政治危機，曾先後上書，積極要求實行變革。程頤在皇祐二年《上仁宗皇帝書》中，仿賈誼上疏的口氣，警呼當時的形勢是：「方今之勢，誠何異於抱火厝之積薪之下而寢其上，火未及燃，因謂之安者乎？」指出「強敵乘隙於外，奸雄生心於內，則土崩瓦解之勢，深可慮也」，認為再不改革，只有坐待滅亡了。程顥於熙寧變法前夕，上神宗《論十事箚子》中，列舉當時的十大弊政和社會弊病，如「官秩淆亂」、「職業廢弛」、「經界不正，土地不均」、「富者跨州縣而莫之止，貧者流離餓殍而莫之恤」、「府史胥徒之役，毒遍天下」等等，要求神宗立即動手，酌古變今，實行改革。這種迫切要求改革的思想在《程易》中反映很強烈。如《泰卦・九二注》說：「泰寧之世，人情習於久安，安於守常，惰於因循，憚於更變，非有馮河之勇，不能有為於斯時也。馮河，謂其（君）剛果足以濟深越險也。」又說：「自古泰治之世，必漸至於替衰，蓋由狃習安逸，因循而然，自非剛斷之君，英烈之輔，不能挺特奮發以革其弊也。故曰用馮河。」這種以「馮河」勇氣變革弊政的精神，只能是熙寧變法前這段時期二程

精神狀態的反映。

在上書中，二程提出的改革主張涉及的方面不少，其中引人注目的是關於反對土地兼併和禁止奢侈的問題。這些在《程易》中反映也很鮮明，如《泰卦·九二注》說：「自古立法制事，牽於人情，卒不能行者多矣。若夫禁奢侈則害於近戚，限田產則妨於貴家，既不能斷以大公而必行，則是牽於朋比也。治泰不能朋亡，則為之難矣。」「朋比」指守舊勢力的朋比為奸。程頤鮮明地反對「朋比」，要求奮發改革，禁奢侈，限田產，不為近戚、貴家所阻，這在熙寧以後，也是很難令人想像的。經歷了熙寧變法的教訓，如夢初醒，程頤對改革有如葉公好龍，腔調已完全改變了。

程頤畢生研究《易》學，《程易》中許多文字、思想，看來是隨時寫下，不斷積累的。其中有些可以看出，是熙寧變法前已有的。

「未濟」卦，程頤注云：「《雜卦》云，未濟，男之窮也，三陽皆失位也。其義也，聞之成都隱者。」《二程外書》引《時氏本拾遺》說：「先生過成都，坐於所館之堂讀《易》，有造桶者前視之，指『未濟』卦問先生曰：何也？曰：三陽皆失位。先生異之，問其姓名與居，則失之矣。」程頤過成都，讀《易》，時在英宗治平四年(1067)程頤三十五歲時。

神宗熙寧元年，程頤三十六歲，在漢州，為父代撰請宇文中允典漢州學的《再書》中，引《易·觀·上九》：「觀其生，君子無咎」，「觀其生，志未平也」，接著發揮說：「上九以陽剛之德，居無位之地。是賢人君子抱道德而不居其位，為眾人仰觀法式者也。」這段話與《程易》幾乎完全相同。《程易》的文字是：「上九以陽剛之德處於上，為下所觀，而不當位，是賢人君子不在於位，而道德為天下所仰觀者也。」根據常理，必是先有《易傳》的注，而後有《再書》的引用。當然反過

來也可以說。無論如何，此處《程易》的基本文字和思想在熙寧初已經定型了。

　　《程易》反覆闡發了朋黨思想，其用詞與歐陽修和石介在慶曆時的文章幾乎完全一致。石介《慶曆聖德詩》說：「眾賢之進，如茅斯拔。大奸之去，如距斯脫。去邪惟艱，惟斷乃克。明則不貳，斷則不惑，既明且斷，惟皇帝德。」《程易·泰卦·初九注》：「君子之進，必與其朋類相牽援，如茅之根然，拔其一則牽連而起矣。」歐陽修《朋黨論》說：「大凡君子與君子以同道為朋，小人與小人以同利為朋，此自然之理也。」《程易》發揮說：「君子小人未有能獨立不賴朋類之助者也。自古君子得位，則天下之賢萃於朝廷，同志協力，以成天下之泰，小人在位，則不肖者並進，然後其黨勝而天下否矣，蓋各從其類也。」（《泰卦·初九注》）王安石變法以後，元祐年間，洛、蜀、朔三黨傾軋，黨議更盛，此時胡宗愈著《君子無黨論》，但這些是舊黨內部的鬥爭，無所謂君子、小人忠奸之分，所以《程易》的朋黨說主要是反映了前期的思想。

　　綜上所論，可以得出兩條結論：

　　(1)二程「深明易道」甚早，《程易》的哲學思想體系，包括「體用一源，顯微無間」這一基本觀點，是在熙寧變法前形成的。

　　(2)《程易》的寫作開始很早，最後的整理完成是在編管涪州時期，但許多文字、思想，是早年已寫下或有了初稿的，是程頤畢生經驗和經歷的總結和寫照。

（原載《中州學刊》1984年第4期

收入《周易縱橫談》，湖北人民出版社1986年版）

注　釋

❶時論多以為，孔孟程朱講中庸之道，主折中、調和，不講原則。《程易》很重視中，但所強調的是「剛中」，即剛強奮發，恰到好處，使之符合禮、義的要求。

王陽明思想之與朱熹

程朱講「性即理」，陸王講「心即理」，一直被認為是理學中兩大對立學派。牟宗三先生將這種對立概括為道德自律與他律的對立、孔孟儒學正宗與旁門歧出的對立❶。實際上朱熹與王陽明是心學內部的歧異，其同其異，相互關係十分複雜，值得深入研究。

從年譜看，王陽明五十歲提出「致良知」，五十六歲提出「四句教」是早年與晚年思想的分水嶺。早年，王陽明思想實際籠罩在朱子思想之下，晚年則撇開朱子，真正直承和高揚了孟子情感本體與本位的思想，構成了王陽明思想之為王陽明心學思想的特色，是我們研究王陽明思想所應特別注意的。

一、「心即理」與「性即理」

從《年譜》的記載看，五十以前，王講心學，但突出的始終是性與天理二字。如：

正德三年，三十七歲，王在貴陽，有龍場之悟：「知聖人之道，吾性自足。」

四年，三十八歲，王在貴陽，倡知行合一之教，說：「求之吾性，本自明也。」

五年，三十九歲，在吉，說：「悔昔在貴陽舉知行合一之教，紛紛異同，罔知所入。茲來乃與諸生靜坐僧寺，使自悟性體，顧恍恍若有可即者。」

這些性與性體的說法，都是朱熹思想的提法與特色。

同年十二月，在京，升南京刑部四川清吏司主事，「論實踐之功」，說：「學者欲為聖人，必須廓清心體，使纖翳不留，真性始見，方有操持涵養之地。」又說：「聖人如明鏡，纖翳自無所留，自不消磨刮。若常人之心，如斑垢駁蝕之鏡，須痛刮磨一番，盡去駁蝕，然後纖塵即見，才拂便去，亦不消費力，到此已識得仁體矣。」明心見性，心如明鏡、以及真性、仁體的說法都是朱子思想中常見的。

六年，四十歲，在京，認為朱熹講居敬窮理；非存心無以致知；君子之心常存敬畏，雖不見聞，亦不敢忽，所以存天理之本，而不使離於須臾之頃也；等等。「其為言雖未盡瑩，亦何嘗不以尊德性為事，而又焉在其為支離乎?!」自認為與朱子思想一致。

八年，四十二歲，在越。

孟源問，「靜坐中思慮紛雜，不能強禁絕。先生曰：紛雜思慮，亦強禁絕不得，只就思慮萌動處省察克治，到天理精明後，有個物各付物的意思，自然精專無紛雜之念，大學所謂知止而後有定也。」

九年，四十三歲，五月至南京，論為學、修養功夫，說：

> 吾年來欲懲末俗之卑污，引接學者多就高明一路，以救時弊，今見學者漸有流入空虛，為脫落新奇之論，吾已悔之矣。故南畿論學，只教學者存天理，去人欲，為省察實功。

省察克治，「精明天理」、「存天理，去人欲」，也全是朱熹的提法。

十三年，四十七歲，在贛，七月，刻《朱子晚年定論》，作《序》，謂：「予既自幸說之不謬於朱子，又喜朱子之先得我心之同然。」其認朱子為心學，固然是援朱子以助己，但自覺思想與朱熹這些說法本質

一致，也是重要原因。

十五年，四十九歲，在贛，作《答羅欽順》，謂：

> 夫理無內外，性無內外，故學無內外。講習討論，未嘗非內也，反觀內省，未
> 嘗遺外也。

> 理一而已，以其理之凝聚而言，則謂之性，以其主宰而言，則謂之心，以其主
> 宰之發動而言，則謂之意。……天下無性外之理，無性外之物。

以理為主的這些說法，也與朱熹相一致。

所以，可以說五十歲以前，王雖然標榜心學，講「心即理」，實質
上都是以性與天理為心之本體，以理規範與制約心，因而與朱熹性即
理的體系，是沒有重大區別的。

二、本心是一超越的絕對

王陽明早年思想，大致可以《傳習錄》上為座標。《傳習錄》上
編輯於正德八年，王陽明四十二歲時，正當早年。其基本思想即是圍
繞「心即理」而展開的。

王論「心即理」，說：

> 心即理也。此心無私欲之蔽，即是天理，不須外面添一分。以此純乎天理之心，
> 發之事父便是孝，發之事君便是忠，發之交友治民便是信與仁，只在此心去人
> 欲存天理上用功便是。　（《傳習錄》上）

孟子曾說：「先王有不忍人之心，斯有不忍人之政矣。」（《孟子・

《公孫丑上》）王陽明上面講的孝親之心、忠君之心、信友之心、仁民之心、惻隱之心，亦如孟子講的「不忍人之心」，佛教講的「慈悲之心」，朱熹講的「母親慈幼之心」、「愛人利物之心」，實際意思都是指：先王以不忍人為心，觀世音以慈悲為心，母親以慈幼為心，人以愛人利物為心、孝親為心、忠君為心、信友為心、仁民為心等等。此「心」皆非實然的思慮營為之心，而是一道德心，但它卻即在實然的思慮營為之心中，寓於實然之心之思慮營為以起用。離此實然的心，它不能存在與發現，但它的本質卻不是此實然之心。因此，只能有兩種可能：或者王陽明「心即理」的「心」與實然的思慮營為之人心無關，那麼，要麼它不存在，要麼只能以道成肉身或「天心」的形式存在；或者與現實的實然的思慮營為之心有關，那麼，它就只能是存在於此一實然的思慮營為之心中的一超越的形而上之道德本心。此道德本心無形、無象、超時空，當心未發時不過是心所認為一合當做（慈悲、慈幼、愛人、利物等等）的道理、道德律則而已，因而也即是性。故王陽明說「心之體性也，性即理也」。又常以道心、天理之心、純然天理之心、心之體以與實然的思慮之心及好名之心、好博之心、鄙薄之心、貨色利得之心等等相區別。好名、好博、貨色、利得種種心亦由現實的思慮營為之人心所發，但王認為它們源於習俗的薰染，非心之本體。心之本體即性，性即理，這就與朱熹思想實質上一致了。王說：

> 性一而已，自其形體也謂之天，主宰也謂之帝，流行也謂之命，賦於人也謂之性，主於身也，謂之心。心之發也，遇父便謂之孝，遇君便謂之忠，自此以往，名至於無窮，只一性而已。猶人一而已，對父謂之子，對子謂之父，自此以往，至於無窮，只一人而已。人只要在性上用功，看得一性字分明，即萬理粲然。（《傳習錄》上）

以性與帝、天、命相聯繫，強調其獨立自存的意義。此性顯然指道德之性，即性即理之性，故只要在性字上用功，看得性字分明，即能「萬理粲然」。這與朱熹對性的講法，實際上是沒有什麼不同的。

朱熹說：

> 仁是理之在心，孝弟是心之見於事。性中只有仁義禮智，曷嘗有孝弟？見於愛親，便喚做孝，見於事兄，便喚做弟，如親親而仁民，仁民而愛物，都是仁。性中何嘗有許多般，只有個仁，自親親至於愛物，乃是行仁之事，非是仁之本也。故仁是孝弟之本，推之則義為羞惡之本，禮為恭敬之本，智為是非之本。自古聖賢相傳，只是理會一個心，心只是一個性，性只有仁義禮智，卻無許多般樣，見於事，自有許多般樣。　（《語類》，卷二〇）

朱熹這段話，也可改為：仁一而已，其形體謂之天，主宰謂之帝，流行也謂之命，賦於人也謂之性，主於身也謂之心。此心此性，遇父謂之孝，遇兄謂之弟，遇君謂之忠，自此以往，親親而仁民，仁民而愛物，名之於無窮，皆是人之一心之發現。究其本，則一仁而已，一性而已。只要在仁字（性）上用功，看得一仁字分明，即萬理粲然，所以「古聖賢相傳，只是理會一個心」，「心只是一個性」。與王陽明上面的說法基本上一樣。

《年譜》說龍場之悟，陽明「始知聖人之道，吾性自足，向之求理於事事物物者之誤也。乃以默記五經之言證之，莫不吻合，因著《五經臆說》」。這裏，性也是「性即理」之性。

《傳習錄》說：

> 愛問：盡心知性何以為生知安行？先生曰：性是心之體，天是性之源，盡心即

是盡性。惟天下至誠為能盡其性，知天地之化育。……知天如知州知縣之知，是自己份上事。己與天為一。 （《傳習錄》上）

心之本體即是性，性即是理。 （同上）

心之本體，性也，性即理也。窮仁之理，真要仁極仁，窮義之理，真要義極義。仁義即是吾性，故窮理即是盡性。 （同上）

這些，實際上都是朱熹說法的沿襲。朱熹說：

心性本不可分。 （《語類》，卷六〇）

性無形質而含之於心，故一心之中，天德具足，知心則知性知天矣。 （同上）

靈底是心，實底是性。靈便是那知覺底。如向父母則有那孝出來，向君則有那忠出來，這便是性。如知道事親要孝，事君要忠，這便是心。 （《語類》，卷五）

心以性為體。 （同上）

　　朱熹不講心即理，因心合知覺與性而言，可以單指知覺、人心；只有當其合性而言時，心才是道心，才是理，故朱熹說「性即理」。但性即心之體，故亦可說心之體即理。王陽明不講「性即理」而講「心即理」，防止了外心以求性、求理之流弊，但其本意也是指心之體即性、性即理。好名、好博、貨色名利等心就不是理。講法雖然簡明直捷，

但實質上與朱熹卻是相同的。故王又說：

> 至善者性也，性無無一毫之惡，故曰至善。　《傳習錄》上）

> 至善即吾性，吾性具吾心，吾心乃至善所止之地。　（同上）

> 至善者，心之本體，只是明明德到至精至一處便是。　（同上）

> 吾心之處事應物純乎天理而無一毫人偽之雜謂之善，非在事物之有定所之可求
> 也。　《與王純甫》，《全集》，卷四）

> 夫心主於身，性具於心，善原於性，孟子之言性善是也。善即吾之性，無形體
> 可指，無方所可定，夫豈自為一物可從何處得來者乎。　（同上）

　　兩相比較，可以說，王關於至善是性的論述是直承朱熹的。「性無形體可指，無方所可定」，表明性是一超時空、超形體的存在，是形而上，可以說把朱熹關於形上形下的說法也承繼了。

　　王陽明曾批評朱熹講人心道心，歧一心而為二。朱熹《中庸章句·序》說：

> 心之虛靈知覺，一而已矣，而以為有人心道心之異者，則以其或生於形氣之私，
> 或原於性命之正，而所以為知覺者不同，是以或危殆而不安，或微妙而難見耳。
> ……必使道心常為一身之主而人心每聽命焉，則危者安，微者著，而動靜云為，
> 自無過不及之差矣。

王陽明批評說：

> 心一也，未雜於人，謂之道心，雜以人偽，謂之人心。人心之得其正者即道心，道心之失其正者即人心，初非有二心也。……今曰道心為主，而人心聽命，是二心也。天理人欲不并立，安有天理為主，人欲又從而聽命者。　（《傳習錄》上）

但實際上，王陽明堅持人心與道心，以正不正而異其名，「正不正」正是朱熹《觀心說》的思想。朱熹《中庸章句·序》「人心聽命」只是形象、比喻的說法，其前提正是「心之虛靈知覺一而已矣」。所以與王陽明的說法是沒有區別的。

在朱熹體系中，心之本體是超時空、超有無、超動靜的，故說：

> 出入存亡固人心也，而惟微之本體，亦未嘗加益，雖舍而亡，然未嘗少損，雖曰出入無時，未嘗不卓然乎日用之間而不可掩也。若於此識得，則道心之微，初不外此，不識則人心而已矣。蓋人心固異道心，又不可做兩物看，不可於兩處求也。　（《答張敬夫》，《文集》，卷三二）

王陽明論心之本體亦是如此，故說：

> 心之本體，無起無不起。　（《答陸元靜書》，《傳習錄》中）

> 心之本體即是性，性即是理，性元不動，理元不動，集義是復其心之本體。（《傳習錄》上）

> 動靜者所遇之時，心之本體，固無分於動靜也。理無動者也，動即為欲，循理
> 則雖酬酢萬變，而未嘗動也。　　《答陸原靜書》，《傳習錄》中)

　　這樣一種超時空、超動靜的心體，當然不可能是實然的思慮營為
之心，而只能是寓於其中以起用的獨立自存的「絕對」了。

　　就理之內容看，朱熹指出：理是當然之則與所以然之故。王陽明
沒有給出這樣的定義，故有的著作認為王陽明講的「理」就是心，理
只是心的別名。但實際上，王所謂理亦是指當然之則與所以然之故，
故王陽明論「主一」說：

> 一者天理，主一是一心在天理上，若只知主一，不知一即是理，有事時便是逐
> 物，無事時便是著空，惟其有事無事，皆在天理上用功，所以居敬亦即是窮理。
> 就窮理專一處說，便謂之居敬，就居敬精密處說，便謂之窮理。　　《傳習錄》
> 上)

　　所謂一心在天理上用功，此心指思慮營為之心，天理則是此心的
體認與專著的對象。作為心之體認與專著的對象，天理有其客觀固有
的內涵，即對親當孝，對君當忠，交友治民當信與仁等等之準則與所
以然。所以，細察王陽明思想，「天理」二字仍是其心學的主導與核心，
而天理則有其客觀絕對的內容。王陽明說：

> 夫理也者天理也。天命之性見於吾心，其渾然全體之中而條理節目，森然畢具，
> 是故謂之天理。天理之條理謂之理。　　《博約說》，《王陽明全書》，卷七
> 《文錄》四)

因此，當王陽明反覆以天理來界定心的特性或心之為心時，其心
（心之體）也就完全不具任何個人的特徵了，故王陽明又說：

> 天理在人心，亘古亘今，無有始終。　《傳習錄》下）

> 孝其親，弟其長，信其朋友，皆心體之同然，性分之所固有。　《答顧東橋
> 書》，《傳習錄》中）

> 天理之在人心，終有所不可泯，而良知之明，萬古一日。　（同上）

由這絕對的天理所界定的心、心之體，自然也是萬古如一、人無不同
的絕對。

馮友蘭先生說，王陽明所說的心之本體、本心是「每個人所有的
公共的心」❷。實際上，王所說的本心、心之體，不僅是公共的，而
且是客觀的、超越的絕對。公共的，是說它的內容非個人所得而私，
不具個人的氣質與特徵，但公共的還可以是社會的、集群的、時代的。
王所說的心，則不僅不帶個人的氣質與特性，也不具任何特定時代、
社會與集群的特徵，它只是一客觀獨立自存的絕對。以其寓於具體的
個人之心而言謂之心，以其內涵、內容而言則是天理。王說：

> 道一而已，道同則心同，心同則學同，其卒不同者皆邪說也。　《答顧東橋
> 書》，《傳習錄》中）

> 經，常道也，其在於天謂之命，其賦予人謂之性，其生於身謂之心。心也、性
> 也、命也、一也，通人物，達四海，塞天地，亘古今，無有乎弗具，無有乎弗

同，無有乎或變者也，是常道也。　（《稽山書院尊經閣記》，《王陽明全書》，卷七《文錄》四）

可以說，殊途同歸，王以「心即理」而與朱熹相離異，終於又由強調心之體即性，「性即理」而與朱熹走到一起了。

三、良知亦是一超越的絕對

朱熹論良知與明德說：

> 明德，謂本有此明德也。孩提之童，無不知愛其親，及其長也，無不知敬其兄，其良知良能，本自有之，只為私欲所蔽，故暗而不明。　（《語類》，卷一四）

> 本明之體得之於天，終有不可得而昧者，是以雖其昏蔽之極，而介然之傾，一有覺焉，則即此空隙之中而其本體已洞然矣。　（《大學或問》）

良知概念本是孟子提出的，朱熹把它與心的結構相聯繫，並應用於《大學》格物致知的解釋，提出明德即是良知，格物致知即是擴充良知，說：

> 人誰無知？為子知孝，為父知慈，只是知不盡，須是要知得徹底。且如一穴之光也喚做光，然逐旋開劃得大，則其光愈大。物皆有理，人亦知其理，如當慈孝之類，只是格不盡。但物格於彼，則知盡於此矣。　（《語類》，卷一五）

> 問致知格物。曰：「此心愛物是我之仁，此心要愛物是我之義，若能分別此事之是、此事之非是我之智；若能別尊卑上下之分是我之禮。以至於萬物萬事，皆

不出此四個道理。其實只是一個心，一個根底出來，抽枝長葉。」（《語類》，
卷一五）

人之一心，本自光明，常提斯他起，莫為物欲所蔽，便將這個做本領，然後去
格物致知，如《大學》中條目便是材料。聖人教人將許多材料來修齊治平此心，
令常常光明耳。　（同上）

　　王陽明的良知思想，可以說是直接繼承朱熹這些說法的。故亦以
良知說明德，並應用其於格物致知的解釋，說：

知是心之本體，心自然會知，見父自然知孝，見兄自然知弟，見孺子入井自然
知惻隱，此便是良知，不假外求。若良知之發，更無私意障礙，即所謂充其惻
隱之心而仁不可勝用矣。然在常人不能無私意障礙，所以須用致知格物之功，
勝私復禮，即心之良知更無障礙，得以充塞流行，便是致其知。致知則意誠。
《傳習錄》上）

　　「知是心之本體」、「心自然會知」，這裏知包括兩方面的意思：(1)
指知覺、認知。知覺、認知是心所具有的屬性與作用，故說「心自然
會知」。如寒而知衣、渴而知飲、好好色、惡惡臭等等，都是「心自然
會知」的內容；(2)道德之知即良知，如見孺子入井而援之以手等等。
　　王陽明的本意是強調道德之知是自然會知的內容，故接著以孝、
弟、惻隱為例。因此，「良知」概念在王陽明體系中，其實際內涵是與
朱熹一致的。「好好色、惡惡臭」，王陽明雖也稱之為良知、天性、天
理，但有的地方則稱之為「逐物」，與天理、良知完全對立。因此，也
引進「理」的概念，以理的內涵來定義良知。說：

知是理之靈處，就其主宰處便謂之心，就其稟賦處說，便謂之性。孩提之童，
無不知愛其親，無不知敬其兄，只是這個靈能不為私欲遮隔，充拓得盡，便完
完全全是他本體，便與天地合德。自聖人以下不能無蔽，故須格物以致其知。
《傳習錄》上）

朱熹說「合性與知覺有心之名」， 又說良知、明德是「天理之昭
靈不昧。」王陽明的說法與朱熹的說法實質是完全一樣的。「靈處」指
知覺；天理即朱熹講的性。知覺與性統為一體之知覺，即理之靈或性
之靈，也即良知。

在朱熹體系中，天理、性是本體。天理與性的永恒、絕對決定良
知、明德之永恒與絕對。王陽明亦完全一樣。

純自然之知，生之謂性之知，其根源是氣，其活動是氣的經營造
作，屬於形而下。因此，其動其靜是時空中的活動，其動即是動，靜
即是靜，不能動而無動，靜而無靜，王陽明的「良知」卻是動而無動、
靜而無靜，即超乎動靜的。王說：

> 未發之中即良知也，無前後內外，而渾然一體者也。有事無事，可以言動靜，
> 而良知無分於有事無事也。寂然感通，可以言動靜，而良知無分於寂然感通者
> 也。 （《答陸原靜書》，《傳習錄》中）

> 有事而感通，固可以言動，然而寂然者未嘗有增也。無事而寂然，固可以言靜，
> 然而感通者未嘗有減也。動而無動，靜而無靜，又何疑乎?! 無前後內外，而渾
> 然一體，則至誠無息之疑，不待解矣。 （同上）

> 照心非動者，以其發於本體明覺之自然，而未嘗有所動也。 （同上）

> 理，無動者也，常知常存常主於理，即不聞不覩、無思無為之謂也。無思無為，非槁木死灰之謂也。覩聞思為一於理，而未嘗有所覩聞思為，即是動而未嘗動也，所謂動亦定，靜亦定，體用一原者也。　（同上）

　　這樣的「良知」，它雖存在於人心之中，但實際上卻是不具任何人心與人之個人特徵與氣質的，是一永恒的絕對，它雖是人人同具，卻千古如斯，永遠只是它自己，只與自己同一，故所謂：

> 良知之在人心，無間於聖愚，天下古今之所同也。　（《答聶文蔚》，《傳習錄》中）

> 良知之在人心，亘萬古、塞宇宙、而無不同。不慮而知，恒易以知險，不學而能，恒簡以知阻，先天而天不違。天且不違，而況於人乎，況於鬼神乎。（《答歐陽崇一》，《傳習錄》）

> 良知即是未發之中，即是廓然大公、寂然不動之本體，人之所同具者也。但不能不昏蔽於物欲，故須學以去其昏蔽，然於良知之本體，初不能有加損於毫末也。　（《答陸原靜書》，《傳習錄》中）

　　這樣的一個絕對，自然是超乎善惡的。正如稱星之超乎輕重，規矩之超乎方圓，準則之超乎是非一樣。這樣的一個絕對，可以以「至善」形容之。但「至善」即「超乎善惡」之善，也即「無善」。如同老子所說「至善無善」、「大道無名」。「良知」亦是不能言謂，也不須言謂的，任何言謂對於「良知」這一絕對的本體都是不可能相稱相應的。王陽明四句教說「無善無惡心之體」，其無善無惡之實質意義也即在這裏。

四、由早年到晚年，由理到情

但以上的分析只是王陽明思想的一個方面，是其早年思想的特徵。

五十歲，王揭出致良知的講學宗旨，五十六歲以四句教為自己思想的綱領與衣鉢真傳，以《大學問》為自己晚年思想的匯歸與總結，高揚情感本位，就非朱熹思想之所能羈絆了。不過這種變化，對王陽明也並非突然。早年，王陽明即有了這些思想的因素，只是沒有像晚年這樣，以之為主導、為基本而已。

早年，王答肖惠問，論心之作用與天理，曾說：

> 汝心之視，發竅於目；汝心之聽，發竅於耳；汝心之言，發竅於口；汝心之動，發竅於四肢；若無汝心，便無耳目口鼻。所謂汝心，亦不專是那一團血肉，若是那一團血肉，如今已死的人，那一團血肉還在，為何不能視聽言動？所謂汝心，都是那能視聽言動的，這個便是性，便是天理，有這個性，才能生這性之生理，便謂之仁，這性之生理，發在目，便會視；發在耳，便會聽；發在口，便會言；發在四肢，便會動。都只是那天理發生，以其主宰一身，故謂之心。這心之本體，原只是個天理，便無非禮。這個便是汝之真己。……須常常保守著這個真己的本體。　（《傳習錄》上）

在朱熹體系中，王陽明講的這個心與性，是自然之心，是自然之性，也是告子的「生之謂性」、佛教的「作用是性」，是不能真正稱為天理、稱為人之性的。王陽明對此卻不加區分。王陽明思想也有天理人欲的區別，有性善之性與自私自利、好名好利之心的區別，但王把自然的生理之性看成「天理」，把好名好利、追求聲色享受的習性，歸

之外來、後天的習染，不稱之為性，這就與朱熹不同了。故王一方面是直承告子，一方面同時把生之性、自然之性本身天理化、本體化、仁義化、道德化了；從而自然的就是「道德的」，道德的即自然的，因而不僅把朱熹的天心、太極與陰陽自然之對立與兩分的架構完全打破，同時也把告子的義外之說從根拔除。由此樹立的一個新看法是：自然本真的人，其率性而行，率性而言，而視、而聽、而動即是「天理」，即是善。這個自然本真的人即是人之真己；自然本真的生理、情感等等之外，更沒有另外的一種東西，如「天地生物之心」是人之道德、至善的根源。這也就在實際上把個體的有血有肉有情感欲望的人，看成人之本體，從而把人的情感、意志等等提到比理性更基本的地位了。

朱熹也講過聖人聰有聰之理，明有明之理，睿知有睿知之理。但這些理，朱熹認為都是道德之理，與生之謂性的生理不同，是源於「天地生物之心」的。王陽明則取消了「天地生物之心」的存在與意義，既以視聽言動等作用為性，又以其作用本身為道德之理，強調說：

夫率性之謂道，道吾性也，性吾生也，而何事於外求。 （《自得齋說》，《王陽明全書》，卷七，《文錄》四）

又強調說：

惟天下至聖為能聰明睿知，舊看何等玄妙，今看來，原是人人自有的。耳原是聰，目原是明，心思原是睿知，聖人只是一能之爾。能處正是良知。眾人不能，只是個不致知。 （《傳習錄》下）

所謂「能」，是良知良能之能，是本能之能，其內容包括大量非

道德的自然之本能。朱熹認為這種能是人與動物同具的，只有道德性的知與能才基本上是人具有的。故不僅不以「能」為良知，亦不以自然之知為良知，王陽明則強調良能即是良知，這實際上是把情感、情意等有別於知的因素（能）當成良知的內涵了。所以與傳統儒學不同，更與朱熹大不相同，王逕直提出：

　　喜怒哀樂，本體自是中和的。　《傳習錄》上）

　　就是說，中和不再是天理使然，而是喜怒哀樂之情感本身使然。喜怒哀樂是心感物而動的活動，與「氣」相聯繫，說喜怒哀樂之情感，其本體是中和的，這就不僅排斥了朱熹「性即理」的說法，也不同於王陽明自己「心即理」的提法。理屬於律則、法則、命令、規範、形式，是形上範疇；情感有血有肉，不能離個人而存在，實際是形下範疇。在儒家傳統中，一貫反覆強調的是以理制情、以理化情、以理統情、「性其情」。說情感本體自是中和的，其中和不須來自理性、來自性、來自上帝，這在儒家對情感的看法也即對人的看法上，無疑是一極大的變化。

　　魏晉時期，在自然論的指導與支持下，人們一度十分重情、崇情。種種人之真情，如父子真情、朋友真情、夫妻真情，得到褒揚與崇尚。人們以真情為自然、為高尚，以名教、禮制為虛偽、為矯情，對之進行猛烈的批判。崇情重情之風孕育出無數率真任性、孤潔高傲、鄙視流俗的人格典範與真摯動人、感人至深的詩歌、散文。至唐代，發而為詩的燦爛奇葩，光彩照人。宋代，理學強調天理、性理，強調存理滅欲，又一次把人加以束縛、壓抑，甚而使之流為虛偽、矯飾、做作、形式，而另一方面則人欲橫流，人之真性、真情蕩然無存。王陽明由

「心即理」而倡導理即情、心即情、情即本體，這對宋代程朱以來的
理學流風，可以說是振弊起衰、切斷橫流的登高叛逆之呼。

由此對《大學》的解釋，王突出誠意的決定作用，而以情感之真
切與自然為「誠意」的基點，說：

> 「大學」工夫，即是明明德，明明德只是個誠意。 （《傳習錄》上）

《傳習錄》載：

> 問：如好好色，如惡惡臭，安得非意（指私意）？曰：即是誠意，不是私意，誠
> 意只是循天理。 （《傳習錄》上）

> 人於尋常好惡亦有不真切處，惟是好好色、惡惡臭則皆是發於真心，自求快足，
> 曾無纖毫假者。《大學》是就人人好惡真切易見處指示人以好善惡惡，誠如是耳，
> 亦只是形容一誠字。 （《與黃勉之》，《王陽明全書》，卷五，《文錄》
> 二）

> 「大學」言誠其意者，如惡惡臭，如好好色，此之謂自慊，曾見有惡惡臭、好
> 好色而須鼓舞支持者乎…… （《答歐陽崇一》，《傳習錄》中）

> 今好色之人，未嘗病於困忘，只是一真切耳。 （《傳習錄》中）

「誠意」既然只是真切、真心而不虛假之意，故凡發於真心的自
然情感都是意之「誠」。「好好色、惡惡臭」是人生而即有的自然情感
慮念，真切之至，故「好好色、惡惡臭」亦是誠意。推而言之，好善

惡惡，王陽明認為亦是人之自然本有的真切情感，因而是良知良能的
根本。由此，良知——由知、理性的範疇轉變為情感、好惡的範疇。
王說：

> 良知只是一個天理自然明覺發現處，只是一個真誠惻怛，便是他本體。故致此
> 良知之真誠惻怛以事親便是孝，致以良知之真誠惻怛以從兄便是弟……只是一
> 個良知、一個真誠惻怛。　《答顧東橋書》，《傳習錄》中)

> 良知只是個是非之心，是非只是個好惡，只好惡就盡了是非，只是非就盡了萬
> 事萬變。　《傳習錄》下)

> 七情順其自然之流行，皆是良知之用。　(同上)

　　真誠惻怛是對情感的形容，知與理性無所謂「忠誠惻怛」。　說良
知是忠誠惻怛，這良知就不是知是知非的先驗道德理性，而是隨生而
有的自然情感，如同情心、不忍人之心、惻隱之情等等。以良知為好
惡，以好惡定是非，是非亦成了情感的真偽，而不是理性判斷的內容
了。情感既是是非的尺度，又是是非的根源，理性對是非的冷靜、客
觀的裁判，就完全被貶斥了。這與康德、朱熹所謂良知是道德理性的
說法真可謂大異其趣了。

　　康德講純粹實踐理性或道德理性，與情感是完全無關的。情感，
不論快感或悲苦，總是與經驗相聯繫、與主體感官官能的對某一具體
對象或表象的感受相聯繫，是不可能有客觀必然性與普遍性的，因而
是不可能成為道德法則的。朱熹講性即理，性是未發，亦與情感無關。
故在康德與朱熹體系中，道德本質上是先驗的，並且是以理性判斷的

形式出現的。王陽明則以人的自然情感本身為道德法則之源泉與根本，這就在人的本質即人是什麼、人應該是什麼這一根本問題上，顯示出和朱熹有本質之不同。朱熹崇尚理，理性被看成是人之為人之所在及其力量之根本，王陽明則實質上把人看成一情感的存在、意志的存在，情感意志成為其全部生命精神與活力之根本了。朱熹的思想體系帶有禁欲、制情的冷酷嚴威的特徵；重情則使王陽明十分重視生命的活潑、自然、瀟灑、生活的有情、有趣與情感的洋溢、真摯，一反程朱理學的禁欲主義。王陽明實際上重新把人帶到了魏晉時期的自然主義與個性、性情之解放，故王說：

> 樂是心之本體，雖不同於七情之樂，亦不外於七情之樂。 《傳習錄》中）

> 問：樂是心之本體，不知遇大故，於哀哭時，此樂還在否？先生曰：須是大哭一番了，方樂，不哭便不樂矣。雖哭，此心安處即是樂也。 《傳習錄》下）

儒家本來的傳統是講樂，認為樂源於生命本身。孔子講「立於禮，成於樂。」孟子講「君子有三樂」。《中庸》講「誠」，「洋洋乎發育萬物，峻極於天」。《大學》講「心正」、「正心」，《禮記》講「禮也者，天地之序也，樂也者，天地之和也」，也認為樂是心之本真。但「樂」實質上是對象之樂，源於對象而不是心的本體。王則明確地以樂為心之本體。雖然王也把「樂」與心安理得相聯繫，繼承了儒家傳統，但同時把「樂」個人化、個體化了。「樂是心之本體」，實質上是從根本上要求人的情感之自然流暢發舒，反對對情感的壓抑與禁錮。

講樂是心之本體，可能與佛教的影響有關，因佛教講自性清淨、追求無煩惱的精神境地。但佛教的清淨，本質上不在七情之中，因而

與「樂」是懸隔的。「樂」在佛教看來，也是一種「煩惱」。王陽明講
樂，雖不同於世俗之樂，但亦不排除世俗之樂，其本質是生命之情的
發舒與喜悅，是鳶飛魚躍，是自由、灑脫，是精神、生命的自得，是
儒家摯愛生命之情的流露。故王在教育中特別重視與強調人性的活潑
與生機，強調才氣與情趣。《傳習錄》載：

> 問：逝者如斯，是說自家心性活潑潑地否？先生曰：然。須要時時用致良知的
> 功夫，方才活潑潑地，方才與他川水一般，若須更間斷，便與天地不相似。此
> 是學問極至處，聖人也只如此。　（《傳習錄》下）

> 王汝中、省曾侍坐，先生握扇，命曰：你們用扇。省曾起對曰：不敢。先生曰：
> 聖人之學，不是這等困縛苦楚的，不是裝做道學的模樣。汝中曰：觀仲尼與曾
> 點言志一章略見。先生曰：然以此章觀之，聖人何等寬宏包含氣象，且為師者
> 問志於群弟子，三子皆整頓以對，至於曾點，飄飄然，不看那三子在眼，自去
> 鼓起瑟來，何等狂態。及至言志，又不對師之問目，都是狂言。設在伊川，或
> 斥罵起來，聖人乃復稱許他，何等氣象。聖人教人，不是個束縛他通做一般，
> 只為狂者便從狂處成就他，狷者便從狷處成就他，人之才氣如何同得。　（同
> 上）

> 孟子集義工夫，自是養得充滿，並無餒歉，自是縱橫自在，活潑潑地，此便是
> 浩然之氣。　（同上）

所以，在王陽明的師生關係中，一種無拘無束、自然洋溢的歡樂
喜悅之情與載歌載舞的熱情奔放經常湧現出來，一掃程門立雪、威嚴
謹肅的呆板拘束之風。《年譜》記載：武宗正德八年，王陽明至滁州。

滁州山水佳勝，先生督馬政，地僻官閑，日與門人遊遨琅琊瀼泉間，月夕環龍潭而坐者數百人，歌聲振山谷，諸生隨地請正，踴躍歌舞。

嘉靖三年，宴門人於天泉橋。

中秋，月色如畫，先生命侍者設席於碧霞池上，門人侍者百餘人，酒半酣，歌聲漸動，久之，或投壺聚算，或擊鼓，或泛舟。先生見諸生興劇，退而作詩，有「鏗然舍瑟春風裏，點也雖狂得我情」之句。

先生初歸越時，朋友蹤跡尚寥落，既後四方來游者日進，癸未年以後，環先生而居者比屋，如天妃光相諸剎，每當一室，常合食者數十人，夜無臥處，更相就席，歌聲徹昏旦。　（《傳習錄》下）

這種全新的學風，與王陽明在哲學上的情感本體論顯然直接相關，在程朱的師生關係中是完全看不到的。

對於學童的教育，王特別重視詩教，說：

大抵童子之情，樂嬉戲而憚拘檢，如草木之始萌芽，舒暢之則條達，摧撓之則衰痿。故凡誘之詩歌者，非但發其志意而已，亦所以泄其跳號呼嘯於咏歌，宣其幽抑結滯於音節也。　（《年譜》正德十三年）

在中國教育史上，如此重視兒童的心理情感特徵，提出正確的兒童教育方針，也當歸因於王的情感本體之說。實際上，條達發舒也是王對成人教育的基本點。故在人格培養上，王猛斥鄉愿而讚賞狂者、狷者。《傳習錄》載：

請問鄉愿、狂者之辨? 曰: 鄉愿以忠信廉潔見取於君子，以同流
合污無忤於小人，故非之無舉，刺之無刺，然究其心，乃知忠信廉潔，所以媚君子也，同流
合污，所以媚小人也，其心已破壞矣，故不可入堯舜之道。狂者志存古人，一
切紛囂俗染，舉不足以累其心，真有鳳凰翔於千仞之意。一克念即聖人矣，惟
不克念，故闊略事情，而行常不掩，惟其不掩，故心尚未壞，而庶可與裁。

　　《傳習錄》下）

　　狂者狷者睥睨世俗，一任一己之真性真情而行，其人格不從書本
之鑽研中來，王陽明頌之為「鳳凰翔於千仞之上」，欣羨之情，躍然紙
上。王陽明希望青年才俊都如狂者狷者，言行發乎真心，即便不能成
聖成賢，也絕不與鄉愿小人同流合污。對狂狷的衷心讚賞，是王之情
感本體論反流俗、崇真情之警世駭俗之論，也是朱熹所不能提出的。

　　所以，王陽明終於承認佛道仙儒在心性本體上的某種一致。《年
譜》載:

　　張光沖在舟中問: 二氏與聖人之學所差毫釐，謂其皆有得於性命也，但二氏於
性命中著些私利，便謬千里矣。今觀二氏作用，亦有功於吾身者，不知亦須兼
取否? 先生曰: 說兼取，便不是。聖人盡性至命，何物不具，何待兼取。二氏
之用，皆我之用，即吾盡性至命中完養此身，謂之仙。即吾盡性至命中不染世
累，謂之佛。但後世儒者不見聖學之全，故與二氏成二見耳。　（嘉靖二年）

　　宋儒批佛批道，認為儒與佛、道勢同水火。王陽明亦批佛批道，
捍衛儒教，但看法卻急轉直下。在盡性至命中「完養此身謂之仙」，「不
染世累謂之佛」，儒者被認為兼有此二者，這實際上是把個人身體與精
神的保養，提到了本體的重要地位，因而突顯了個人「生命」的地位

與價值。儒家一貫認為，生命的意義即在「盡性至命」，沒有「完養此身」的仙的地位，也沒有「不染世累」的佛的地位。王陽明卻於盡性至命中，念念不忘完養身體、保養精神。顯然，個體的生命、身體、情感在這裏受到了高度的重視。

所以王陽明強調心應如太虛，不為情牽、情累、情結、情鬱、情滯、情憂、情悲、情苦等等，其所謂情，實際皆是私情、私欲、俗情、俗欲或世情世欲，而欲崇揚、張大、弘正的則是真情、正情。

王《答聶文蔚書》說：

> 夫人者天地之心，天地萬物，本吾一體者也。生民之困苦荼毒，孰非疾疼之切於吾身者乎，不知吾身之疾疼，無是非之心者也。是非之心，不慮而知，不學而能，所謂良知也。良知之在人心，無問於聖愚，天下古今之所同也。世之君子，惟務致其良知，則自能公是非，同好惡，視人猶己，視國猶家，而以天地萬物為一體，求天下無治，不可得矣。古之人所以能見善不啻若己出，見惡不啻若己入，視民之飢溺猶己之飢溺，而一夫不獲，若己推而納諸溝中者，非故為是而以蘄天下之信己也，務致其良知，求自慊而已矣。

> 僕誠賴天之靈，偶有於良知之學，以為必由此而後天下可得而治，是以每念斯民之陷溺，則為之戚然疼心，忘其身之不肖，而思以此救之。

> 人固有見其父子兄弟之墜溺於深淵者，呼號匍匐、裸跣顛頓、扳懸崖壁而下拯之；士之見者，方相與揖讓談笑於其傍，以為是棄其禮貌衣冠，而呼號顛頓若此，是病狂喪心者也。故夫揖讓談笑於溺人之傍，而不知救，此惟行路之人，無親戚骨肉之情者能之，然已謂之無惻隱之心非人矣。 （《傳習錄》中）

個人的現實的情感。雖有已發未發之分，但未發並不是「先驗」。康德講先驗道德理性，人實際被分成對立的兩個世界，因而道德、律則、絕對命令如何能具有一種實踐力量，以突破、制服與排除肉欲情欲的干擾，使人景仰於道德之崇高，甚至為之殺身成仁，捨生取義，是一個令其驚疑而難於解決的難題。故康德終於求之於上帝、靈魂不死，實際上是以道德為存在於人之一種神性；道德的根本的力量是來自於神、上帝。朱熹則歸之於「天心」、「天地生物之心」，同樣認為道德的本質是人之一種先驗的神性。王陽明完全排除上帝，排除天心、「天地生物之心」的存在與信仰，而以人為純粹的自然物，並以人心為天地之心，因此道德的根源與力量他也能求之於人的自然「存在」之中，歸之於人的自然情感與情欲了。在理性、意志、情感三要素中，經驗的觀察，使人清楚地看到，人的行動的力量是與情感意志（而不是理性）相聯繫的。任何行動都首先必須轉化與表現為意志與動機；人的行動的決心與毅力，也需靠情感、意志來鼓舞與支持。沒有強烈情感、摯情、熱情所支持鼓舞的純理性的行動，是不可能有真正的力量的。生活中，動物沒有理性，沒有語言，但本能的母愛之情，卻使之能奮不顧身。俗儒、書生能言善辯，知書達理，但往往見死不救，遠不如愚夫愚婦之見親危而呼號顛頓，凡此種種，都使王陽明堅信，人的自然的忠誠惻怛之情，是道德實踐力量的根本。盧梭在「論人類不平等」之起源時，也以人之道德情感、同情心為原始平等與道德的基礎。王陽明在這一點上與盧梭是相一致的，也是與孟子相一致的。這種對人類同情心、惻隱之情的力量的堅信，並以之為道德的基礎，會導致對民生疾苦、社會種種疼苦、弊病與不公正的強烈反對、對弱者的深摯的同情，從而要求平等與正義的呼聲，顯得特別高漲。王陽明的情感本體論，表現出與孟子、盧梭某種類似的特徵，看來不是偶然的。

要而言之，由上帝本位、神本位或變相的上帝本位到人本位，由理性本位到情感本位，由教條、書本到實際的行動與生活，由文質彬彬、敬謹畏慄到達性任情、自由洋溢，這就是由朱熹到王陽明，由王陽明早年到晚年的思想變化歷程。經過朱熹、王陽明重又真正地回到了孟子。

（1995年3月作
5月修改）

注　釋

❶這是牟先生在《心體與性體》（臺灣，正中書局出版）中闡述的一個基本觀點。

❷《中國哲學史新編》第5冊，頁242、243，臺北藍燈文化事業股份公司，1991年版。

梁漱溟思想與新儒學

「五四」時期對儒家傳統的批判及東西文化比較的全面展開，引起了對儒學及傳統文化的深刻反思與再認識，梁漱溟先生的《東西文化及其哲學》，就是對它的反思與再認識的代表作。面對東西文化的衝突、西方文化的挑戰及傳統儒學所面臨的困境，儒學必須重新予以檢討與詮釋，對它的價值精髓及文化生命之所在有新的體認。所以《東西文化及其哲學》對儒學所提出的一個戰略性的高瞻遠矚，就是：儒學能否「翻身」而成為一種世界文化與哲學？如果不能，那它就根本不能存在，如果儒學仍須存在且可能存在，它就必須走向世界，成為世界性的文化，在世界的新文化中，占有自己獨特的地位與價值。在儒學似已被宣布死刑、走投無路的情況下，梁漱溟先生提出這一問題的高度及其對這一問題的正面的肯定的回答，確是表現了一種空前的勇氣與自信。這種勇氣與自信，實不是梁先生個人的，而是屬於儒學傳統與中國傳統文化的。「冬至一陽生」、「貞下起元」。梁先生的提問與回答，意味著儒學對自己的兩種認識：一是儒學有它不可毀滅的價值，它仍具有作為一種文化的內在生機與活力，可以經過重建，獲得新生。一是它還須在走向世界的過程中接受考驗，決定自己最終能否存在與發展的前途與命運，因而它只能作為世界文化的一部分而重建，以接受西方文化的挑戰。所以梁先生的提問及對此問題的回答，是儒家學者走向世界，以世界性的眼光考察與反思儒家文化及哲學的標誌，從而亦是新儒學學派開始建立的一個標誌。所以新儒學的起點不是熊

十力而是梁漱溟先生。人們公認梁先生是新儒學的開路人，是新儒學
的第一代宗師，是十分合適的。

今天，世界性的東西文化比較正在走向高潮，在這樣的時機，我
們回頭來重新研究與評價梁先生的《東西文化及其哲學》，是十分有意
義的。

一、

梁先生對儒學的價值與前途的重估與研究，從東西文化及其哲學
的比較開始，這是「五四」文化討論的背景決定的，也是儒學走向世
界，在儒家學者心目中作為一種世界性文化理應具有的地位所決定的。

在全部東西文化中，梁先生把自己的比較集中於以歐美為代表的
西方文化，以印度及中國文化為代表的東方文化。這種劃分是否合適
是可以討論的。因為印度文化實兼有東西文化的雙重特點，在一個意
義上它是西方文化，在另一個意義上，它又是東方文化，所以將印度
文化作為東方文化的代表與中國並列，並不是完全合適的，但中國文
化確可以作為東方文化的典型代表。因此，東西文化的對比，主要應
該是中國文化與西方文化的對比；但如果不計較文化的東西兩分法，
而以印度、西方、中國作為世界主要文化的代表進行比較，則問題就
不存在了。梁先生的注意點實質也是這三種文化特點的比較。

在「五四」文化討論中，東西文化的比較亦主要是中國傳統文化
與西方文化的比較，而西方文化實際上又主要是它的近代形態，故實
際上成為中國古代文化或封建社會文化與近代西方資本主義文化的比
較。這種比較引出的方法論問題是突出了文化的時間性、階段性、社
會性，而不是民族性。所以胡適、馮友蘭先生等人的結論，都是文化
是單元的。西方文化的今天，就是中國文化的明天。西方走過的路，

之，從世界來觀察，如果法家相當於西方文化，莊子式的思想和印度佛教屬於一個類型，那麼剩下的就是儒家了。所以這種分法就事實現象而論，是符合實際的。西方不僅在近代其人生態度是進取、功利型的，在古代希臘也是如此。希臘的城邦文化奠基在工商業、競爭及政治民主與法制的基礎之上，與中國古代法家正有某種類似（當然也只是某種類似）；而且不僅古希臘文化如此，就是以後基督教的宗教文化也是如此，並沒有在精神上發生如梁先生所講的那種真正的轉向。看一部《聖經》就可以知道，基督教的上帝實是一鐵面無私、享有無上權力與權威、時刻不忘以獎罰為手段而欲以在全世界擴張教權統治的人物，所以基督教的上帝正是一顆積極向前進取的「西方文化之心」。陳弱水先生在《梁漱溟與「東西文化及其哲學」》一文中提出，韋伯的理論似乎提供了對梁先生說法的反駁，但實質上這種反駁不是真正的反駁，而無疑是增加了一重實例。因為按韋伯的說法，西方近代的資本主義是營利活動、事業精神與合理經營作風的結合。然而事業精神及與之相結合的營利活動與合理經營作風，不正是屬於功利進取的性質嗎？不管這種情況是由喀爾文教派的教義所激發，抑或實際的物質利益所激發，其進取型之實質都不會改變。試想，如果是在中國式的田園生活與情趣的基地上，喀爾文的教義能產生出資本主義式的營利活動與事業精神嗎？是絕不可能的。喀爾文教義及對「永恒淨福」❶的希冀只能在商人活動中激發出資本主義而不可能在中國式的田園生活與農民中產生資本主義，這是十分明顯的道理。所以陳先生的說法也是沒有駁倒梁先生關於西方文化類型的說法的。中國呢，與西方相比，則確是另一種類型。以孔子為代表的儒家，它的主導傾向是執著於「己所不欲，勿施於人」，「未知生，焉知死」。以生之本身為人生的意義、歸宿與樂趣，其境界是求所有生命的自由自在與自得其樂，

所以既不是西方的功利進取與擴張，也不是老莊或佛教式的厭生惡死，以追求超生死的精神的寧靜。所以梁先生作這種劃分，正是梁先生對文化所下的定義的必有的結論。比之那種一條條的平列出許多現象，進行東西區別的形式的對比要深刻得多，眼界廣闊得多。

不過梁先生的進一步的答案則是值得討論的，因為梁先生把這三種文化的原因歸之為三種不同的「意欲」或「生活意欲」。這就引出幾個問題：

首先是：就個人而言，有某種行為與生活樣式，必可尋求或發現其為某種特定的心理與意欲，但意欲與行為不過是一件事情的兩面而已。沉醉於狂飲的人，必然以狂飲為樂，以狂飲為「意欲」。以跳舞為樂的人，也必有非跳不可的意欲。意欲與生活不可分，正如個人的行為與動機一般是統一而不是矛盾的一樣。但由行為而追蹤行為的意欲，或由意欲而發現它有某種行為，這絕不意味「意欲」給予了行為以解釋。作為一件事情的兩面，這兩面都是需要解釋的。

其次，以意欲為文化——生活方式的根源，也與梁先生關於「生活」的哲學觀點相矛盾。按梁先生的說法，「離開生活沒有生活者，或說只有生活沒有生活者——生物。」「只有生活這件事，沒有生活這件東西。所謂生物只是生活。宇宙完成於生活之上，托於生活而存者也」。這樣，生活與生活者只能是一而非二。因此，生活與生活的意欲也只能是一而非二。除生活本身即沒有生活者，故亦沒有生活者的意欲以為生活樣式之根源。以意欲為文化的動力，實即以生活者的存在為前提，這就割裂生活與生活者而為二了，亦即割裂現象與本體而為二了。而這種形而上學的割裂，必將導致三種文化根本不可能互相轉變路標的結論。既然「意欲」作為一種神秘的、初始的、不可知的、對一個民族或個人而言是先天的或先驗的力量，後天的環境、條件只是改變

它的緣而不是因，那麼，就再沒有任何力量能使它轉變路向了。一種
文化表現一種意欲，為一種意欲所支配，而此意欲即以此文化之生活
樣式為滿足，如魚在水，則根本不可能產生轉變意欲與路向的內在要
求。於是一種生活之路就只能一走到底了。西方文化永遠是功利進取，
中國文化永遠是安於現狀，印度則永恒地向後，於是「文化」就成為
支配人的異己力量，而外在於人了。梁先生本來是十分反對異化，反
對對文化的「偏執」的，但反對的結果，文化本身竟是一種異己的力
量了。這樣的結論，對梁先生而言是一種矛盾或悖論。

　　第三，從事實層面來觀察，則梁先生又不是以「意欲」為文化之
根的。例如在解釋西方文化何以是進取時，梁先生就歸之為人類求物
質生存的需要。故在論述中國文化時，梁先生亦說它開始也是西方式
的功利進取的。所惜的是第一條路尚未走完就轉入了第二條路。為什
麼中國一開始也是走第一條路？梁先生說是因為人首先要生存，為了
生存，人們必須用全部精力去謀取物質生活資料，征服與改造自然。
所以它的「意欲」必是功利型的，只有在生產高度發展以後，才能轉
入第二條路，以人與物的關係為主轉變為以人對人的關係為主。這不
就是在實際上承認了生產生活的物質條件決定意欲而不是意欲決定生
產與生活式樣嗎？在論述西方文明在第一次大戰後將轉入第二條路時，
梁先生更是把它具體地歸之為資本主義的生產生活方式自身存在著極
多的弊病，正是這種社會的現實的弊病，使人產生了改變第一條路的
生活「意欲」而產生了走第二條路的「意欲」。梁先生說：「我們從客
觀的觀察所得，看出為何現在全世界嚮導的西方文化已經有表著的變
遷。……先說事實一面如何變遷。……所謂事實一面就是指著經濟現
象說。因為在現今這裏是事實所在。在三種變遷之中，這事實的變自
然是挺重要的，由此事實的變，而後文化乃不得不變」。這不是最明白

不過地承認了文化的變是果，而經濟的變是主導的因嗎！所以梁先生在文章中詳細地描述了資本主義如何為營利、競爭而生產，結果怎樣地引起了資本家與工人的兩極分化，終於使得人不成其為人，「全失了人的本意」，於是產生了改正制度的要求。而這個要求指向的新文化模式便是社會主義。梁先生說「西方文化的轉變就萌芽於此」。這和馬克思的講法實是完全一樣的，不過用的名詞術語不同而已。梁先生不承認自己這種說法是馬克思的歷史唯物論，不過是因為梁先生對馬克思有種種誤解，以為馬克思的歷史唯物論是經濟直接決定論，完全不承認觀念意欲的作用。其實，馬克思的歷史唯物論也是強調人的一切行為都必須首先反映為行動的動機，以觀念的形式出現的，不過馬克思不滿足於以觀念說明觀念，而強調引導人們行為的觀念終歸是由社會物質生活等客觀條件決定的而已。所以梁先生的說法與馬克思的歷史唯物論實質是沒有區別的。

總之，「意欲」作為文化的最終根源是不能成立的。它只能作現象概括，一旦作為根源，不僅西方文化及其在現代的轉向不能解釋，對中國何以會轉入第二條路向及其種種演變、變化，也是不能解釋的。以墨家思想為例，照梁先生的說法，它是中國文化中之西方的類型，屬於功利進取的性質。那麼，在中國文化中何以會產生如此獨特現象？顯然只能從墨子所處的特殊物質生活條件及其代表的階級利益與要求中才能找到解釋。正是墨子代表的「農與工肆之人」即小手工業的生產生活條件，才產生了墨子那樣的獨特思想（科學型的）方法及急於改變地位的功利進取思想；而墨子思想之所以曇花一現而不能在中國生根，也正是由於這種生產與生活方式在中國農業經濟中，始終處於從屬的、次要的、不穩定的地位，因而到先秦以後，一當中央集權建立，百家爭鳴結束，學術歸於統一，它就再也不能存在了。而儒家型

於建設了一個有中國特色的新文化，所以梁先生對儒家文化的分析，一開始就著眼於它的根本的核心的價值系統，並以人類的與世界的眼光予以論定，就是高人一等，令人為之一驚的，顯示出梁先生對儒家文化的特別的洞見與卓識。

那麼梁先生對儒家文化的核心價值與特徵的分析是什麼呢？他用一個「生」字或生命精神來加以概括。這是很令人信服的。中國文化自古以來就是農業文化，而農業的實質就是生命與生態。周氏族的始祖更以善於農藝著稱。所以周代的全部文化都是圍繞農業，在農業生產之生態與生活的基礎上產生與發育的。它由這個「農業」所培育，反轉來又服務於農業生產、生活及農業生態的生存與發展。由此它發展起了一系列的文化思想與命題，形成了特定的自然觀、時空觀、物質觀、生活觀、人生觀及道德倫理觀念、政治觀念、文學觀念，產生了以六藝為基礎的文化典籍，最終則形成了以孔孟為代表，包括有哲學、倫理、道德、政治學說在內的思想體系，而這些學說的基礎或體現的基本精神就是生命精神或生活精神。例如祖先崇拜及孝道的提倡就體現了對生命之所自出的感恩與報德。「祭如在，祭神如神在」，對神的祭祀也不是對異己力量的畏懼，而是對有功烈於民的先民的懷念與仰慕。「社稷五祀」以及各行各業的始祖都無不是因功烈而受到崇敬，成為神靈的。故這裏的祭祀觀念，實際就是生活觀念。直至在漢儒董仲舒那樣十分方士迷信化的儒家思想中，「天神」也不是基督教式的上帝，而是對人的生產、生活充滿著關懷與慈愛的自然之天本身，它的一切最終都是「奉之以歸人」（《春秋繁露·王道通三》）。

《月令》與《周易》所體現的儒家時空觀、自然觀，也是以農業生態為中心的「天人合一」、「天人一體」。特定的時間與特定的空間及人事活動有機結合，形成為一年五季（包括季夏）的具體時空區，

每一時空區的內涵就是不同的農業生態。它循環、往復，使生命能持續連綿。構成這種循環區分的物質力量是氣，而支配它的則是「生」或「仁」這一宇宙內含的「目的」。 所以《易傳》說「天地之大德曰生」，「生生之謂易」。董仲舒說「仁，天心，察於天之意，無窮極之仁也」。朱熹說「仁者天地生物之心」，「天地以生物為心」❷。離開了生命觀，這套極富東方色彩、支配了中國社會兩三千年的時空與自然觀就不可能產生。

對生命、生活的重視與熱愛，使儒家排除了對「死」或生的異己力量的恐懼，而以生命的發展與延續為人生的責任與幸福。這生命是群體的、族類的，凡不利於族類和生命發展的都是不仁。有利於族類和生命暢順發展的才是仁、才是善。求整個生命的延續、昌盛，成為仁人自強不息，臨難不懼，殺身成仁，捨生取義的精神源泉。這排斥了對外在宗教和靈魂不死的需要，排斥了認人的生命與現實生活是罪惡的厭生觀點。「未知生，焉知死」，「存，吾順事；沒，吾寧也」，從根本上消蝕了基督教一類的宗教的基礎。

這種生命精神賦予禮樂文化以崇高的地位。所謂「禮也者，天地之序也」，「樂也者，天地之和也」，「致中和，天地位焉，萬物育焉」。禮和樂不是對生命和人生真性的破壞，而恰恰是它的本質的一部分。從而從根本上排斥了道家崇尚自然而反對禮樂文化的觀點。

這就是儒家思想的生命精神，所以梁先生以「生命」、「生活」作為儒家哲學的本體與核心，是抓住了儒家文化的實質所在。

梁先生說：「這一個『生』字是最重要的觀念，知道這個就可以知道所有孔家的話。孔家沒有別的就是要順著自然道理，頂活潑流暢地去生發。他以為宇宙總是向前生發的，萬物欲生即任其生，不加造作，必能與宇宙契合，使全宇宙充滿了生意春氣。」

　　由此梁先生深刻指出儒佛最重要的區別是生與無生的對立，說「我心目中的代表儒家道理的是生，代表佛家道理的是無生」，並由此尖銳批評那些混淆儒佛區別，動輒說儒佛同源、一致的人是在「這邊看見一句話，在那邊看見一句話，覺得兩下很相像，就說他們道理可以相通，意思就契合了」。認為這是十分表面膚淺的說法。

　　由對生命精神的體認，梁先生指出孔子儒家思想有四個特點：(1)以「變化」、對待或對立的統一、調和為本體，完全排斥機械靜止的宇宙論或本體觀；(2)崇尚直覺，以直覺為體認變化著的生命本體的根本途徑與方法。「其形而上學和其人生的道理都不是知識方法可以去一貫的」；(3)在人生態度上是隨順直覺，隨感而應，反對理智的打量與計算的態度。「他相信恰好的生活在最自然最合宇宙自己的變化。」而這就是儒家所謂「天理流行」。這使儒家最反對計較利害的生活態度，而主張「無所為而為」的生活；(4)儒家的「天命」也不是平常人所謂「命定者」，而是指一種與生活本身相關的「機會變化之方向」。故儒家樂天，而樂天「就是樂乎天機而動」；「知命」即是「樂天而無立意強求之私」。

　　這些歸結起來就是孔子仁的觀念。所以梁先生對孔子「仁」的界說，是「敏銳的直覺」，是生的「本領與情感」，是人生的「極有活氣而穩靜平衡的一個狀態」。如果借用體用範疇，則「仁是體而敏銳易感則其用，若以仁兼賅體用，則寂其體而感其用」。

　　由此梁先生批評了道家，也批評了墨家，指出：「儒家的內心修養實不像道家佛家，於生活正路外，有什麼別的意思」，指出「墨子事事都問一個為什麼，事事都求其用處，其理智計較算帳用到極處，就把葬也節了，……喪也短了，樂也不要了，……使人完全成了機械，要窒息而死」。指出墨子的「純功利計較的態度（不要藝術），是墨子

之道不數十年而絕」的根本原因。這些意見在今天看來仍然是十分深刻的。

　　不過這裏有兩個問題是需要討論的。第一個問題是：如何區分儒家與道家思想。第二個是目的與手段的關係問題。

　　按梁先生的說法，儒家的要義全在於「自然」、「無為」，那麼，這與老子主張的「無為而無不為」、「道法自然」，如何能夠分別呢？說孔子只是強調「順理得中，生機活潑便是非常之好的，所怕理智出來，分別一個物我而打量計較，以致直覺退位，成了不仁」，這與老子的「去智」、「去偽」、歸真反樸，有什麼區別？說儒家只是主張「宇宙總是向前生發的，萬物欲生即任其所生，不加造作，必能與宇宙契合」，這又如何與老莊反對「機事、機心」、一切順適自然劃清界線？即便像梁先生所說，儒家主張的「內心修養，實不像道家佛家，於生活正路外，有什麼別的意思，他只要生活得恰好」。但道家又何嘗不可說自己是主張生活得恰好呢？恰好不恰好，屬於價值評判，與不同的哲學體系所提供的價值觀念有內在的聯繫，空泛地提出「恰好」是根本無法把兩家加以區分的。所以按梁先生的說法，儒道兩家只能是「大同」小異了。梁先生自己亦確是如此說的。但這樣一來，貫穿二千年的儒道的鬥爭就一筆勾銷了，老莊那樣的「非毀仁義」反對文化禮樂就無法解釋，玄學的非湯武而薄周孔，也無法解釋了。

　　其實，儒道雖然都講「自然」、「無為」，但道家的自然是以「天地為不仁」，儒家講自然，則以天地為仁。道家以天地生物為無心而順化，「亭之毒之」、「長之育之」都是純自然過程，儒家則認為天地以生物為心，故生是天地之大德。一句話，道家的自然論貫穿著反對目的論的精神，儒家的自然觀則貫穿著目的論的精神。由此才出現了儒道兩家在人性、人的本質、人與文化禮樂的關係等等問題上的一系列

根本的對立❸。勾銷有這個對立，就不可能真正把握住儒家思想的實質。

由於儒家思想的自然觀是目的論的，故自然的必然性與偶然性以及自由與必然的關係在儒家的思想能得到統一。但道家的自然論歸結其實質，則或者是強調自然的必然性而走向宿命論；反對任何的「人為」與人的自由，或者由強調自然的偶然性而認為自然過程及人的存在是純偶然的現象，從而喪失了人的尊嚴與價值❹。因此，分清儒道的界線是十分重要的。這個任務梁先生沒有完成，是熊十力先生在《原儒》中才指出的❺。

梁先生對墨子的批評則提出了目的與手段的關係問題。梁先生強調人只能是目的，不能是手段。因此，人的生活就是生活本身，人就是人本身，人生的意義就是人生本身。離此而求意義、目的，就將導致人的手段化，導致人的異化。人變化為為他的存在，生活成為功利的計算。這是十分深刻的思想。對於墨家學說也是很深刻的批評；但梁先生這種說法的背後又忽視了目的與手段的統一而以割裂目的與手段為前提了。目的固然不是手段，但兩者卻是相互依存又相互轉化的。離開目的，無所謂手段；但離開手段，也將不會有什麼目的。目的之為目的，正依賴於實現目的的手段。手段之為手段，亦依存於目的之存在。一種活動究竟是目的還是手段，是以一定條件為轉移的。為他的勞動，是手段而不是目的，為己的勞動就可以是目的與手段的統一。高明的廚師與手藝家之手藝品，既是謀生的手段，又是他們的生活本身，即目的。功利的追求，對於道德境界是一種不自由，但對於處於功利境界之人而言，則亦是目的與手段的統一。他於此活動中亦可以得精神之享受而不感到異化。按梁先生的說法，有三種「意欲」，每種「意欲」的文化與生活式樣，對該意欲而言，都是目的與手段的統一，

是即手段即目的，即目的即手段的。因此功利計算對於功利計算之「意欲」而言，即是目的，而非手段，亦可以說是即手段即目的的。所以梁先生的說法是以儒家文化為最高或最好的說法，即以價值優先為前提的。這與梁先生開始所說，文化本身是無所謂好（價值系統）與壞的這說法也是有矛盾的。其實儒家對於功利是並不反對的，所分的只是一個公私，王、霸的分別也只在公私二字。墨子以義為利，固然有功利主義一面，但同時墨子亦以兼愛為利，這種利就轉化為義，所以對墨子也要看到它的兩重性。梁先生似乎也忽略了。

　　梁先生常說自己是思想家，不是哲學家，由梁先生對目的與手段、無所為與有所為、自然與功利等關係的處理來看，梁先生確是思想敏銳鋒利，而哲學的辯證或思辨性則是十分忽略，故常常不自覺地陷入形而上學的「執著」與片面。在目的與手段的關係中是執著目的而把它絕對化；在無所為與有所為的關係中是執著無所為而把它片面化；在天真自然與功利計算的矛盾關係中是執著天真自然而貶低功利計算。實際上人類文明與文化的進程卻是包含著這兩面的。天真自然並不是絕對地好；功利、計算，也不是絕對的不好。人類不能老是天真自然，它一定要由天真自然而走入功利計算，文明才能進步，社會才能發展。合理的功利計算本身也可以是一種享受和情趣。有目的的為，即包含著他所追求的情趣。他可能忽略那無目的的一面的情趣，但也可以獲得有目的的那一面的情趣。只強調無目的的一面，那有目的的一面所可激發的情趣，就會被忽略了。所以應該強調辯證法，克服形而上學。但「五四」時期人們瀰漫著形而上學的思想方法，好就是絕對的好，壞就是絕對的壞，要麼肯定一切，要麼否定一切，所以梁先生也不能例外。這個辯證法的問題也是以後到熊十力先生的著作中才自覺地強調的❻，所以由這一點看，熊先生也是接著梁先生繼續往前

走的。

梁先生關於儒家思想的理解，暴露出的一個根本問題，是自然觀與本體論的含糊與薄弱。講來講去只是自然、直覺兩詞。而梁先生的自然本身卻並不包含客觀必然的中與節在內。所以一說到「中節」、「恰好」就都沒有哲學本體論為它的基礎，而一概訴之於直覺。而「直覺」作為本體，也只是直覺，是沒有規定性的。所以也不知它何以能自然中節，自然恰好。以愛有等差來說，梁先生說是直覺使然，但恰恰孟子講惻隱之心就不包含「等差」觀念。漢儒講「仁，天心」，以兼愛無私釋仁，也是反對本能的有自然「等差」的思想。王陽明說「無善無惡心之體，有善有惡意之動」。又說「知善知惡是良知」（《傳習錄》，卷三），良知與直覺是有區別的。只是說一個「直覺」就完全不能解決人性與現實生活的複雜問題。由直覺出發，梁先生將一切歸結為「心安」與否，但因為沒有給予心以哲學的界說，僅講心安也是不能解釋人性與生活問題的。以三年之喪來說，孔子固然強調「心安」是本，但何以心會不安？孔子認為它也源於對父母三年養育之恩的理性的反思。有了這個反思，才會有心不安的出現。單由直覺就不能作出這種反應。所以儒家強調性善，又強調理性的教育與啟發及反省、反思的重要性。梁先生的直覺說對這點也是忽略了的。所以梁先生的思想確有籠統、含糊的缺點。以後熊十力先生致力於新儒家的自然觀與本體論的建設，正是彌補了梁先生思想的這一重要的缺陷，也可以說是接著梁先生繼續往前走的。

三、

因為梁先生肯認儒家文化的價值、生命，所以人們常常認為梁先生是「五四」新文化運動的反面，是守舊的或保守的。甚至說「他反

對科學和民主的偏激態度，充分體現了新孔學的落後性和保守性」；或者認為梁先生的思想是適應後現代化社會的，不符合當時中國的需要。這些意見從一個方面說是反映了事實的。但也包含著很大的歷史的誤會。

在我看來，梁先生的思想固然不是全盤西化派，但實際上卻是傾向全盤西化的，不過是在如何才能符合國情，及如何才能真正有成效地實現西化這一點上，有自己獨特的看法而已。因為梁先生對中國文化的弊病與病根有更深刻的觀察與剖析，從而對西化的艱巨性有更清醒的認識，與那些空喊西化而實為浮泛的議論相比，其腳踏實地之精神更引人注目。

歷史上一個不知道自己病根所在的民族，只是一味口喊要像人家那樣生活，是絕不可能真正把別人的長處學到手的。從鴉片戰爭以來，先進的中國人無不講要「師夷之長技」，但講了半天，總是停在表面，一直到康有為、辛亥革命，幾乎是仍在原地未動。除了其他原因，在思想上對民族文化的弊病與特點所在認識不清，不能不說是十分重要的原因。

當然，「五四」時期對傳統文化病根的揭露、批判，無論在廣度與深度上都比前一時期有極大的進步，取得了巨大成績，特別是魯迅、陳獨秀、李大釗等人對傳統文化的攻擊不遺餘力，有許多批判是極為深刻的。但是比較起來，魯迅是在國民性的解剖上，不是在理論分析上；陳獨秀是在感情與態度的堅決上，攻擊的矛頭則只集中在「綱常名教」四字❼。胡適主張全盤西化最堅決，對中國文化弊病的例舉亦極全面，但卻恰恰缺乏深度。因為胡適對西方文化雖較熟悉，但思想方法是實用主義的；對中國傳統文化則根本沒有體會和研究，真正有深切認識與體會的是梁先生，所以對傳統文化之「不合時宜」，梁先生

的認識比胡適等西化派顯得深刻和系統。

　　這表現在三方面：第一，他抓住了根本，即從根本道路上、整體上指出中國文化不是西方的路數。因此，中國要現代化根本不是像胡適講的那樣只是時間問題，而是要根本改變道路、方向，即根本改造與轉變價值系統與生活觀念。第二，他不是感情用事，既不像某些西化派人士那樣，對中國文化罵倒了事；也不像國粹派那樣，把中國傳統文化視為國寶；而是極冷靜極理智地進行剖析，求出其根本特點所在，指出正是這種根本特點與價值，使它成就了幾千年的獨特文明與光輝燦爛的文化，同時又正是這種根本特點，使它在近代西方的大炮面前，不能不淪於失敗與痛苦交織的悲慘處境。因此它是「不合時適」，而不是從根本上「惡劣」。它仍有它的價值，它的生命力，但這種價值與生命力只有在轉變路向以後才能發揮作用，否則就不可避免地要被時代所淘汰。第三，他指出了醫治這種弊病的藥方。態度是積極而不是消極的，對前途是充滿樂觀、自信而不是悲觀失望的。

　　以民主科學精神而論，梁先生首先指出，它為世界所必須，沒有任何一個民族能自外的。但梁先生不是只用力氣去宣揚民主科學的好處，而是冷靜地、透闢地指出，如果不是根本認清自己民族文化的特點，民主科學的精神不管如何宣傳也根本不能在中國生根。因為中國傳統文化的根本性格特徵是不講個人，不講權力，不把人當成人。而科學與民主的根本精神是把人當成人，把自己提升為享有天賦權力與尊嚴的主體。因此，如果不能首先喚起並逐步在實際上使國民都能樹立起個體人格尊嚴與天賦人權的觀念，科學與民主是根本不可能成為中國文化的根本價值觀念與信念的。梁先生說：

　　　　在中國社會中，大家要注意看的：

第一層便是有權無權打成兩截；

第二層便是有權的無限有權，無權的無限無權。

權利、自由這種觀念不但是他心目中從來所沒有的，並且是至今看了不得其解的。他們謂的權通是權威的權，對於人怎樣怎樣的權，正是同權利相刺謬的權。西方所謂權利，所謂自由，原是要嚴「限」的，他卻當作出限與不限了。於是他對西方人的要求自由，總懷兩種態度：一種是淡漠的很，不懂要這個作什麼。一種是吃驚的很，以為這豈不亂天下！本來他經過的生活不覺有這個需要，而這個也適足以破壞他走的路。

與中國文化傳統相反，西方文化的根本特點則是：

要求權利，獲持自由……大權本在大伙自身，即是個個人。個個人不願人干犯自己，還有什麼問題？所以西方也有兩點要注意的：第一層便是大眾的事大家都有參與作主的權；第二層便是個人的事大家都無過問的權。

這裏的對比是多麼鮮明、中肯。而之所以出現這樣的差別，梁先生指出是由於在根本觀念上：

中國人不當他是一個立身天地的人。他當他是皇帝的臣民。他自己一身尚非己有，哪裏還有什麼自由可說呢？……他們本不是一個「人」，原是皇帝所有的東西，他們是沒有自己的。

必要有了「人」的觀念，必要有了「自己」的觀念，才有所謂自由的。而西方人便是有了這個觀念的，所以他要求自由，得到自由。大家通彼此通是一個個的人，誰也不是誰所屬有的東西；大家的事便大家一同來作主辦，個人的事便

　　自己來作主辦，別人不得妨礙。所謂「共和」、「平等」、「自由」不過如此而已，
別無深解。

　　所以按梁先生的思想，要學西方的自由、平等、民主，使之在中
國生根，最重要的事莫過於使人人觀念有一個徹底的更新，明白自己
是一個獨立的人、人格，「自己」是享有不可剝奪的自由平等權利的主
體。這是基礎，不首先建立這個基礎，一切都會是空中樓閣，沒有結
果。

　　回顧鴉片戰爭以後的西化史，確是昭示了這樣的真理：許多高喊
學西方民主自由的人，由於不懂得從此入手，以此為最重要的基礎的
工作，結果都是雷聲大，雨點小。表面上喊得熱鬧，實際上則是無源
之水，無本之木。好些人，包括康梁在內，甚至是掛羊頭賣狗肉，在
民主自由的口號下，自覺或不自覺地販賣孔孟思想的舊貨❽。所以在
中國真正需要思想啟蒙，以及啟蒙教育的要害何在這一點，梁先生的
思想不僅不是守舊、落後的，相反，和當時的先進人物陳獨秀是完全
合拍的。梁先生把啟蒙的問題歸結為「其根本是在人的個性伸展沒有
伸展」，「五四」後的一部啟蒙思想史，不正是圍繞這個基點而展開的
嗎?!

　　所以梁先生不滿意於東西文化可以調和和折衷的種種看法，認為
那是不通之論。指出要救中國，非要從根本道路上走西方化的一條路
不可! 梁先生說：

　　　　考究西方文化的人，不要單看那西方文化的征服自然、科學、德謨克拉西的面
　　　目，而須著眼在這人生態度、生活路向。要引進西方化到中國來，不能單搬運
　　　摹取他的面目，必須根本從他的路向態度入手。

又引蔣夢麟先生的話作為警策。蔣先生說：

> 這回「五四」運動就是這解放的起點，改變你做人的態度，造成中國的文藝復
> 興；解放感情，解放思想，要求人類本性的權利。

針對胡適那種認為中國比西方只是落後了幾步，並無根本不同的
觀點，梁先生甚至指出：

> 我可以斷言：假使西方化不同我們接觸，中國完全閉關與外間不通風的，就是
> 再走三百年、五百年、一千年也斷不會有這些輪船、火車、飛行艇、科學方法
> 和「德謨克拉西」精神產生出來。

所以梁先生大聲疾呼，民主與科學

> 這兩種精神完全是對的，只能為無批評無條件的承認，即我所謂的對西方文化
> 要全盤承受。怎樣引進這兩種精神實在是當今所急需的；否則我們將永此不配
> 談人格，我們將永此不配談學術。
> 我們需要的很多，用不著一樣一樣去數，但怎樣能讓個人權利穩固、社會秩序
> 安寧，是比無論什麼都急需的。

梁先生痛切地說：

> 我們歷年來所以不能使所採用的西方化的政治制度實際地安設在我們國家社會
> 的原故，全然不是某一個人的罪過，全然不是零碎的問題。雖然前清皇室宣布
> 立憲之無真意，袁項城帝制自為之野心，以及近年來軍閥之搗亂，不能不算一

種梗阻，而卻不能算正面的原因，其正面的原因在於中國一般國民始終不能克
服這梗阻，而所以不能克服梗阻的原故，因為中國人民在此種西方化政治制度
之下，仍舊保持在東方化的政治制度底下所抱的態度。東方化的態度根本上與
西方化剌謬，此種態度不改，西方化的政治制度絕對不能安放上去！甚或不到
將西方化創造此種政治制度的意思全然消沒不止！我們這幾年的痛苦全在於此，
並非零碎的一端，是很大的根本問題！此刻我們非從根本上解決不可！

梁先生之致力於研究東西文化及其哲學，並且歸納出西方與中國
文化是兩條根本不同的道路，目的正是要解決這個根本問題，使西化
能真正在中國生根，而不致被東方化的老思想、老觀念所「消沒」變
質！

所以梁先生絕不是像一些文章所誤解的，是要讚美東方化以阻擋
西化潮流，而是恰恰相反，要從「根本上解決」，以為中國民族「打出
一條活路來」。梁先生讚賞《新青年》陳獨秀、李大釗提問的方法和見
解，正是因為他們是從根本上抓住了「西方化要害和問題之所在的人」！
梁生生說:「東方化現在已經撞在墻上，無路可走，如果要開出新局面，
必須翻轉才行。」所謂「翻轉」就是從根本上轉向，從根本上對東方文
化的不合「時宜」，痛加剖析和鞭斥，而接受西方的人生態度與價值觀
念。

這裏「翻轉」兩字，我們是須特別注意的，許多批評梁先生「反
動」的人，正是在這個根本點上把梁先生弄混了。

為了弄清「翻轉」兩字包含的意義，有必要把它特別提出來加以
討論。據我的看法，梁先生所謂「翻轉」，至少包含著三種意義：

(1)必須在理性上承認中國文化在現時代已經「碰牆」，此路不通，
而從根本上採取西方人向前進取的人生觀與價值觀，即對自然取征服

的態度；對人生現實與物質生活的幸福取不滿足的態度；對困難取積極克服的態度；對剝奪自己權力的人和制度取反抗的態度；對自己的自由權取堅決要求和捍衛的態度。而和以前的馴服於皇帝的獨裁專制的奴性十足的態度，不求進取、自我滿足的態度，凡事不講科學與民主以及只顧私人感情，不講社會公德與公利的態度徹底決裂。必須如此，西化才有可能。

　　正是這樣，梁先生對以儒家為代表的中國儒家文化進行了最深刻的揭露與批判，不僅批判了「綱常名教」四字，也指出了儒家仁學的生活態度「不合時宜」。陳獨秀對「孔家店」的批判主要是「綱常名教」即尊卑等級觀念❾，梁先生則不僅指出了尊卑等級觀念是與科學民主根本不相容的，還指出了仁學的生活道路是與科學民主精神完全異路的。指出正是這種態度與道路是中國落後挨打的病根。梁先生說：「中國人之有今日，全由於我們自己的文化而莫從抵賴也。」這個道路的轉變，就是梁先生強調的「翻轉」的深刻意義。

　　「五四」時期，對中國傳統文化的批判，還有一個特點是矛頭集中在封建統治者方面。國民性的問題雖然提出了，但像魯迅那樣深刻的人很少。許多人總是不徹底點破而留有餘地。因為要同情被害者、弱小者，所以將一切責任歸之於統治的「吃人者」及「廚房」，梁先生則極其冷靜地指出，造成這種情況，固然要歸罪於那個吃人的制度，同時也是因為中國人自己也不把自己當人。他說：

　　　　中國人除一面為皇帝的臣民之外，在親子之間便是他父母的兒女，他父母所屬的東西。他父親如果打死他、賣掉他都可以的（沒有怨言，不敢也不知道反抗）。他的妻子是他父母配給他的，也差不多是他父母所屬有的東西。夫婦之間作妻子的又是他丈夫所屬有的東西，打她、餓她、賣掉她，很不算事，她自己沒有

自己的生活，只伺候她丈夫而已。乃至師徒之間，學徒也差不多要為他師傅所屬有的東西，他師傅具有很大的權。這都是舉其最著的地方，在這地方差不多對他都是無限有權或無限無權。至其餘的地方，也處處是要一方陵過，一方屈伏，只不致像這般無止境罷了！

他們根本不是一個「人」，原是皇帝所有的東西。他們是沒有「自己的」。他當他是皇帝的臣民，皇帝有生殺與奪之權，要他死，他不敢不死；要他所有的東西，他不敢不拿出來。

恩格斯曾經指出：封建時代的德國之所以會有那樣的政府，是要從那樣的臣民去求得解釋❿。有什麼樣的臣民就有什麼樣的政府，所以德國人只配有那樣的政府！梁先生的思路正是這樣。

(2)為了真正使事情能有成效，梁先生又指出，必須使宣傳鼓動的重點，集中在喚起人奮起行動的「感情」與「覺悟」上，絕不能滿足於一般的道理上的啟迪。故在總結自己《研究東西文化問題所應持之結論》的演說稿中，梁先生特別提出：

> 大家要曉得人的動作，不是知識要他動作的，是欲望與情感要他往前動作的，單指點出問題是不行的，必要他感覺著是個問題才行。指點出問題是偏知識一面的，而感覺著他真是我的問題，卻是情感的事。……要求自由不是計算自由有多大好處、便宜而要求的，是感覺著不自由的不可安而要求的。我願意大家的奮鬥不出於前一種而發於後一種。

梁先生的目標就是要使中國人都不要是在口頭上把民主科學自由的價值說得好聽，而要使人人都能感覺著不自由、不科學、不民主，而從內心「不安」，從而非奮鬥去爭取不可，犧牲生命也心甘情願，在

所不辭。梁先生一再指出東方人的特點是重感情與行動，所以他的希望也是在發揚東方人的這種重感情行動的特點，而把爭科學、自由、民主當作必須行動的頭等大事，克服種種麻木不仁、知而不行的態度。顯然這是十分切中當時民族精神上的時弊與需要的。

(3)「翻轉」還包含著一種「信心」的意義。這種信心表現在第一，梁先生指出第一條道路原是中國人早就走著的，只要保持原來那種生活態度，也可以發展出西方的科學與民主。雖然中國人過早地走了第二條道路，但這條道路與這種生活態度所代表的文化也不是從此以後再無有價值了。只要轉過身來，真正把西化搞好了，中國文化就仍然有著它的價值，它可以「翻身」而成為世界性的文化。其次，這種信心來源於對西方文化處境的觀察。第一次大戰後，西方文化的「弊病」有集中的暴露。大戰引起的毀滅、殘殺以及競爭造成的貧富分化鬥爭，其慘狀與危機令人怵目心驚，所以逼使西方在尋求新的出路。而這個出路就是「社會主義」，所以梁先生對中國文化的「翻身」的信心，實際上是世界性的社會主義思潮空前高漲的反映❶。這種自信，從以後中國實際所選的道路來看，實在不能說是違背時代的潮流而向後退的。

不過，既然如此，中國要走西方的道路，而西方要走中國的道路，所以梁先生所持的也就是中西文化的互補論了。所以梁先生雖然口頭上激烈地批判互補融合，認為不可能，但這些批判，矛頭所指實不過是那些不懂東西文化的根本區別而侈談調和融合的人而已，而他自己實際所主張的，則恰恰是一種調和融合。用梁先生的話來說就是：「樂天是那時人生的根本態度。在這根本態度之下依舊可以作改造環境的事並不相妨，乃至去分別目的與手段，有所為而為也都不相妨。」所以他主張的西方轉入第二條路，仍然是也只可能是在保持走第一條路時所取得的成果的基礎上往前走，而不可能變成一張白紙，在白紙上畫

出最新最美的中國式的圖畫。同樣，中國雖然要徹底轉向，但也不是從根本上拋棄幾千年的文化成果與儒家文化的精華。所以東西各各轉向或「翻轉」的結果，所成就的就是中西文化的互補。這種互補的成功，也就是梁先生所期望的中國文化的「翻身」。

這種「互補」，就中國而言，梁先生又稱之為對全盤「承受西化」的「修正」。這種修正，梁先生歸結為兩點：(1)樹立正確的人生態度以為基礎，使不致走上一切從個人功利計算的唯利是逐之途，弄得到頭來一無所成。(2)以「社會主義」為價值目標與理想，而不要重走西方在經濟上殘酷競爭的老路。第一點是針對陳獨秀等人前幾年的宣傳的。因為《新青年》前幾年一貫致力於提倡西方十八、九世紀的個人主義思想，如「求生為我」，「自利利他而以小己主義為之基」，求個人的生存與幸福等。梁先生認為這樣的宣傳，將使青年不能具有人類胸懷、遠大理想與犧牲精神。梁先生指出：

> 只有提高了人格，靠著人類之社會的本能，靠著情感，靠著不分別人我，不計較算帳的心理去作如彼的生活，而後如彼的生活，才有可能。

這就是所謂首先樹立正確人生態度的意思。第二點則是當時先進思想的共同趨向，在此不需多說了。所以梁先生的思想，在當時實在是站在時代前列的。

當然，從今天來看，這種「先進」同時也就是一種「局限」。因為歸根結底梁先生的苦心沒能逃過歷史辯證法的無情的「作弄」與中國知識分子在那個時代所共有的理知與情感的深刻悲劇性矛盾。正如馬克思指出的那樣，歷史上第一次以悲劇形式演出的壯烈場面，第二次出現時往往逃不脫笑劇、鬧劇的命運。當中國人像法國人那樣，熱烈

地追求個性解放、個人自由等等天賦人權的價值時，資本主義的這些價值觀念竟然以一次大戰的苦難與競爭導致的貧富對立的悲慘場景展現在中國人面前，使人望而卻步。而當中國人以新生的社會主義為理想目標而鼓起自己的熱情時，他又發現自己仍然需要補資本主義自由民主的價值之課；否則就只能是拖泥帶水，讓封建思想在社會主義的美好名目下改頭換面地滲進！梁先生被人們認為是「落後」、「保守」，正是這種歷史的無情作弄造成的。所以他要求「個性的伸展」，卻又反對十八世紀的西方個人主義；他要求根本「轉向」，卻又不適時宜地大力鼓吹儒家思想；他希望人們從對自由民主的冷漠態度中解放出來，克服麻木不仁，但他用以鼓起人們行動熱情的精神力量，卻是「仁以為己任」的傳統仁道精神。這是多麼典型的歷史惡作劇。真是本來要走到這個房間，卻跑到另一房間去了。但這不是梁先生個人的悲劇，而是中國歷史的悲劇。

　　就知識分子在「五四」時代的理性與感情的矛盾來說，梁先生亦是一個極為深刻的典型。從理知說，梁先生對中國文化必須轉向、翻轉的認識是多麼清醒，對民主、科學之價值基礎與中國傳統根本不能相容的認識，亦是多麼深刻。這裏的結論是：必須一往無前，與過去全盤決裂。但是對民族與文化傳統的「感情」，又使得他根本沒有勇氣接受全盤西化的觀念，而只能主張在實際上折衷，走折衷的路。雖然對國情的理性的分析，也是他和一部分先進分子走折衷道路的原因，但梁先生則更多地背負著對傳統的深深的「感情」。因而他越是對傳統儒家文化在理性上認識與剖析得深刻，他對它的價值與感情也越是深厚。他最終是在不斷的「修正」與「全盤西化」中矛盾、徘徊，而不能自拔，態度是極不明朗、鮮明而十分痛苦的，結果兩邊都不討好❷。今天人們對梁先生仍有各種不同的評價與分析，這不能不是一個重要

　　這個態度又是二十世紀初的中國的。因為雖然梁先生反思儒家的著眼點與視線是全世界的文化，但他的關心所在仍然是當時中國文化的處境，特別是當時中國民族生存發展所呈現的危機，是為解救這個危機而去研究儒家文化的。因此，這個研究的參照系，實際是西方文化，以它為儒家文化「轉向」的目標和鑒鏡，從而得出了一系列關於儒家文化的特點與出路及意義何在等結論。所以梁先生對儒家文化的反思總是聯繫著「民族的前途和出路」這一根本問題的，遠遠超出了對「個人存在意義」問題的關注。這一點不僅表現在《東西文化及其哲學》提出的問題及其答案，無不表現出對民族及其文化之命運的關注，也表現在梁先生個人的有趣經歷。他是由佛而轉儒的。早年的入佛、迷佛，一度典型地反映出他對「存在意義」的關注，但寫作《東西文化及其哲學》時卻已走出了佛教生活的個人圈子，而投身於「五四」之後的文化討論了。而這場文化討論的實質就是民族的出路與前途。梁先生的這本書正是對這一討論所掀起的民族解放之新熱潮的積極的反映。所以如果從整個新儒家來說，它對「意義危機」表現出特殊的關注的話❺，那麼，對梁先生這位生活在「五四」時期且擔當開拓重任的新儒家學者來說，則「意義危機」是次要的、從屬的，而民族的命運，即其政治的、經濟的、道德的全面的危機在其思想中所占的地位則是主要的。正是因此，梁先生的這部著作就很不具有哲學著作的特點，亦不具有一般思想文化研究的特點，而具有特別突出的政論的特徵，成了一部政治文化學與社會文化學。故其對每一大的文化問題的答案，最後總是落實到救國或挽救民族危機的出路究竟何在這一扣人心弦的時代課題。從新儒學的開創來說，這是它的突出的特點。這一突出特點，既是在危機時期中國知識分子一貫具有的「先天下之憂而憂」的優秀傳統的表現，又是梁先生家世所具有的與國家共命運

的精神承傳的表現。故梁先生在最近出版的《訪問錄》中，談到寫作這本書的動機時說：

儘管我當時潛心研究的與「五四」運動的領導人物內容各異，但共同的心願是為國家、為民族、為社會，而不是為團體、為個人。❻

這是符合實際的。在給胡適的信中，梁先生回憶自己「五四」以後的心情時，也說：

我們平日都不肯徹底想想究竟我們要一個怎樣的社會國家，亦不肯徹底想想究竟我們走哪一條路才能達到我們的目的地。守常先生向來是肯想這個問題的，竟因此作了中國共產黨的先進，我雖不行，亦頗肯想這個問題。❼

1941年所寫《寄寬、恕兩兒書》中，又說：

我自有知識以來，便不知不覺，縈心於人生問題、社會問題或中國問題。而今年近五十，積年所得，似將成熟一樣。這成熟的果實，一是基於人類生命的認識，而於孔孟之學、中國文化，有所領會，並自信能為之說明。一是基於中國社會的認識，而於解決當前問題，以至復興民族的途徑，確有所見，信其為事實之所不易。❽

所以，究其一生，梁先生並不是一個書齋式的窮究「存在意義」的思想家，而竟是一個思想家──社會改造家，或社會改造家──思想家，是兼二任於一身而以救國、救民、求民族解放為實踐與寫作宗旨的。

這一點使新儒學在梁先生這裏表現出對傳統儒學的強烈批判精

神。雖然梁先生自己一再說「他除替釋迦、孔子發揮而外，不再做旁的事」，但事實上這種發揮是以強烈、鮮明的批判為前提的。這表現在其(1)對儒家思想「不合時宜」的「宣判」；(2)對儒家思想與近代科學及民主精神完全不能相容的「宣判」；(3)對儒家的生活與人生態度已經完全「碰牆」，需要「翻轉」才有出路的「宣判」。只是在作了這種「宣判」以後，才肯定儒學作為一個生活情感與人生態度在西方的今天與中國轉向以後的「明天」，仍然有著正當合理的生命與價值。所以這是一次對傳統儒學的相當徹底而全面的反思。而正是這種反思，使新儒學獲得了對自己的前途、地位與歷史使命的新認識，也使瀕於絕境的儒學獲得了新的生命，引起了幾代人的持續不斷的努力與「獻身」。

　　在儒學歷史上，每一次儒學的新生與發進總是表現為對前此的儒學進行歷史的反思與批判。例如，荀子批判十二子，批判小儒、陋儒、腐儒及思孟學派而創建了自己的新儒學；董仲舒又批判了荀孟及傳統儒學而創建了漢代的新儒學。宋明新儒學則是在系統全面地清算漢唐以來的儒學流弊的基礎上重建的。明清之際以黃宗羲為代表和後來戴震為代表的儒學新面貌的出現，也伴隨著對理學與儒學傳統的批判。所以梁先生對傳統儒學進行批判、反思，並吸收西方文化而建立新儒學的實踐並不有違儒學傳統，而恰恰是體現與繼承了這個傳統的。吸收對立的東西於自身以發展自己，在儒學歷史上已不是第一次了。荀子與董仲舒的天道觀吸收了黃老及陰陽家思想；理學的發展則融合佛老於一身。既然如此，二十世紀的新儒學試圖吸收西方的哲學及科學民主精神以向前發展，也是沒有什麼奇怪的。而新儒學之最終能否建立，其成功與失敗也完全依賴於此。梁先生在這方面只是帶了一個頭而已。因此，新儒學之新，是首先表現在這裏，也只能表現在這裏。

　　由於這個基本精神，梁先生的新儒學就出現了許多具體的新的因

素。這些新因素大致可歸納為：

(1) 與傳統儒學強調以家族為核心的倫理道德相反，梁先生指出，今後的社會、家族將日益解體、變化，中國將要建立的是國家和個人直接發生關係的新道德。舊的家庭倫理道德實質是私德——私人情感關係，今後的道德則將主要是社會公德。

(2)傳統儒學的自然觀或天道圖式，以陰陽五行為基礎，貫穿著目的論精神，梁先生的新儒學則摒棄這種圖式而以佛家與道家的自然觀為基礎。這實質上意味著否定傳統儒學的綱常名教的天道觀基礎。

(3)傳統儒學強調道德良知，「存天理，滅人欲」，以「天理」、「性理」或「心理」為人性的主宰，「理」具有客觀先驗的意義，梁先生的新儒學則講直覺，重感情，以發揚個體的陽剛主動精神為核心，故重新強調戴震「血氣心知」的傳統而欲以其為「伸張個性」之人性基礎。

(4)在哲學上，梁先生甚至公開引進唯識學等作為自己哲學世界觀與認識論、方法論的基礎，對西方伯格森等崇尚直覺、情感、意志、生活與生命意義的思想，也引為同調，表現出中外哲學合流的新精神。

所以新儒學與傳統儒學相比，確是大不相同了。不過它仍然是傳統儒學的繼續，而並不因此不是儒學，因為儘管它有那樣多的新因素與面貌，儒學的基本點卻仍然沒有改變。這個基本點是在於：

(1)它並不因此而成為西方基督教的文明，以「原罪」、靈魂得救為人生解脫的基礎，也不因此而像印度佛教思想那樣，以超越生死輪迴之出世為目標，而仍然像傳統儒學一樣，保持著生活與生命的精神，以「樂生」、「樂天」為旨趣，寄幸福於此生的「詩情畫意」之中。不過此種生的詩意與情趣，並不排斥功利的計算、理智的運用與事業的追求，而不過是不以它為唯一的道路與目標，而是將其統帥於「無所為」及樂天態度之下而已。

(2)它仍然像傳統儒學一樣，保持著人道精神，不過這種人道精神不僅僅強調群體、族類的意義而抹殺個性的發展，相反，它強調個性的伸張，以圖糾正傳統儒學之偏向，而迎合西方的科學與民主精神。

(3)它仍然重視建設道德主體的意義，以「德性」為人之為人的首務，而不降低自己為功利主義與科學主義。不過，這種「德性」的強調，也絕不是排斥功利的，同時家庭倫理道德亦仍然作為基點而被強調。

所以全部問題在於「轉向」，自覺地「轉向」，從而在新的道路上繼續保持與發揚傳統儒學作為一種「生的意趣」的基本精神。這也就是梁先生對新儒學的設想與規劃。用梁先生的話來說，就是「西洋生活是直覺運用理智的，中國生活是理智運用直覺的」，但

> 中國的路，古聖人的安排，事實上是難行，行也維持不久，或形式徒具，原意浸失，結果只弄成理智的不發達，似乎文化很低的樣子。其實這憑直覺的生活是極高明的一種生活，要理智大發達之後才能行的。所謂以理智運用直覺，其實是直覺運用理智（西方式），以理智再來運用直覺（中國式），比那單是直覺運用理智的多一周折而更進一層。

嚴峻的問題是，梁先生設計的新儒學這種「翻身」的努力，在現實中行得通嗎？雖然直至現在，歷史尚未作出結論，但它困難重重，是十分清楚的。

在理論上，雖然以後的新儒家不斷努力，但從梁先生的這本著作來看，則問題與矛盾同樣是極多的，如自然觀與人生觀不能統一，其人生觀缺乏應有的天道觀或哲學基礎。在目的與手段，動機與效果，直覺與理智的關係上，處處打成兩截，表現出形而上學的某種片面性，

這給以後的新儒家提出了任務。這任務，部分地是由熊十力與牟宗三先生完成的。但他們的理論同樣亦有極多矛盾與困難。所以整個說來，梁先生的努力與開創，作為建立一新儒學的企圖來說，能否成功，「命運」仍在未定之天。

　　歷史也許會給它以樂觀的結局吧！但誰能知道呢？我們所希望的只是歷史能早一天讓它有一個結果，不管這個結果好壞如何。

　　　　　　　　　　　　　（原載《中國文化與中國哲學》，
　　　　　　　　　　　　　北京三聯書店1990年出版）

注　釋

❶ 陳弱水《梁漱溟與「東西文化及其哲學」》，載「文化中國叢書」《保守主義》。

❷ 董仲舒、朱熹等所強調的「仁，天心」，「天地以生物為心」，心都具有「目的」的意義。在他們看來，陰陽的循環往復，造成一年四季的分別，產生生、長、收、藏的功用，之所以如此有序，是由天地以生物「為心」這一目的所決定的。道家則採取自然論的解釋。

❸ 這種對立歸結起來就是儒家屬於人文主義思想體系，而道家則屬於反人文主義的自然主義體系，強調人是自然物，認為禮樂、文化道德是與人的本性發展相違背的。

❹ 如莊子、王充等都認為人之存在其地位與牛馬蟻蝨無異，人的命運是無法由自己掌握的。

❺ 在《原儒》中熊先生強調了儒家與道家思想的區別，指出道家思想的特徵是天人相異，天是外在於人的異己的必然的宿命的力量。

❻熊先生的《新唯識論》比較注意辯證法的問題，注意防止本體與現象、體和用的割裂，等等。

❼參見拙作《五四文化討論的回顧與展望》，載臺灣《文星》 1987年第6期。

❽康有為的《大同書》相當典型地表現了這種情況。康有為不懂西方的民主自由建築在個人本位上，實質是「個人主義」，因而把它等同於孔子的仁學，實際上是以儒家思想「曲解」民主自由等西方近代思想。

❾同❼。

❿參見《路德維希・費爾巴哈與德國古典哲學的終結》，《馬克思恩格斯文選》，卷四，頁197，人民出版社1966年版。

⓫關於這一點，梁先生六十年以後，有一段回憶，說：「目睹舊中國貧窮落後的現狀，中國社會的出路何在？遠在本世紀二十年代初，我即認識應走向社會主義而非重走歐美資本主義老路；而為了走向社會主義，則必須先有全國統一穩定的革命政權之建立，以從事現代化經濟建設。」見汪東林《訪梁漱溟問答錄》(六)，載《人物》1987年第1期，人民出版社出版。

⓬因為梁先生肯定儒家文化的價值，所以馬克思主義者和胡適等西化派都不滿意梁先生。

⓭李澤厚《中國現代思想史論》，東方出版社1987年出版。

⓮張灝《新儒家與當代的思想危機》，載「文化中國叢書」《保守主義》。

⓯同上。

⓰汪東林《訪梁漱溟問答錄》(四)，載《人物》1986年第5期，人民出版社出版。

❶ 同上。

❶ 汪東林《訪梁漱溟問答錄》（六），載《人物》1987年第1期，人民
出版社出版。

「人能弘道，非道弘人」
──試論錢穆先生的治學方法、目標和眼光、胸懷

前不久，看到江蘇無錫政協為錢穆先生出版的紀念文集❶。文集刊登了先生生前的親朋好友及學生撰寫的紀念詩文三十多篇，概述了先生一生的學術建樹、為學育人、待友、教子的崇高風範，令人極為欣慰。文集前面有匡亞明先生題詞：「志在國學，著作等身」，更令人興無限敬仰之情。

國學在我國有悠久光輝的歷史，但「五四」以後風雨飄零，日非一日，先生可稱是最後一代大師了。像我們這代1949年後在大陸受教育的人，幾已不知國學為何物，間有所聞，亦目之為「封建」、「陳腐」，不屑一顧。1985年，湯一介先生兼職於深圳大學，創辦國學研究所，籌辦《國學集刊》，委我為常務副主編，參與其事。湯先生的深意是要上承北大國學研究所的餘緒，發揚光大我國的傳統學術。我對此雖十分熱心，對刊名則不免存有疑問。以後創刊號遇到麻煩，湯先生遠在美國訪問，我就先斬後奏，將刊名改為《中國文化與中國哲學》了❷。因為我心目中的國學仍不免陳舊、陳腐的陰影。這也可說明，在國內對國學的了解是如何江河日下，一代不如一代的。但近年來時讀錢先生的著作，卻完全改變了我的看法，對錢先生這位國學大師，更增加了無限的敬意。

錢先生一生的學術研究，具有國學的兩大特點：一是集文史哲於

一體；二是融爲學與修身於一身。錢先生是史學大家，但不限自己於
歷史的專門領域，其歷史著作充滿哲學的智慧；錢先生是哲學家，但
不是西方所謂某種專門哲學，而是對人生與歷史的深刻洞察與智慧；
是文學家，但不是以文學爲專門，而是在學術論著中所表現的文章與
文采。錢先生的學術研究遍及文史哲幾大領域，每一領域都能融文史
哲爲一體，史中有哲有文，哲中有文有史，文中有史有哲，讀之既能
得確切的知識，又能得人生的啟迪與智慧，而文采煥發，情意盎然，
又能獲感情與精神的享受。同時代的大家，或偏重於專門哲學；或偏
重於史學；或偏重於宗教，唯先生更多地具有傳統國學的上述特徵，
這是令人感佩的。

　　錢先生的學術成就是多方面的，需要許多內行的專門的研究，不
是我，更不是這篇文章所能擔負的。我所有感而欲有言的，是錢先生
的治學方法及其治學目標與眼光、胸懷。下面我試把這方面的一些粗
淺體會寫出來，作爲對錢先生的緬懷和紀念，同時也藉以向學者、專
家、讀者請教。

一、

　　「五四」以後，隨著西方科學思想和科學研究方法的傳播，我國
傳統學術被分解爲各個專門學科進行研究，哲學亦不例外。因此，熊
十力、馮友蘭、牟宗三先生都以哲學大家著稱，對中國哲學之研究亦
取得了巨大成績。特別是馮先生與牟先生的中國哲學史著作，由於以
某種西方哲學爲間架，條分縷析，更多精義，給學人以極多啟發。但
亦由於如此，他們亦都不能避免以西裁中的弊病，而不免使中國哲學
與中國思想的民族特徵與傳統被忽視與切割。如馮先生的「新理學」，
以新程朱自稱，實際上是借程朱以表達自己西方新實在論一類的哲學

思想，與程朱的精神是大相背離的。牟先生以康德哲學詮釋孔孟、程朱、陸王，同樣忽視與消解了他們思想之特殊的民族的特徵。唯錢先生沒有受這種影響，能牢牢從中國本民族的傳統與實際出發，不以西方哲學為間架，而是以之為啟迪與參考，因而其剖析、其結論，不僅親切平易、較符合中國思想的實際，亦較好地體現中華民族之文化傳統與特徵，這是值得特別提出的。

以孔子和《論語》而言，錢先生下的功夫最多，亦最具個人國學的功力，其研究方法亦最具國學的特徵，可以作為一個例證。

海外新儒家如牟宗三先生認為孔子「為中國民族挺立起道德的主體」❸，孔子思想有其偉大的意義和價值。這看來是突現了孔子思想與民族的內在聯繫的。但按牟先生的看法，春秋時期「貴族生命腐敗，周文疲弊，斯文不舉」（《中國哲學十九講》，頁61），才出現了孔子，因而孔子是異軍突起的。牟先生的看法雖然強調了孔子思想與民族的聯繫，但既然異軍突起，孔子思想就不是當時民族思想與文化心靈的代表，而只是它的新的塑造者。這實際上是削割孔子思想與中國民族的血肉聯繫的。

在《中國哲學十九講》中，牟先生亦肯定孔子思想有其文化淵源，說「周禮粲然明備」，孔子背後有一個很長的文化背景。但一方面牟先生認為，夏商周三代都是只有文化而沒有文化的生命，直待孔子反省，才自覺提出一個「仁」字以為其原則和生命；另一方面又說「周文之所以失效，沒有客觀的有效性，主要是貴族生命腐敗墮落，不能承擔這一套禮樂。……周文成了空文、虛文。」（同上）就是說周文之所以沒有生命是由於貴族腐敗，並不是周文本身的問題。這種含混不清、相互矛盾的說法，使孔子思想的文化背景實際成了一句空話。因此，在牟先生筆下，孔子思想雖然是由周文的反省而來，但由此反省而提

出的新原則——仁，卻是與周文的生命沒有內在聯繫的。也可說，不是中國民族和文化的歷史發展產生和形成了孔子，而是孔子為中國民族和文化確定了生命和方向。而孔子之能如此，則只能歸之為類如耶穌、佛陀一樣的天啟和頓悟。

錢先生的觀察與研究不同，在《周公與中國文化》、《論春秋時代人之道德精神》❹等著名論文中，錢先生指出：

孔子以前，中國文化，已經歷兩千年以上之積累。孔子亦由中國文化所孕育。孔子僅乃發揚光大了中國文化。換言之，因其在中國社會中，才始有孔子。……孔子生當春秋時代，其時也，臣弒其君，子弒其父，為中國一大亂世。但即在春秋時代，中國社會上之道德觀念與夫道德精神，已極普遍存在，並極洋溢活躍，有其生命充沛之顯現。……此實中國社會重視人文精神之文化傳統，至其時，已到達於一種相當高度之境界矣。孔子之教，則亦本於當時社會此等傳統之禮教精神而建立，故謂由於中國傳統文化而始產生出孔子，不能謂由有孔子而始有中國文化之創造也。　（《中國學術思想史論叢》（一），頁192）

在有孔子儒家之前，忠孝兩德，早在中國社會實踐人生中，有其深厚之根柢。孔子亦僅感激於此等歷史先例，不勝其深摯之同情，而遂以懸為孔門施教之大綱。若謂孔子在當時，乃無端憑空倡此一理論，而始蔚成為中國社會此後之風尚，而始目之曰道德，此則遠於事理，昧於史實。試問孔子亦何從具其大力，一憑空言，而獲後世人人之樂從乎？　（同上，頁196）

孔子生周公後，有德無位，所謂明王不興而天下孰能宗予也。然孔子實能深得周公制禮作樂之用心者，故於「吾從周」，「吾其為東周乎」之全部理想中而特為畫龍點睛增出一仁字。故凡治周公之禮，尋究周公封建、宗法與井田之三大

創制而推尋其中心精神之所在者，則必首於孔子論仁之旨有深識焉。　（同上，
頁197）

所以在錢先生的觀察中，孔子並不是如耶穌、佛陀一樣的宗教救
世主，而只是一好古敏求、博我以文、約我以禮的中國社會的聖人。
其思想並不來自天啟和頓悟，而是總結和繼承了自周公以來的中國民
族之傳統文化和心靈。孔子思想也不是貴族生命之腐敗及周文疲弊之
所激發，相反，是中國民族之人文道德精神激揚高昂，在春秋時達於
一新境界之所感應。孔子只是集其大成者。錢先生的這種說法，沒有
某種深奧的西方哲學為其間架和背景，但實質內容我以為是更深刻全
面、更符合孔子與中國民族文化及歷史發展的實際的。

錢、牟兩先生的看法所以有如此差別，究其原因，是因為牟先生
研究中國哲學的方法，比較地是西方哲學的方法，關注的是哲學本身
的邏輯和特點。錢先生研究中國思想的方法則比較地帶有更多國學的
特點，文史哲是內在結合的，哲學是歷史的文化的哲學，是民族的文
化生命之自身。故涉及孔子思想與夏商周三代文化及周禮的關係時，
錢先生筆下的周公與周禮是有血有肉的，對它的闡釋和解說，充滿著
對民族文化生命的親切激動之情。牟先生筆下的周公與周禮，卻是乾
枯僵死的，讀之只能得一何謂親親尊尊的字面的和制度的解釋，沒有
靈魂和生命的律動。

在《中國哲學十九講》中，牟先生很推崇黑格爾的歷史哲學及其
歷史研究法，指出：「黑格爾把歷史看成精神的發展、精神的表現史，
它裏面有一種韻律，一種內在的律則 (Intrinsic Law)。它有一種節奏，
這種節奏就是精神發展中的節奏。只有從這個地方講，你才能了解歷
史的必然性。」(中國哲學十九講》，頁11) 黑格爾這種歷史觀及其歷史

研究方法，是習稱的歷史辯證法。牟先生強調，只有運用這種方法研究歷史，才能透過歷史材料的表面和種種偶然性，看到它的必然的發展趨向。但實際上牟先生對孔子思想與中國以前之文化歷史發展的關係的看法，是恰恰背離了黑格爾這種歷史之辯證發展的看法的，以至認為孔子思想的產生不是周禮、周文所包含的民族精神、律則之發展到一個新的高度的表現，而是孔子個人之「天縱之聖」的體驗與頓悟。相反，錢先生的看法，強調孔子思想與周禮、周文及春秋時人之道德與人文精神的內在聯繫，卻恰恰與黑格爾揭示的這種歷史辯證法的方法相一致。也就是說，中國民族文化所蘊含的內在精神（理念），是遠在堯、舜、禹、湯、文、武、周公時即已存在與洋溢活躍的，由周公而孔子，不過是這一精神隨時代的進展而更加成熟與定型的兩個階段而已。因此，春秋時代的「禮崩樂壞」，貴族生命腐敗，並不表示周文所蘊含的內在精神之疲弊與腐敗，相反，正是這一文化之內在精神向前發展所產生的新陳代謝，貴族不過是這一文化精神前進發展之排泄物而已。錢先生不立足於貴族、周文疲弊來觀察孔子，而著眼於中國文化內在精神之由堯、舜、禹、湯，而文、武，而周公，而孔子的一貫的發展，故恰恰是對歷史研究的辯證的方法。

　　牟先生對孔子思想的詮釋方法，實際是從康德哲學來的，而康德的方法本質上是蘇格拉底、柏拉圖式的概念分析法。不過蘇格拉底對道德的概念（本質）的分析，走錯了方向。而康德則正確地揭示了道德的本質而已。但兩者在認識論式地解釋與分析道德概念的本質與內涵（柏拉圖所謂理念）這一點上是一致的。這是一種割斷歷史、與黑格爾所謂歷史發展之辯證法相反的形式主義的歷史研究法。不幸，牟先生對孔子思想剖析，恰恰沒有越出這一方法。雖然牟先生也揭示了孔子與康德在如何才能成就道德這一點上的區別，但既然是在康德方

法的圈子內研究，和康德一樣，強調道德之當下明覺、當下體悟的一面，而把孔子精神講成陸王心學之「唯德性是尊」，並樹立此一「尊德性」或良知之當下頓悟為中國文化與儒學正統，也就是必然的了。所以牟先生之不能在實際上契合與運用黑格爾的歷史哲學方法以研究孔子，是其康德式的研究方法所決定的。

錢先生完全按中國文化與孔子思想之本來面貌解剖孔子，因此十分強調孔子「尊德性」與「道問學」之內在結合，踐禮與守仁之內在結合，博文與約禮之內在結合，更新與守舊、創造與繼承的內在結合，排斥任何割斷歷史、捨棄中國文化之全部豐富內涵與精深含義，而突出頓悟、當下體悟、一了百了的明心見性的研究方法。錢先生之國學研究方法的實質正在這裏。它不是別的，恰恰是中國文化之特殊精神的體現。唯其如此，錢先生孔子研究能取得豐碩、平易、親切，而又充實、精微的成果，也就絕不是偶然的。

對朱熹思想及其與王陽明哲學的關係之研究與闡釋，是錢先生學術研究的另一重點，其研究方法也貫穿著這種特點。

時下流行的對朱熹哲學的看法，以馮友蘭和牟宗三兩先生的最具影響。但在馮先生筆下，朱子哲學實際是西方新實在論哲學在中國的翻版。牟先生則不出馮先生的窠臼。能夠注意從中國思想的大傳統和朱熹思想自身的特點出發以研究朱熹和王陽明的，也是錢先生。

馮先生研究朱熹哲學的方法，在《三松堂自序》中，他有一段話講得十分清楚。馮先生說：

> 「新理學」的自然觀的主要內容，是共相和殊相的關係問題。共相就是一般，殊相就是特殊或個別。這兩者之間是怎樣區別又怎樣聯繫呢？在西方哲學中，首先明確提出這個問題而又加以詳細討論的，是柏拉圖。在中國哲學中，首先

提出這個問題而還沒有加以詳細討論的，是公孫龍。所以我在《新對話》中，就用公孫龍代表對於這個問題有所貢獻的人。在中國哲學中，這個問題一直到宋朝的程頤才有了詳細的討論。朱熹又繼續這個討論，使之更加深入。他們雖然沒用共相和殊相、一般和特殊這一類的名詞，但是他們所討論的是這個問題。這個問題的討論，是程、朱理學主要內容。「新理學」所要「接著講」的，也是關於這個問題的討論。❺

　　根據這段話，可以看到，馮先生研究程朱哲學的方法，就是西方新實在論的方法。其特點，(1)是把哲學問題歸結為一般與個別、共相與殊相的關係問題，認為凡哲學必是討論這個問題；(2)是對一般、特殊及其相互關係進行純概念、純認識式的分析。因其如此，馮先生認為在中國第一個能稱為哲學家的是公孫龍，而程朱則是接著公孫龍。他的「新理學」又是接著程朱的。因此，如果沒有程朱，他的哲學也就是接著公孫龍而與儒學沒有關係了。所以實質上程朱在馮先生的心目中，不過是新公孫龍、新柏拉圖、新實在論在中國的代表而已。唯其如此，馮先生一再強調朱熹體系中的「心」只是「知覺靈明」；朱熹的「心統性情」，「統」只是知覺的意思；「心具萬理」，「具」也只是知覺的意思。朱熹的「格物窮理」，就是以心之靈明知覺認識客觀外界之理，而理則是一形而上的共相。

　　牟先生對朱熹思想的理解，實質也是如此。在《心體與性體》等著作中，牟先生一再說：

朱子是將「察知端倪」之夢覺關移向格物致知處講，本體論的體證之先察識亦移向致知格物處講(以致知為先)，將向內者反而向外轉，將向上透者轉而向下拖，而其本體的體證 (體悟) 所體證體悟之太極卻只成致知格物中之觀解的……此

其所以為歧出也，此其所以終為他律道德之本質系統，而非自律道德之方向系統，所以終於成為靜涵橫攝系統，本體論的存有之系統而非本體宇宙論的即活動即存有的實體之創生直貫義之縱貫系統也。❻

朱子對於仁義內在並不真能透徹。其所意謂之「固有」仍是認知心的靜攝之關聯的固有。其意蓋謂人心之靈覺本有知是非（義理）之明。……此是認知靜攝之關聯的之認知明之靜攝義理而把義理帶進來說「固有」，此是認知靜攝之關聯的固有，非孟子「本心即理」之實體性的自發自律之固有也。　（《心體與性體》，第3冊，頁188）

所謂「靜涵橫攝」、「觀解」、「他律」、「關聯的固有」、「向外轉」等等，所指皆是心之虛靈明覺的認識作用；所謂「存有而不活動」、「本體論之存有」則皆指朱熹之理是一形而上的「共相」，因此儘管名詞、說法和馮先生有異，精神實質兩者是完全一致的。

　　錢先生完全不採取這種說法。錢先生認為朱子所謂心兼道心人心而為一，其道心是存有論意義上的——人性的根源，能彰顯天理於人事之中❼。人雖受氣之限制，亦足以彰顯天理，因此朱子所謂「心」非僅僅是一知覺靈明，同時也是道德主體。錢先生說：「後人又多說，程朱主性即理，陸王主心即理，因此分別程朱為理學、陸王為心學。此一區別，實亦不甚恰當。理學家中善言心者，莫過於朱子。」仔細推究朱熹的哲學體系之特點，可以看到，錢先生的這一觀察確是比較符合朱熹哲學思想的實際的。

　　實際上，在朱熹關於心的全部說法中，心的含義是多方面的，以認識、知覺義論心只是其中的一種。如「人之一身，知覺運用，莫非心之所為」（《答張敬夫》，《文集》卷三二），但此外則有時以道德主體

論心，如「道心原於性命之正，而人心原於形氣之私。」❽「此心何心也？在天地則怏然生物之心，在人則溫然愛人利物之心，包四德而貫四端者也。」(《仁說》) 有時以良知論心，如「所覺者心之理，能覺者氣之靈」；「虛靈不昧，以具眾理而應萬事」；「虛明應物，知得這事合恁地，那事合恁地，這便是心。」(《朱子語類》，卷五、卷四) 朱熹區分形上和形下，謂理無形跡，無方所，無情意，無計度，不會經營造作，只是一潔淨空闊的世界，確具有柏拉圖所謂理念及實在論所謂概念、共相等特點，但西方哲學強調主體和客體的對立，其所謂概念、共相，主要是從認識、從概念的分析中得來的，由此追溯到本體論，其本體成為一存有而不活動之系統；但中國哲學是天人合一，主客合一的，其所謂理、太極，是從性理、生理、生命系統中概括而來的。因此，理和性具有由體發用，即體即用，亦存有亦活動之功能。如「仁」，按柏拉圖和新實在論的分析，它只是一共相，是從仁之具體表現之殊相中概括而來的，是一存有而不活動之形而上；但朱熹論仁，雖具此種理世界之特點，但它同時是「心之德而愛之理」(《朱子語類》，卷二〇)。就是說仁不僅是愛所含具的一應該如此的「標準」；亦是愛之情所由以產生的根據、根苗、根源、本根，如種之於苗，因而是既存有又活動的，故與西方新實在論之精神大不相同。錢先生的說法抓住了這種不同的關鍵之在，而馮先生、牟先生的分析則是忽略了中西這兩種哲學的本質區別的。

以朱熹《仁說》而言，朱熹分析仁的實質及根源，確是以心為中心，而強調了心之特殊地位的，故說：「天地以生物為心者也，而人物之生又各得乎天地之心以為心者也。故語心之德，雖其總攝貫通，無所不備，然一言蔽之，則曰仁而已矣。」「蓋仁之為道，乃天地生物之心即物而在。情之未發而此體已具，情之既發，而其用不窮。誠能體

而存之，則眾善之源，百行之本，其不在是。」「此心何心也？在天地則怏然生物之心，在人，則溫然愛人利物之心，包四德而貫四端者也。」故分而言之，仁雖是性，是理，屬形而上；心屬人，屬氣，是形而下，合而言之，則離心無仁，離心無性，「心統性情」，心是最重要最實在的。正如錢先生所言：「善言心者，莫過於朱子。」

　　牟先生強調道德的實質在於主體明心見性，片面抬高陸王而不能平實地理解朱熹，因而認為朱熹《仁說》「天地生物之心」是「虛說」，是「假托義，象徵義」，「從化之自然義而言，心被吞沒於氣」；從理之定然義而言，「心被吞沒於理」，「實未能自持其自己而成為一實體性之本心天心也」。「無心是化之自然義」，是就各個生命之在天地間自然生長，非有「或使者」而言。「有心是理之定然義」則是就生命之理當如此，必然如此，天地間生命現象之有秩而言。（《心體與性體》，第3冊，頁236、160）實際上，朱熹「天地生物之心」，是遠承《易傳》和董仲舒目的論思想而來的。心既非思慮營為之人格主宰義，又非虛說假托之辭，而是「目的」之意。道家說「天地無心而成化」，強調天地生物是純粹自然與偶然的現象。儒家以生生為天地之大德，認為天地具元亨利貞四德，發而為春夏秋冬之周而復始、有秩序的循環，目的皆為萬物之生長收藏之順利地完成。因而，生命之繁茂興旺，連綿有序，是由天地生物之心（目的）所主導、所決定的。《朱子語類》卷一《理氣上》說：「若果無心，則須牛生出馬，桃樹上發李花，他卻又自定。」故「理之定然」不僅不是把「天地生物之心」吞沒了，而是相反地彰現了。亞里斯多德說：「如果已經同意事物或者是偶然的結果，或者是為一個目的而發生的，而事物不能夠是偶然或自發性的結果，那就可以斷定，它們一定是有目的。」❾朱熹的說法正是這樣。也就是說，「天心」是真實存在的，它不是上帝，不是神，但卻是人可以覺解

其有，並已實際地為人所秉有，並體而為人之「溫然愛人利物之心」的實存。認為朱熹「天地生物之心」完全是一種假托，顯然是不符合朱熹的本意的。

　　錢先生從朱熹哲學之自身的特點出發，故能對《仁說》作目的論的詮釋。錢先生說：

> 如此說來，朱子看天地似乎認其有心無心之間。天地只是一自然，此是無心的。但若只說理與氣，一則冷酷無情，一則紛擾錯綜，不能說人生界一切道理便只從這無情與紛擾中來，儒家因此從宇宙大自然中提出一生命觀，理則名之曰生理，氣則稱之曰生氣。《易·繫辭》說「天地之大德曰生」，又曰「復其見天地心」，朱子說之曰：「謂如一樹，春榮夏敷，至秋乃實，至冬乃成。方其自小而大，各有生意。到冬時，疑若樹無生意矣，不知卻自收斂在下。每實各具生理，便見生生不窮之意。此乃即就草木來說明宇宙，提出生氣、生理、生意之字眼，說有意便如說有心。……當萬物之各遂其生，自然生長時，則若不見天地之有心。若使天地有心，將不復是自然，亦將不見萬物之各有其生，而只成宇宙間一被生物。但到萬物生命力收藏或萎縮至不復有生時，而其生命力亦漸漸茁壯起來，此則不得謂天地之無心。若果天地無心，何從在自然中報出生命？又如何使生命永遠繼繼承承而不絕。❿

　　錢先生的解釋顯然是更貼近朱子的真實思路的。

　　朱熹哲學，如細察其全部體系，實是包括三個系統或三個層次。一是天命系統——理與氣；一是性理系統——人物共有之性與形；一是人所獨有之心性系統。朱熹哲學的重點是人的心性系統。朱熹的意思是，物有性有形，形來源於氣，性來源於理，都有其本體的根據；但物無心，不能自覺其性。人有心（虛靈明覺，源於氣之靈），能自覺

其性，而此性之自覺即成人的良知、道德本心或仁心。當其未發時為性為體，已發時則為情，而「心統性情」。故朱熹體系中，道德本心或良知是内在的，「心具眾理」即心之虛靈明覺對其秉賦之性理——天命道德之自覺而成為己之道德良知之内具，非如牟先生所謂須「先通過格物窮理之靜攝工夫，認知地關聯地具」。牟先生完全用新實在論的分析架構，襲用馮先生對朱熹的解釋以解說朱熹，說「朱熹的『心』是氣之靈明之心，而非超越的道德的自發自律之本心」，心的「本性是知覺，其自身具覺之理，此理只是知覺之性，是知覺存在之存在性，與仁義禮智之為理或性不同」（《心體與性體》，第3冊，頁244），可以說是與朱熹的本意不相符合的。

所以就心性理論而言，朱熹思想體系是包涵有王陽明良知說的要義的。王陽明與朱熹的不同，是不講朱熹哲學的第一個系統，也不講第二個系統，而簡易直捷，只講第三個系統。講第三個系統又突出明心見性，似與朱熹形成對壘。但究其實，王學是暗含或預設了朱熹的第一個與第二個系統的，只是以之為「當然」，不言自明而已。所以王學可以說是接著朱熹講的。王陽明在《傳習錄》中說：

> 理一而已，以其理之凝聚而言，則謂之性，以其凝聚之主宰而言，則謂之心，以其主宰之發動而言，則謂之意，以其發動之明覺而言，則謂之知，以其明覺之感應而言，則謂之物。 （《答羅整庵少宰書》）

> 性是心之體，天是性之原，盡心即是盡性。 （卷一）

> 理一而已，以其形體也謂之天，主宰也謂之帝，流行也謂之命，賦予人也謂之性，主於身也謂之心，心之發也，遇父便謂之孝，遇君便謂之忠，自此以往，

名至於無窮，只一理而已。　（卷一）

良知是天理之昭明靈覺處。　《答歐陽崇一》

　　等等。王陽明強調「良知是天理之昭明靈覺」，與朱熹「此心之靈，其覺於理者道心也」，「義理人心之所固有，苟得其養，而無物欲之私，則自然發現明著，不待別求」是一個意思。

　　從理講到性→心→主宰→發動，並以發動之明覺講良知，也是從朱熹的天理心性系統變化而來。

　　牟先生說：「天理之自然明覺一語頗不好講，意即天理之自然地而非造作地，昭昭明明而即在本心靈覺中之具體地而非抽象地呈現。」❶但這對朱熹的「道心」而言，亦是對的。王陽明講「知行合一」，重點在即知即行，即行即知，不離行而言知，故說「見父自然知孝」，良知只是一個真誠惻怛，因此良知中呈現之天理必然是具體而非抽象的。但天理之「呈現」是具體的，並非「天理」本身是具體的。所以究其實，王陽明雖是強調良知即天理，天理即良知，但分析地看，天理與良知並不能消解為「一物」。天理終歸是帶著「理」的特徵，因而是終歸沒有擺脫朱熹形上形下之架構的。

　　牟先生說，王陽明的「心即理」不是心合理，乃是心就是理；心理為一，不是心與理合而為一，乃是此心自身之同一。此心就是孟子所謂本心──此所謂本心，顯然不是心理學的心，乃是超越的本然的道德的心❷，但朱熹講的心也不只是心理學上的心，其「道心」也是一超越的本然的道德的心，所以這解說對朱熹也是合適的。朱熹之所以反覆闡明「心」本身不是一切的本根，不講明心見性，是因為程朱以前，佛教禪宗的影響很大，不牢固地確立天理系統，以天理為心之

本原，就不可能使儒釋劃清界限。王陽明強調心即理、強調「人同此心，心同此理」，實質上亦是以心與天理的合一來與佛禪劃清界限的。王陽明不願講朱熹的那套系統，一是因為天理二字已牢固地確立起來，二是有鑒於朱熹某些說法，特別是其後學支離、外心以求理的流弊，故以知行合一、致良知、即知即行為重點。但追根溯源，王陽明亦是以念念「存天理」為緊要法門和中心宗旨的。離開天理，消理以歸心，像牟先生那樣，強調「此心自身之同一」，就不可能與佛禪劃清界線，也就不符合王陽明的本意了。

　　牟先生強調王學是直承孟子而來，好像王學沒有自己的內在義理或哲學架構。但實際上，王陽明是經過朱熹而繼承孟子的。孟子不講天理，不講心即理；王陽明則講天理，講心即理。孟子不講心之本體，不講性本身；王陽明則講心之本體，講性本身。孟子講性善，性只是「人性」一詞的簡稱；王陽明則賦予性以本體的意義。孟子講心是四端的源泉，但沒有賦予心以超越的形上的絕對的意義；王陽明則賦予這種意義，王陽明天泉證道明確提出：「無善無惡心之體，有善有惡意之動；知善知惡是良知，為善去惡是格物。」(《傳習錄》，卷三)「心之體」是一「絕對」與「超越」。因其是絕對、超越，故現實經驗、名言層次上的善惡不能用以形容它，所謂「大道無名」、「大美不言」、「大善不善」，格物及誠意等則屬於經驗、已發、現實的層次。在此層次之上有「心之體」——「絕對」以為其根本，這就實際上預設了形上、形下、絕對、相對的兩個系統與兩個世界。這是與孟子不同而與朱熹接近的「四句教」是王陽明對自己體系的概括，並指明是一哲學的(慧根)概括，所以它是真正能揭示王陽明哲學體系的哲學架構的。而它的最終指向則是一絕對，如同朱熹哲學一樣，因此，以為朱王完全對立，是既不符合朱學的實際，也不符合王學的實際的。錢先生論劉蕺

山時說：「蕺山之講陽明，乃求由此返之程朱，返之孔孟，而即以闢禪，而又直稱孔孟程朱曰心學，尤為特出之見。王門後人，必欲揭其師之學曰心學，以樹異於程朱，乃獨立於儒學傳統之外，而反以通於禪。」❸這一觀察是極為深刻而符合實際的。

　　在程朱、陸王的觀察分析上，牟先生與錢先生何以有此不同？歸根結底亦是由於兩者研究方法的不同。牟先生不僅看朱熹是用馮先生的新實在論的眼光，看王陽明也是用康德的眼光。但實際上，康德只是揭示了道德本身的性質，對道德的根源及實際內涵，則與中國儒學的看法有極大差異。儒學不僅認為道德是非功利、非經驗、非世俗的，而且肯定道德的實際內涵是仁——人的溫然愛人利物之心或真誠惻怛之情，即從心中自然流出，不夾帶任何私心、私欲的愛人利物的動機和行為。追本溯源，此一愛人利物之心則來源於「天地生物之心」。故人心體現天心，天心表現為人心，是一天人合一的系統。不僅程朱如此，上而孔孟《易》《庸》、董仲舒、下而王陽明皆是如此。故《傳習錄》論仁云：「仁是造化生生不息之理，雖瀰漫周遍，無處不是，然其流行發生，亦只有個漸，所以生生不息，如冬至一陽生，必自一陽生，而漸漸至於六陽。若無一陽之生，豈有六陽。陽亦然，惟其漸，所以便有個發端處。惟其有個發端處，所以生，惟其生，所以不息。……父子兄弟之愛，便是人心生意發端處，如木之發芽，自此而仁民，而愛物，便是發幹生枝生葉。」（《傳習錄》，卷一）「知是理之靈處，就其主宰處說，便謂之心，就其稟賦處說，便謂之性。……只是這個靈能不為私欲遮隔，充拓得盡，便完完全全是他本體，便與天地合德。」（同上）錢先生觀察儒學，十分注意這一大的傳統，故對朱王能異中見同。牟先生偏於以西方哲學觀察與分析中國哲學，故不免忽視中國儒學的這一大的傳統，常常不見其同而只見其異。錢先生知人論世，善於對

每家思想作同情的了解，原始見終，由情達理，不僅看到哲學，更看
到哲學背後的人和心。牟先生則不免專注於思想分析的嚴深，以致有
時流於以偏概全而不自覺。牟先生研究方法的長處不能否定，但比較
而言，我以為錢先生的研究方法是更值得肯定和發揚的。

　　錢先生的《朱子新學案》貫穿著錢先生的上述研究方法，故其論
格物、涵養、致知等等，都有較全面的看法，具體結論儘管還可推敲
商榷，但體現的上述方法論精神卻是很有啟發的。為節省篇幅，這裏
不一一引證。下面謹舉「格物」以見一斑。

　　按馮先生和牟先生的看法，朱熹講格物，是心外求理的。朱熹言
論中，這類說法確實亦有，但如善體朱熹的真意，則另一方面的意見
顯然更值得重視。朱熹說：

> 今日學者所謂格物，卻無一個端緒，只是尋物去格。如宣王因見牛發不忍之心，
> 此蓋端緒也。便就此擴充，直到無一物不被其澤，方是致與格，只是推致窮格
> 到盡處。凡人各有個見識，不可謂他全不知。如孩提之童知愛其親，長知敬其
> 兄，以至善惡是非之際，亦甚分曉。但不推致充擴，故其見識終只如此。須是
> 因此端緒從而窮格之。未見端緒發現之時，且得恭敬涵養。有個端倪發見，直
> 是窮格去，亦不是鑿空尋事物去格也。涵養於未發之前，窮格於已發之後。
> （《朱子語類》，卷一八）

> 人誰無知，為子知孝，為父知慈，只是知不盡。須是要知得透底。且如一穴之
> 光也喚做光，然逐旋開劃得大，則其光愈大。物皆有理，人亦知其理，如當慈
> 孝之類，只是格不盡。但物格於彼，則知盡於此矣。　　（同上，卷一五）

> 所謂格物者，常人於此理或能知一二分，即其一二分之所知者推之，直要推到

十分，窮得來無去處，方是格物。(同上)

> 問致知格物，曰：此心愛物是我之仁，此心要愛物是我之義，若能分別此事之
> 是此事之非是我之智。若能別尊卑上下之分是我之禮，以至於萬物萬事，皆不
> 出此四個道理，其實只是一個心，一個根底出來，抽枝長葉。　　(同上)

> 夫外物之誘人，莫甚於飲食男女之欲，然推其本，則固亦莫非人之所當有而不
> 能無者也。但於其間自有天理人欲之辨而不可以毫釐差耳。惟其徒有是物，而
> 不能察於吾之所以行乎其間者孰為天理，孰為人欲，是以無以致其克復之功，
> 而物之誘於外者，得以奪乎天理之本然耳。　　《大學或問》

等等。這些都清楚地表明，朱熹所謂「心」並不僅是一認識功能。「心」
之所以被稱為靈明知覺亦是因其對吾人所得於「天理之正」，有其本然
之自覺，即為子知孝，為父知慈，見一牛之觳觫而知不忍。因此格物
致知，正是就其本有之知——對天理之良知而於事事物物上講求擴
充，以推至其極。所謂「吾心之靈，莫不有知」，其知既指認識知覺，
又指對天理的良知。《朱子新學案》說：「若非心中先已有知，鑿空尋
事物去格，則如陽明格庭前竹子。若不因吾心已知之理而益窮之，則
如齊宣王僅知不忍一牛之觳觫，而不能即推此以保民王天下。故徒務
於正心誠意，而無致知格物之功，則有局促之病。……徒務於致知格
物，而不知於心性根源求端緒，以為推致擴充廣奠其基而正其本，則
有泛濫之病，如近代自然科學突飛猛進時，而人文社會病痛百出。惟
朱子格物之教，則不得以向外譏之。」(第2冊，《朱子論格物》，頁515)
徵之朱子以上對格物致知的諸多論述，錢先生的意見，不是平恕、中
道、實事求是，更符合朱熹格物的真意嗎?!

　　《朱子新學案》是錢先生晚年的力作。全書百萬餘言，歷時六年完稿，以「破門戶」為全書宗旨。其《例言》說：「朱子學，廣大精微，無所不包，亦無所不透，斷非陷入門戶者所能窺究。本書意在破門戶，讀者幸勿以護門戶視之。」（《朱子新學案》，第1冊）所謂「門戶」狹隘的意思當然是指朱陸異同、對立的門戶，但「五四」以後，究其根源，則最大的門戶是西學的門戶；以西學裁剪、切割中學的門戶。錢先生《朱子新學案》對朱熹的研究全面、細致，讀之啟人益智之處極多，而其最能給人啟迪、使人獲無窮受益、特顯光彩者，則是錢先生貫注於此一《新學案》中的治學的方法和精神 —— 破專以西學為門戶之治學精神。

　　錢先生的意思當然不是要人們抱殘守闕，拒絕參考、借鑒和吸收西方的學術及其研究方法的長處。完全不是如此。錢先生的意思是說，借鑒、參考不能忘記了民族文化的本位和實際。因為，一旦浸陷其中，以之為量尺框框以裁剪中國的思想和文化，則就不是參考和借鑒，而是以西為本、為門戶、為道體了，其結果只能在客觀上扭曲、貶抑中國民族的思想和文化。即使本意是發揚中國文化，實際的結果也不過是把中國文化從源頭、從歷史全部西方化而已。所以錢先生一再強調破門戶，從治學方法和其用心來講，我以為最大的意義就在這裏。這在今天，是特別值得重視和發揚的。

二、

　　錢先生踏上學術途程時，正是民族危機空前嚴重，中國能否存而不亡成為懸在每個憂國憂民的知識分子心頭的頭等問題之時。不少人悲觀絕望，不少人慷慨激昂。悲觀絕望者以中國民族與文化無可挽救；激昂慷慨者以全盤打倒舊文化，建立西方新文化為職志。錢先生則冷

靜地為自己確立了一個目標：通過文化學術研究，為中國民族找出何以能經歷極多危難而不僅不亡，且能綿延擴充、可大可久的文化根據。錢先生一生本此目標行事，通過自己精心的分疏與洗發，確是向人們證明了：中國文化主要是儒家為代表的主導文化，是富於生命活力的，過去它能綿延發展，歷久彌新，今後也將仍然如此。

下面，我試舉錢先生對中國文化之道德精神的洗發，對魏晉文化、學術與門第之關係的研究，以及對禪宗的闡釋與研究為例，來說明錢先生是如何在這些中國文化的困頓轉折、暗而不明的時期，說明它們仍然保持著自己內在的文化生命之活力，從而「柳暗花明又一村」，為中國文化展開新局面的。

首先，讓我們看錢先生對中國文化之道德精神的洗發與闡釋。

「五四」以後，對於中國文化特別是儒家提倡的倫理道德，人們總認為是一種腐朽、反動、落後，甚至「吃人」的東西。最近發表於《知識分子》1993年秋季號上題為《中國文化的發展方向》文章說：「中國文化是寶塔式文化，其特徵是頂峰性、等級性、穩定性、排他性，僅為少數居於塔尖上的統治者服務。」可見這種觀點的影響之大。這樣的文化當然注定是沒有活力的。從某些現象來看，這種論斷是對的。但錢先生善於透過現象洗發中國文化之本質精神所在，故能不為現象所迷惑。在《論春秋時人之道德精神》（《中國學術思想史論叢》（一），頁191）等文章中，錢先生分析當時極多實例，指出，在所有這些以後儒家提倡的具體德目中，潛藏於其中的，實是中國文化的一種道德精神。這種道德精神不訴諸於對超世界的神靈的信仰；不耽迷於一己物質的享受、情欲的放縱及個人私利的實現，而能人我兼顧、主客並照、務求一己內心之所安，以至雖九死一生、犧牲生命而不顧（同上，頁191～192）。 這種道德精神才是中國和儒家文化思想的精

義所在。由於種種歷史社會的原因，這種道德精神雖沒有發展出西方近代的民主、自由、平等而表現為三綱五常、父慈子孝、兄友弟恭等等，某些時候、某些地區甚至演變為「禮教吃人」。但上述精神的本質則是與近代自由、平等、博愛精神相通，在今天亦有其生命活力，是應該繼承和發揚的。例如：《左傳》襄公二十五年載：齊崔杼殺景公，

> 大史書曰：崔杼弒其君。崔子殺之。其弟嗣書而死者二人。其弟又書，乃捨。南史氏聞大史盡死，執簡以往，聞既書矣，乃還。

錢先生解釋說：

> 史官之職，在據事直書，齊大史不畏強御，直書崔杼弒其君，亦求盡史職而已。乃至於兄死弟繼，死者三人，而其弟仍守正不阿。南史氏聞大史兄弟一家盡死，復馳往續書。彼其心中，亦惟知有史職當盡而已，死生一置度外。此等精神殊堪敬嘆。然在當時，齊大史氏兄弟及南史氏姓氏名皆不傳，則似時人亦視之若當然，若無甚大異乎尋常者。或因其時記載闊略，乏人記之。然亦由此可想，此諸人之死，固亦未嘗有如後世人自有一種留名不朽之想。而在彼諸人當時之心中，則誠惟有天職當盡之一念而已。生為人，盡人道，守一職，盡職守。為史官，則惟知盡吾史職而已，外此皆可以不計。此等精神，亦云傳矣！是又安得不謂其為一種最高之道德精神乎！　（同上，頁202～203）

今天當人們已不知「天職當盡」為何物，僅知作工掙錢，掙錢作事，不懂盡職即是一崇高道德精神時，錢先生對中國文化精神的這一洗發，比之於一味以之為「愚忠」、「吃人」而予以打倒的，顯然是更符合民族與民族文化精神提升與復興的需要的。

又，《左傳》昭公二十年載：楚囚伍奢，使奢召其二子伍尚兄弟歸楚，伍尚兄弟二人計議討論，尚決定弟適吳，「我將歸死」。錢先生評論說：

> 在伍尚，亦未嘗不知（楚人）其語之有詐。然若逆忤其詐而不往，則若父死由我，將終生心不得安。然則心知其詐，兄弟俱往受戮，父仇不報，心亦終不安；故由己歸死，而命弟奔吳，此亦自求其心之安而已。若兄弟俱往是不智。兄弟俱不往，是不仁、不孝。然一往一不往，楚人仍可有辭責之，曰：「曷不兄弟俱來？今既一來一不來，爾父當仍不得免。」蓋遇此等事，本無必全之理，則利害是非，有不勝較。智計有所盡，則不得不恁己心之所安為抉擇。故孔子罕言利，與命與仁。伍尚兄弟之處境，亦所謂無可奈何者，是命也。尚之與弟謀，一求奔楚以免父，一求違命以圖報，此皆發乎其心之仁。而事之利否固所不計。抑尚自處以死，而責弟以全身謀報，雖曰吾知不逮，我能死而已，亦可見其愛弟之心焉。斯可謂孝、弟兩全也。　　（同上，頁204～205）

今天，當人們已不知孝弟為何物，以至父子兄弟亦是赤裸裸的金錢利害關係時，錢先生的評論不也是更符合民族與民族文化復興的需要？

春秋戰國之際，世衰道微，邪說暴行有作，臣弒其君者有之，子弒其父者有之，是所謂禮崩樂壞的時代。牟先生名之曰「貴族生命腐敗，周文不舉」。錢先生卻獨獨注意中國文化之道德精神——亦即中國文化精神在此時期的活躍洋溢，指出它終於以孔子而集其大成，又歷漢代而成為中國大一統社會的指導思想，為以後中國民族之可大可久，奠定了文化道德的基礎。因而，此種衰世，只是政治、經濟的病症，不能與中國文化之內在精神混為一談。錢先生這種文化史觀及其對中

國文化內在生命與精神之深入的把握，不僅符合中國文化與歷史發展的實際，亦為中國文化之未來的前途，提供了令人信服的證據。在《中國文化之潛力與新生》中，錢先生說：

> 中國歷史上曾經歷過若干次重大疾病，五胡、南北朝、晚唐、五代、元清及近代帝國主義等等。在這些時期，中國民族患了重病，政治腐敗，社會動亂，可是經過一兩百年，中國仍舊是中國，中國文化始終是中國文化。以抗日戰爭言，我們在科學經濟上都遠不如日本，但是八年抗戰，中國仍然存在，中國所以能抗日，乃中國文化的潛力使然。❹

「文化潛力」，即指中國文化所蘊含的上述道德精神。所以錢先生對春秋時期中國文化之內在精神之闡釋，是極具重要意義的。

今天，我們面臨的任務，雖是擴展自由、平等、人權等來自西方而實為人類近代覺醒之標誌的新的價值觀念，使之在中國生根、開花、結果。但是如果不是高揚中國文化與民族這一淵遠流長的道德精神，而任由從市場經濟所自發產生的人欲橫流、損人利己、唯利是圖占居支配與統制地位，人類近代的這些新的價值觀念的擴展、生根，也不過是一句空話而已。

關於魏晉南北朝時期的文化學術的特徵、性質，學術界看法極為分歧。這一時期，五胡亂華，「軍閥」混戰，政治腐敗，統治集團篡弒頻仍。士林則口談玄遠，行為荒誕怪異。因此，不少著作認為這是儒家思想之生命力萎縮疲弊、枯竭不振，而由佛、道居於主導支配地位的時期。但錢先生精心整理、洗發，卻得出了與此不同的結論。在《略論魏晉南北朝學術文化與當時門第之關係》（《中國學術思想史論叢》（三））的著名論文中，錢先生指出：

故論當時之政治，分崩禍亂絕無足道，然不得謂當時便無人物，亦不得謂當時人物更無思想、無學術成就。政治雖頹敗不振，在民間則仍保有文化與學術之傳統，而著作之多，超前軼後。唐代雖富強，又見稱文盛，然……擬之此一時期尚有遜色。　（同上，頁151）

蓋政府雖分南北，門第則仍南北相通，故在此時代中，政治上雖禍亂迭起，而大門第則依然安靜……中國文化之命脈之所以猶得延續不中斷，而下開隋唐之盛者，亦賴於當時門第之力。　（同上，頁152）

而門第之能維繫數百年而久在者，是因為上有賢父兄，下有賢子弟，若此二者俱無，政治上之權勢，經濟上之豐盛，豈可支持此門第幾百年而不弊不敗。　（同上，頁155）

蓋非循守儒術，不足以全家保門第……豈有子弟不孝不弟，而能門第鼎盛，福祿永保之理。　（同上，頁162）

故當時門第共同理想，不外兩大要目：一則希望其能具孝親之內行，一則希望其能有經籍文史學業之修養。此兩種希望，合併為當時共同之家教。其前一項之表現，則成為家風，後一項之表現，是成家學。　（同上，頁171）

故魏晉學術思想，雖已屬進不少老莊消極氣氛，而仍不失為一種甚深厚之儒家傳統，最多只能說其儒道合流，而非純走上老莊行徑則顯可見。　（同上，頁159）

要之，按錢先生的看法，魏晉思想是「體儒而用道」。揆之實際，

錢先生這一觀察確亦是體現了這一時期文化學術之主導趨向與精神的。

例如嵇康、阮籍，其「越名教而任自然」的思想，一般認之為非毀名教，純任老莊，但實際上嵇、阮之「越名教」是指不為名教之外在禮義節文所束縛，而一任個人孝弟友愛真情之流露；是逃避司馬氏集團之政治迫害而非放棄人倫，蔑棄禮義。其「自然」，除了政治上的「逍遙」以外，主要是指個人真情的自然而然，故在維護儒學之本真禮義傳統上，有如魯迅曾指出的，他們可能「比曹操、司馬懿們要迂執得多」⑮。阮籍的至孝及嵇康詩文中表露的孝弟、友愛真情，就是這點的最好證明。因此，說他們是體儒而用莊，可能是更符合他們思想的實際情況的。

以哲學而論，王弼的《易注》，其對儒家道德精神之深刻體認，不僅非以道家解儒者所能寫出，亦非一般俗儒所能達到。王弼死的時候，才二十四歲，以如此年輕而能有如此高的道德表達水平，僅靠天才和文字遊戲是絕對不可能的。家庭的熏陶及其內心道德情感的真摯，當是基本的原因。《易注》的天道觀基礎當然已與儒家不同，但通篇貫徹的是儒家的道德與義理，所以以之為儒家著作是名副其實的。此書以後收入唐人的五經正義與十三經，絕不是偶然的。王弼另一重要著作《老子注》發揮老子思想，但提出「守母以存子，崇本以舉末」、「形名俱有而邪不生，大美佩天而華不作」（《老子注》，第38章）。真實的用心還是「存誠」，仍然不失為儒家思想。其所謂「無」，在哲學上是本體；在倫理道德、政治、社會學上是本根、源頭、宗主、統帥之意。強調的是正本清源，與整個這一時期學術界之主要趨向——反對漢魏以來的虛偽、形式主義，以名教禮義為名利的工具、手段——是一致的。王弼說「聖人體無」⑯，老子為有，故恒說其不足，並非戲弄與

掩飾之辭，確是內心之真實地流露。因此，王弼哲學亦是可以用「體儒而用道」加以概括的。

嗣後，向、郭《莊子注》大暢玄風，精神確已偏離了儒學，但即便如此，其對於仁義，亦不是攻擊與否定仁義本身，而是攻擊當權者以仁義為工具手段，沽名釣譽，並以此剝奪與限制別人的性分與自由。對於出自人們內心真實的仁義，向、郭是並不反對的，故《莊子注》中有下列關於仁義的言論，如「夫仁義自是人之性情，但當任之耳。」「恐仁義非人情而憂之者，真可謂多憂也。」「夫仁義自是人情也。」「夫曾史性長於仁耳，而性不長者橫復慕之，慕之而仁，仁已偽矣。」僅對於這種虛偽、偽裝的仁義，《莊子注》是反對的❶。《莊子‧胠篋》曾說：「善人不得聖人之道不立，跖不得聖人之道不行；天下之善人少而不善人多，則聖人之利天下也少而害天下也多。」《莊子注》評論說：「信哉斯言！斯言雖信，而猶不可亡聖者，猶天下之知未能都亡，故須聖道以鎮之也。群知不亡而獨亡於聖知，則天下之害又多於有聖矣。然則有聖之害雖多，猶愈於亡聖之無治也。」和《莊子》有顯然的不同。所以以「儒道合流」來概括《莊子注》的情況也是可以的。

當然，「體儒用道」與「體道用儒」兩種說法的界限很難劃清，從天道觀與哲學本體而言，亦未嘗不可說王弼等是「體道用儒」。但不管怎樣，魏晉人老莊注所發揮的道家思想（除《列子》外）與先秦老莊思想是不同的。先秦，老莊思想與儒學針鋒相對，從天道觀到聖人、名教、仁義、道德，老莊都具有反儒學的鮮明色彩和立場，而王弼、向、郭的老莊注則基本上是調和儒道、以儒解道的，其關注的始終是名教的維繫、人倫道德、仁義孝弟的真誠，其崇尚的聖人——人格標準，也是不離名教、不離人倫道德的。所謂聖人體無，聖人無跡，與物大冥，都是指聖人的一種不帶任何片面性、任何虛偽、偏私，體沖

和以應物，順萬物而無情，圓通無礙，廓然大公的道德境界，是針對漢末名教、人倫、孝第的虛偽、有為而發的。因此，可以說，基本精神與用心仍然是儒學的。

要之，只要把握住儒學與門第的內在結合這一線索，確可以看到，儒學思想的活力在魏晉南北朝時期仍然是洋溢活躍的。儒學植根於門第，門第依賴於儒學，一為社會的、物質的支柱，一為精神價值與文化學術的力量。兩者相互結合，一方面使門第綿延，盡享尊嚴；一方面使文化學術滋潤發展，特顯光彩。故此時期史學、文學、禮學、哲學、藝術皆能得長足進步，門第與儒學的結合，是其最根本的秘密。錢先生這一分析，不僅使我們對士族門第有新的認識，亦使我們對此時期之學術文化之基本精神所在，有恰當的看法，並能於此兩方面窺探到儒學之內在生命活力，所以，可以說這一研究是中國文化之生命活力的最好的豐碑與見證。

在中國，門第士族的最早的起源是漢武帝的「罷黜百家，獨尊儒術」政策。這一政策導致大量的經學知識分子接掌政權，代替原來的軍功貴族與豪門強宗，成為政治的骨幹力量。所以政治、文化學術的結合以及由此而導致的和經濟（地產）的結合，是門第士族的根本特點。在西方，中世紀的天主教與基督教集中了巨大的地產財富，是兼經濟、文化學術於一體的社會力量，但不掌握世俗的政權；普通的貴族、地主，有巨大的經濟力量和一定的政治特權，但並不是文化學術的領導力量。中國的士族，在名義與法律上並不享有西方貴族的政治特權，但卻在實際上是兼經濟、政治、文化學術於一體的力量，享有文化學術的優勢與主導地位，這種文化學術的優勢與主導地位，成為其能取得政治權力與經濟優勢的憑藉與依靠，因此，與西方比較，可以說文化學術是中國之門第士族能夠形成與發展並長久居於中國社會

之領導地位的主要因素。而中國文化學術之能具有如此巨大的力量，則是因為儒學在中國文化中居於主導地位。儒學之天人合一，一方面排斥了西方基督教式的政教分離；一方面又開啟了以儒為基礎的政教合一，從而使儒學得以通過某種機緣（如漢武帝的「罷黜百家，獨尊儒術」），成為支配政治的力量。所以可以說士族的出現及其在東漢、魏晉成為門第，正是儒學自身的特點與優勢所造成的，亦是儒學之生命活力在這一時期之內在的表現。

魏晉以後，門第逐漸衰微，唐代佛道兩教居於思想的支配地位，但儒學的內在生命活力並沒有消失，最後終於通過宋明理學徹底消化了佛教，逐退了道教，重又成為文化學術的主導力量。禪宗的產生是一過渡的環節。錢先生對禪宗特別是對慧能之思想特點的分析，亦成為展現中國文化之生命活力的極好例證。

鈴木大拙曾說：「禪確實是世界思想史中一偉大的革命。它起源於中國，不可能起源於任何其他地方。……」「禪只有在中國的土地上得以如此繁茂。」（見《中國學術思想史論叢》（四），《評胡適與鈴木大拙討論禪》）鈴木說這是中國人的腳踏實地有以使然。但這只是一種淺顯的解釋，並未通透到中國禪與中國儒道兩家思想之內在通融處與其心靈生命之真來源。錢先生的分析則把這一心靈生命之真來源揭示出來，讓我們又一次看到儒家思想之深厚的活力。錢先生的分析集中在如下三個方面：

（一）禪的產生是慧能以前四百多年佛教經典與文化移植積存並逐漸被中國化的結果，並不是完全偶然與突然的。沒有四百多年歷代中國高僧大德在修行和義解方面踏實用力、積累豐富，就不可能有對它真正消化而使之中國化，也就不可能有禪宗的產生。

（二）慧能以前，道生已提出了「義由心生，法由心起」的頓悟

義，之所以不可能被當時僧眾所接受，是由於佛教經典、文化的積累尚在開始，人們的注意力尚在佛教經典、文字本身，只有這一過程到相對完滿的階段，人們的注意力才會逐漸轉移到內心。慧能正好處在這一過程的交接點。

（三）慧能的頓悟及其「菩提本無樹，明鏡亦非臺，本來無一物，何處染塵埃」的慧解，並非「天啟」使然，而仍然來源於慧能的「真修」。錢先生說慧能之悟，並不是靈慧超人之哲理的悟解，而是實實在在地由本心的真修而來。其「本來無一物」，正指心中無一物而言，是慧能在磨坊中八個月以磨米為精修磨出來的。八個月來，「只此一顆清清淨淨的心，沒有不快樂，沒有雜念，沒有渣滓，沒有塵埃，何處還要拂拭？」❿所以慧能的悟，是在其日常的劈柴、磨米、長途跋涉中，在與塵世無異的生活實踐中達到與完成的。既然如此，出家、出世，以塵俗為累的說法，兩世界截然對立的說法也就沒有必要了。這樣「既是一本心性，又不屏棄世俗，只求心性塵埃不惹，又何礙在人生俗物上再講些孝弟仁義齊家治國？」因此，唐代之有禪宗，「從上講是佛學之革新，向後則成為宋代理學之開先，而慧能則成為此一轉捩中之關鍵人物」❾。

錢先生這樣的剖析，突出了慧能之悟是在修行中對本心之清淨本體的頓悟。「悟」是由功夫所達到的一種境界，而不是哲理的玄思與勝解，是天人合一而非外心以求道，從而在實質上，把慧能之悟所內含的中國文化哲學所本有的精神，揭示出來了。所以一方面看，這是慧能個人的天分、天啟，非慧能不能為之；另一方面看，則慧能之天分、慧解所體現的，正是中國文化所本有、固有的精神。就是說，非有中國文化之深厚傳統，慧能亦不可能產生。因而禪宗雖然是佛教內部的變革，而變革的動力、精神、生命活力則恰恰是從中國文化中吸取的，

因而亦是中國文化之生命力的展現與象徵。錢先生這一剖析，由情入理，由理達情，在研究慧能的文章中，確是匠心獨具，令人折服的。

關於理學是禪宗的一轉語，實際上並不是錢先生的獨創。馮友蘭先生對此也有精到的剖析。在《新原道》中，馮先生論述「極高明而道中庸」這一中國哲學的固有精神之歷史發展，曾指出禪宗更進一步統一了高明與中庸的對立。因為「如果擔水砍柴就是妙道，何以修道的人仍須出家？何以事父事君，不是妙道？這又須下一轉語。宋明道學的使命，就在再下這一轉語。」❷⓪所以錢先生的看法亦可以說是中國學者對理學與禪宗兩者相互關係的共識。但馮先生的看法，基於邏輯的哲理的分析，背後沒有人、沒有心、沒有民族的活的文化心靈。錢先生的剖析則突出了中國民族與中國人的活的文化心靈，有理而亦有情。馮先生的看法，突出的是西方哲學的理性與邏輯精神；錢先生的剖析則突出了中國文化之情理並重、知人論世的特點。因此，錢先生對禪學的分析本身，亦可以說是中國文化之道德心靈及其生機活力的體現，讀之，令人更增對中國文化的親切感佩之情。

以上錢先生剖析中國文化之生命活力的三個例證，其時代從春秋歷魏晉、隋唐至宋明，其領域則遍及儒佛道三教，它們生動地證明中國文化在遭遇的每一次危難困厄中，都能貞下起元，度過難關，重獲生機。那麼，在近代，在今天呢？它也必然如此。錢先生說：「藉過去乃可以認識現在，亦惟對現在有真實之認識，乃能對現在有真實之改進。故所貴於歷史智識者，又不僅於鑒古而知今，乃將為未來精神盡其一部分孕育與嚮導之責也。」❷①所以錢先生的分析展現的是中國文化與歷史的過去，它的意義則在於今天和未來。今天，中國民族是否能存而不亡的問題，可以說已經不存在了，但中國文化則仍然懸有此一問題。所以錢先生的解答及其昭示的結論與其對國家民族文化的濃厚

熱愛之情，仍然是有其極大的現實意義的。

三、

如何更新與發展中國文化？錢先生的態度與提示亦給我們極深的
印象和啟發。

「五四」以來，對此問題有三種態度與提示的道路：一是斷然全
盤否定過去，徹底打倒，重建一切；一是肯定中國文化而實際是西方
文化中心論的態度；一是陳寅恪先生所標舉的，一方面吸收輸入外來
之學說，一方面不忘本來民族之地位❷。錢先生是屬於第三種態度的。

今天，第一、第二種態度的影響並非越來越小了。它實際的力量
與影響仍然很大。歷史將證明，唯有第三種態度是唯一正確的。但是
在標舉屬於第三種態度的當代學者中，其差異和區別仍然很大，如馮
先生、牟先生、錢先生。因此，弄清他們之間在如何更新中國文化問
題上的區別，是有重要意義的。在我看來，馮先生、牟先生實際是接
近於第二種態度。錢先生堅決不參加新儒家的宣言簽名❸，並反覆不
斷地對「門戶」進行批評，我以為重要的原因亦在於牟先生為中國文
化所作的設計是錢先生所不能接受的。錢先生全力堅持的是他認為真
正正確的態度。

馮先生常常自稱為新程朱，是儒學的復興者。他的「新理學」體
系是要為中國文化貞下起元。陳寅恪先生審查馮先生《中國哲學史》
的報告，肯定馮先生是對中國哲學思想「具了解之同情者」❹。胡適
先生的《中國哲學史大綱臺北版自記》更認為馮先生對儒家和孔子有
真誠的宗教信仰❺。但實際上，馮先生從其信奉的新實在論之「類」
的觀點觀察中國文化與哲學，其得出的中國文化之出路的結論，實是
一全盤西化的結論。馮先生說：

若從類的觀點，以看西洋文化，則我們所知所謂西洋文化之所以是優越底，並不是因為它是西洋底，而是因為它是某種文化底。於此，我們要注意者，並不是一種特殊底西洋文化，而是一種文化的類型。從此類型的觀點以看西洋文化，則在五光十色諸性質中，我們可以說，可以指出，其中何者對於類是主要底；何者對於類是偶然底。若從類的觀點以看中國文化，則我們亦可知我們近百年來所以到處吃虧者，並不是因為我們的文化是中國底，而是因為它是某種文化底。　《三松堂全集》，卷四，頁226）

從此類型的觀點，中國文化所當去者，是其屬於某類的主要底性。所要保存的，是其偶然底性。……照此方向以改變我們的文化，則此改變是全盤底。因為照此方向以改變我們的文化，即是將我們的文化自一類轉入另一類，即改為西方近現代類。就此一類說，此改變是完全底，徹底底，所以亦是全盤底。　（同上）

　　馮先生雖亦強調文學藝術對於每一民族的特殊性，中國的文學、藝術是無法也不應西化的，但西化是近代化的同義語，則文學藝術由於需要現代化而全盤西化也是無可避免的。要之，只要中國近代化與現代化，中國文化的基本性質、基本面貌，就必然與西方完全一樣。不同的將只是語言、歷史、地理、人種膚色、口味等等不可能西化的東西。這與全盤西化論者的主張、思想、目標正好是殊途同歸的。

　　牟先生為中國文化更新所作的設計是著名的「良知自我坎陷以開出民主與科學」的說法。這一說法，強調從舊儒學的內聖外王出發，既要繼承舊儒學的真傳統，又要開出民主與科學的新事功，好像確是陳寅恪先生所謂不忘輸入外來之新學說，又不忘本民族的文化本位者。但實際上，其以良知為唯一本體，一切皆需從此本體開出的說法，已

經是一西方哲學的說法，其自我坎陷而後開出等等，於中國文化的實際更是不符合的。

以良知坎陷開出科學而論，這顯然是以中國沒有科學為前提，而所謂中國沒有科學又以西方那種以機械論自然觀為基礎的科學是唯一的科學為前提，所以提法本身就是西方中心論的。實際上中國古代早就有相當發達的自成體系的科學，不過它和西方上述科學形態不同，而屬於系統論、控制論、信息論這一類型而已。它以有機的自然觀、時空是相互聯繫的連續的觀念為基礎，有自己一套科研的方法和途徑。中國春秋戰國時期即已發達的醫學、天文學、音律學、數學，以及漢代發展起來的地震學、物候學都屬於這個類型。這一類型與西方古希臘以機械論為基礎的科學雖然不同，但它是真正的自然科學是毫無疑問的❷。因此，就科學而言，它在中國是早就開出了，無須今天「良知坎陷」才能開出。而就良知來說，如果它是普遍本體，則西方也有此問題。如果西方良知早已坎陷了，因而早早開出了科學，那麼何以西方如此而中國不能？如果「良知」只是中國人、中國文化獨有的，那就構不成「本體」。且「坎陷」是「良知」之客觀必有的過程還是外於良知的主觀所為？如係客觀必有的過程，西方早經歷了這一過程而中國遲遲未來，則仍將使讀者陷於神祕主義，不能得其解。如屬外於良知的主觀所為，則良知也就不成其為本體了。所以這說法本身引來的矛盾混亂是無可避免的。

在其合理的意義上，「良知坎陷」說以良知——德性與科學——理性認知系統的區分為前提，這當然是正確的。因此良知這一實踐行動的道德本體一旦要轉而成良知學說，即以良知為對象而建立起來的德性學說，當然它需要經歷一自我坎陷的過程，但此時的以良知為對象對之進行認識的理性，仍然不能是由良知坎陷而來的。良知永恒地

只能是良知，不能是理智。理性如同良知一樣，亦可以是與生俱來、俱有的。理性認知系統，其開發、發展，更是外於良知的獨立過程，牟先生以良知坎陷以說明理性，開出理性，不是克服了儒學的泛道德色彩，而是把它強化並把它歪曲了。

以孔孟而論，孔孟的學說確是關於道德，關於教導中國人如何成德成人的學說，亦如西方的耶穌及其《聖經》一樣。但孔孟從來沒有說過人的本體及其唯一的理性只是道德良知。孟子突出了道德理性的意義與價值，但同時肯定人有理智理性，後者是人與禽獸所同具的(只是高低程度不同)，因此重視道德與研究自然是並行不悖並不矛盾的。孔孟本人不以研究自然為任務，正如耶穌不以研究自然為職志一樣。但它們的學說絕不包含有反對與阻塞別人研究自然的成份。錢先生說：

> 孔子思想並不曾完成為一套自然科學，但亦不反科學，且亦容許各項科學有其各自之發展。如《大學》言格物窮理，《中庸》言盡物性，《易傳》言「開物成務」，又言「形而上者為道，形而下者為器」，及《書》之言「正德、利用、厚生」，都只在自然科學所能完成之種種事物上標示出一個人文目標，使自然物質與人文理想相得而益彰，抑且在中國歷史上，不斷有自然科學方面之專家，如算術、天文、曆法、水利、建築、農業、音樂、醫藥等種種專門人才，皆曾有其偉大成就。然幾乎絕大數全是崇奉孔子思想之儒家。以前如此，以後當亦可然。　(《孔子與論語》，頁224)

揆之中國的實際歷史，錢先生的說法顯然是有道理的。就是說，儒家文化其用心雖在道德而不在科學，但並不是反科學的。中國雖沒有西方機械論形態的科學與此種科學之偉大成就，但亦有具自身特點的自然科學家與科學成就，而他們絕大多數是崇奉孔子思想之儒家。

因此，對於中國文化的今天，它的復興與更新而言，中國原來以儒家為主導的民族文化仍然可以提供一個「本位」，需要作的是吸收、吸取西方機械論形態的新科學及其科學精神。這樣，不僅以發展科學為由而提出「打倒孔家店」的口號是錯誤的，而以為要發展科學，必須經由良知坎陷的自覺，以使中國文化經歷繁而令人莫名其妙的轉化過程，也是多此一舉的。

就民主而言，情況也相類似。

民主在西方是近代的產物，中國文化傳統中確實沒有民主。但西方近代民主，其構成因素——政黨與選舉，都是近代社會歷史條件的產物。政黨與階級及階級意識的出現有關；選舉則與交通、信息及傳統、習俗有關，都不是單由文化理性的特徵所能決定的。就西方言，古希臘城邦實行民主選舉，但以蘇格拉底、柏拉圖、亞里斯多德為代表的文化和政治理性，恰恰是反民主的。在以後希伯來的宗教文化中，也沒有民主思想。基督教崇拜的上帝是一權威和專制的象徵；「天上的事歸上帝管，地上的歸凱撒管」，所正式許諾的也是凱撒的專制與獨裁。中國傳統中雖沒有民主的學說與思想，儒家的政治理想與政治模式是德治、王道、聖君賢相，但其反暴政、反君主家天下的思想是明確的。黃宗羲《明夷待訪錄》是其典型表現。它提出的君臣關係及學校議政與學校監督政府、官吏的設計，是屬於「民主」這一思路的。它雖只是一種想法，亦並不符合中國社會與政治的實際，但已遠遠脫離了德化、聖君賢相的政治模式是毫無疑問的。黃宗羲是儒家，因此，說儒家的政治思想只是在良知——德化的框框內考慮問題，顯然不符合儒家思想的實際。

錢先生注意從實際來觀察問題，指出，中國自秦以下，固然有專制皇帝出現，但傳統中國的政治制度，則絕非一套帝皇專制的說法所

能概括。中國有對官吏與官僚的考試與監察制度。中國的傳統政府，實際是一士人政府，由士人經過選舉或考試來充當官吏，政府即由此輩士人組成。中國自漢武以下，以學術來領導政府，而代表學術者，則為一輩尊孔之士人。在中國這樣一個地域遼闊，人口眾多，版圖廣大，又以農村為主體的帝國，文化和經濟能取得長足發展，輝煌成就，是中國這種文化與政治的特殊性有以使然，而非僅僅皇帝專制一語所能解釋。就是說，中國的政治制度雖然不能劃入民主範疇，但亦是包含某些合理的符合民主要求即政權開放的因素的❷。因此，在民主問題上，錢先生亦是堅持陳寅恪先生概括的途徑：「一方面吸收外來的新思想學說，一方面不忘本民族的地位。」——錢先生所以贊賞孫中山先生的三民主義、五權憲法，即是因為錢先生認為孫中山先生的這一政治設計，是注意從中國的傳統與實際出發的。

在《孔子與論語》中，錢先生從文化史觀和中西文化的全部歷史發展出發，對何以要以中國文化為本位，提出了更足令人信服的觀察，錢先生說：

> 自十四世紀文藝復興運動之後，現代的西洋文化，漸漸游離了宗教的核心，擺脫了宗教的領導，而產生一新的核心，新的領導勢力，這便是個人主義。此所謂個人主義，乃指一切以個人為基點，以個人為中心的一種主義……然而個人主義，若非另有一更高的領導則仍然還是空洞的。個人渺小而短促的生命，在此長宙大宇中，在此廣大深博的文化機構中，究該如何呢？自由也該有一領導，否則天空地闊，你使用你的自由，究竟往哪一條路而前進呢？近代西洋文化，正為在個人主義之上沒有一個更高的領導（原來宗教），於是文化核心，漸漸從……個人主義墮落到物質主義，於是在民主自由的政治中，醞釀出一個資本主義的社會。……　（《孔子與論語》，頁230）

在西方，各項宗教信仰已逐漸衰退，不能再用來誘導實際人生而獲得一親切、平易、簡單之解決法，而徒啟相爭。而各項哲學思辯，則又各有立場，各有演繹，各有組織，各有結論。雖若各有曲折深微之處，而要之分歧割裂，乃使哲學思想幾若成為人類智慧一種爭奇鬥勝之游戲與玩藝。而此項游戲，乃亦有不可復繼之勢。　（同上，頁221〜222）

若說要向前一步主張進取，則今天人類在繼續前進上所猶可期望者，只剩有科學一項。單就物質方面謀進步，而使人生其他各方面全得隨在物質進步之後而亦步亦趨，喘息以赴。此項進步，最多亦只是物質的，而非全部人生的。而全部人生則轉將因於物質進步，而反見其紊亂與倒退。　（同上，頁222）

　　因此，錢先生認為，代西方之個人主義而起的，必有一更高的文化，此文化不可能由個人主義及民主、科學自身中產生。「求之以往之教育宗旨與教育方法，能符合此一更高文化理想者，惟有孔子思想。」（同上，頁223）「孔子思想本於人心，達於大同，始乎人文，通乎天地。其親切、平實、簡易、單純之教育宗旨與其教育方法，必將為世界文化奠基礎，導其新生。」（同上，頁226）

　　所以錢先生一生為了弘揚中國文化和儒思想，兢兢業業，奉獻全部心血。「雖居鄉僻，未嘗一日廢學。雖經亂離困厄，未嘗敢一日頹其志。雖或名利當前，未嘗敢動其心。雖或毀譽橫生，未嘗敢餒其氣。……雖垂老無以自靖獻，未嘗不於國家民族世道人心，自任其匹夫之有其責。」（《宋明理學概述·序》）以至鞠躬心瘁，死而後已，其嚮往絕不僅在於中國文化與民族之未來，亦在於世界與人類之未來。

　　《孔子與論語》未注明出版年月，據孫鼎震先生所作《錢賓四先生論著年表》❷❽，《孔子與世界文化新生》成於1960年，距今已三十

多年了。三十多年來，世界發生了巨大變化。近來的文化討論，有人提出「要在全民懺悔的基礎上，由基督的博愛來整治人們墮落的靈魂，讓中國文化在基督精神上綻放出鮮艷的奇葩來」❷❾。要求把「五四」提出而尚未實現的「全盤西化」的口號徹底實現。在這樣的情況下，對於珍視自己民族文化傳統的中國知識分子，繼承與堅持錢先生關於中國文化的上述立場，也就顯得更加迫切與重要了。這也是我要寫這篇文章的原因。

在行文中，為了說明錢先生治學的方法、目標與其用心之特點所在，特舉了牟先生和馮先生作為對比。馮先生和牟先生都是我所尊敬的前輩哲學大師，在哲學和中國哲學領域內有傑出的建樹。他們的成就得力於他們對西方哲學的深研與運用，但同時亦帶來了不可避免的片面性與弊病。這種片面性與弊病並不是屬於他們個人的，而是中西兩種文化思想在交流、融合、矛盾、衝突而所不可避免的。因此對它加以深入的討論與反省，是有意義的。本文以不揣冒昧，加以如上論述，亦是基於這點，這是要加以說明的。

（原載《中國哲學史研究》 1994年第2期）

注　釋

❶ 《錢穆紀念文集》，中國人民政治協商會議江蘇省無錫縣委員會編，上海人民出版社1992年版，此書1993年底才到普林斯頓大學圖書館。

❷ 《中國文化與中國哲學》第2輯，北京東方出版社1987年版。

❸ 《中國哲學十九講》，臺灣學生書局1983年版，頁62。

❹ 載《中國學術思想史論叢》（一），東大圖書公司1975年版。

❺《三松堂全集》，卷一《三松堂自序》，河南人民出版社1985年版，頁231。

❻《心體與性體》，第3冊，正中書局1969年版，頁188。

❼ 參閱杜維明《儒家傳說的重建》，載《錢穆先生八十歲紀念論文集》，頁426。

❽ 參見《中庸章句序》，《朱子文集》，卷六五，《尚書大禹謨》注。

❾ 參見《古希臘羅馬哲學》，三聯書店1957年版，頁256。

❿《朱子學案‧朱子學提綱》，三民書局1971年版，頁56。

⓫《從陸象山到劉蕺山》，臺灣學生書局1979年版，頁218。

⓬ 同上，頁216。

⓭《讀劉蕺山集》，《中國學術思想史論叢》（七），東大圖書公司1979年版，頁272。

⓮《中國文化之潛力與新生》，《歷史與文化論叢》，臺灣東大圖書公司1979年版，頁224。

⓯《魏晉風度及文章與藥及酒之關係》，載《而已集》，《魯迅全集》，卷三，人民文學出版社1981年版，頁513。

⓰《何能王弼傳》，《魏志》，卷二八，《鍾繇傳》注。

⓱ 以上引文皆引自《莊子‧駢拇》注。

⓲《六祖壇經大義》，《中國學術思想史論叢》（四），頁146。

⓳ 同上，頁150。

⓴《新原道》，《三松堂全集》第5冊，河南人民出版社1986年版，頁128。

㉑《國史大綱‧引論》，商務印書館版，頁3。

㉒《馮友蘭「中國哲學史」審查報告三》。

㉓指 1958 年元旦張君勱、唐君毅、牟宗三、徐復觀先生在香港《民主評論》所發表的「宣言」：《中國文化與世界——我們對中國學術研究及中國文化與世界文化前途之共同認識》。

㉔見《三松堂全集》卷二，河南人民出版社 1988 年版，頁 374。

㉕《中國古代哲學史》，臺灣商務印書館 1965 年版，頁 7。

㉖參閱拙作《剖析中國古代的宇宙模式——兼論其對自然科學的思維方式與研究方法的影響》。

㉗參閱余英時先生《錢穆與新儒家》，頁 50、51、52，余先生對錢穆先生關於中國傳統政治與專制及民主的關係的看法，有極好的闡釋。

㉘《錢穆先生八十歲紀念論文集》，新亞研究所發行，1974 年。

㉙丁果《整合中國文化、培植全球意識》，載《世界周刊》，《世界日報》 1994 年 3 月 6 日；天行《中國文化需要上帝恩寵》，載《世界論壇》，《世界日報》 1994 年 3 月 13 日，等等。

附錄:「素書樓」浮想

——訪臺雜感

「素書樓」是國學大師錢穆先生來臺灣後長期生活的地方。錢先生在這裡講學著書,幾乎直到生命最後一息。搬遷後改為紀念館。

我早就景仰於錢先生了。去年來臺參加會議,第一件想的就是來「素書樓」參觀瞻仰。正好老同學東吳大學教授高宣揚夫婦宿舍就在附近,給予了最好的機會。四月八日,我們一起前往,屋裡屋外,樓上樓下,凝神漫步,留連徘徊。想起錢先生一生對中國文化與民族的深厚感情,宏偉貢獻,不禁敬意倍增。

我景仰於錢先生,因為錢先生沒有進過大學,更沒有出國留洋,完全是自學成器。其強毅奮發、睿智超邁,固可以令人概見中國民族聰明智慧之不亞於別人;而中國傳統文化與學術之深厚根基仍保有其生命活力,能造就一代參天大樹,於先生得一新見證而更足以驕人。

我景仰於錢先生,因為錢先生一生研究中國文化、學術、思想、歷史,無不貫注自己發自內心的一份摯愛、敬意與溫情。在風雨如晦,中國文化傳統被視為敝帚、垃圾,不屑一顧之時,錢先生幾十年如一日,埋頭鑽研、闡精發微,寫出了無數擎天巨著,如《國史大綱》、《中國學術史論叢》,等等,以振起民族之信心、激情、骨氣、榮光。其對中國文化、歷史傾注的情感之真誠、深切,同時代鮮有人能與之相比。

在《國史大綱》之《前言》中,錢先生寫道:「凡讀本書者,請先具下列信念:一、當信任何一國之國民,尤其是自稱知識在水平線

以上之國民，其對本國已往歷史，應該略有所知；二、所謂對其本國已往歷史有所知者，尤必附隨一種對其本國已往歷史之溫情與敬意（否則祇算知道了一些外國史，不得云對本國歷史有知識）。」《國史大綱》充分表現了錢先生對自己民族之溫情與敬意。但錢先生的溫情與敬意，是基於對中國民族、歷史之深切、精闢的了解，及對其生命活力之把握與體認。故凡讀錢先生著作者，除得到歷史的知識外，精神亦無不為之感染、鼓舞，而有人格與德性的長進。

在西方，宗教與學術分途；宗教育人成德，學術則育材增知。為學術而學術，是其傳統風尚，史學亦然。中國則完全不同。天人合一，政教合一，育人成德與育材增知合一，是中國學術之特點，故中國之史學，無不重視民族之光榮，先人之業績，人格之丰采與夫政治、軍事、世道、人心等等之得失，經驗、教訓的總結，擔負起傳道的重任。《易傳》說：「君子多識前言往行，以蓄其德。」王陽明說：「五經亦祇是史，史以明善惡、示訓戒。善可以為訓者，特存其跡，以示法；惡可為戒者，存其戒而削其事。」司馬遷作《史記》，秉承父親司馬談的遺訓：「幽厲之後，王道缺，禮樂衰。孔子修舊起廢，論《詩》、《書》、作《春秋》……自獲麟以來，四百有餘歲，而諸侯相兼，史記放絕，今漢興，海內一統，明主賢君忠臣死義之士，余為太史而弗論之，廢天下之史文，余甚懼焉，汝其念哉。」即體現了這一傳統。但「五四」以後，學界惟西方馬首是瞻，片面崇尚「專業」眼光、學術標準、論點論據，中國史學的固有傳統被摒斥，以至史學論著逐漸變成了牛角尖、掌故集、考證癖、鬥爭史、規律論、八股文，符號與邏輯、數字與公式；見物不見人，不見道德、精神，可謂數典忘祖，昏憒糊塗到家了。錢先生不為時髦所動，其史學著作，中西結合，揚其長而避其短，情理兼融，文德並茂，有古史之遺風，其難能可貴，及其典型

與示範之意義，今後將歷久而彌新。

我景仰於錢先生，因為錢先生一生為故國招魂，窮年以赴，孜孜矻矻，不顧毀譽，不計得失，所時刻不忘的，祇是自己對民族的赤子之心與報答之情。他剖白自已一生：

> 雖居窮山僻壤兮，未嘗敢一日廢吾學；
> 雖經亂離困厄兮，未嘗敢一日頹其志；
> 雖或名利當前兮，未嘗敢忘志而動其心；
> 雖或毀譽橫生兮，未嘗敢自暴而自衰其氣；
> 雖學不足以自成立兮，未嘗敢或忘先儒之矩矱而時切其嚮慕；
> 雖垂老無以自靖獻兮，未嘗不於國家、民族、世道、人心，自任其匹夫之有其責。

可謂令頑夫廉、懦夫立。每讀至此，未嘗不嘆息三思，振頹起惰，而時切其嚮慕。

我景仰於錢先生，還因為錢先生樸實無華，其言行談笑，如實呈現的祇是一顆純然孝親、愛友、尊師、重道之心。其《八十憶雙親》、《師友雜憶》，誠於中而發於外，字字滲透人子對慈父慈母及師友的慈孝、眷戀、關懷、體貼之情，親切而感人。

中國文化本以孝悌為本，孝是父子人倫天然之真情。「弟」涵蓋所有同輩兄弟、朋友，所謂「四海之內皆兄弟也」。故中國歷史中「友情」光彩照人。但「五四」以後，傳統淪墮，道義無存，孝弟師友之情，如稀世之珍。如錢先生這樣能作而又能道出者，可謂並世無二人。其為中國文化樹立的這一豐碑與見證，民族後生將受益於無窮。

「素書樓」共三層，第一層有大客廳兼講堂，晚年錢先生為研究

生上課、會客就在這裡。錢先生曾說：「其實我授課的目的，並不是教學生，而是要招義勇兵，看看有沒有人自願犧牲，要為中國文化獻身。」中國人教、學中國文化而要有獻身精神，這是何等悲切，又是何等決心！所以講堂懸掛的是朱熹手寫的對聯碑帖：「立脩齊志」、「讀聖賢書」和橫聯「靜神養氣」四個大字。錢先生顯然是以承繼朱子的道統、學風自期和勉人的。故朱子的形象在這裡如此高大醒目。

朱熹一生尊德性、道問學，在文化、學術思想上成就空前。錢先生晚年以七年時間完成六大卷《朱子新學案》，對朱熹思想條分縷析，目的不僅在闡釋朱熹思想，實亦是希望後輩學者能尊德性而道問學，成為新時代像朱熹一樣弘揚中國文化學術思想的人。在《學案‧序言》中，錢先生說：「朱子學，廣大精微，無所不包，亦無所不透，斷非陷入門戶者所能窺究。本書立意在破門戶，讀者切勿以護門戶視之。」所謂門戶，狹義言之是朱陸異同的門戶；廣義意思則是中學、西學的門戶。朱熹一生在學術思想上兼融並包，推陳出新，中「西」（佛）結合，新舊結合，不為任何門戶、框框、窠臼所限，故能成就空前。錢先生自己亦是如此。所以標出「破門戶」以為朱子和《朱子新學案》的宗旨，用意是極其深遠的。「五四」以後，中學的門戶破掉了，西學成為治學所必尊的「門戶」，許多人言必稱希臘，任意用西學的框框門戶剪裁切割中國學術，民族固有的學術思想被弄得蒼白淺陋，一無長處，愈描而愈黑，愈研而愈自卑自賤，其危害固不祇是學術而已。美國普林斯頓大學牟復禮教授退休後來臺訪問，曾說：「很奇怪，這兒學者寫的論文，都好像是外國人在研究中國歷史文化。」錢先生亦說：「現今世道人心變遷太大，大家都變成了西洋人的頭腦。」這樣的「門戶」不破，不反省自警，長此以往，將會亡國、亡天下而不自覺。有朝一日，恐子孫有欲作中國文化遺民者而亦不可得矣。錢先生反對這種狹隘盲

目的門戶之見。在《孔子與論語》中，錢先生指出：

> 自十四世紀文藝復興運動以後，現代的西洋文化漸漸地游離了宗教的核心，擺
> 脫了宗教的領導，而產生一個新的核心，新的領導勢力，這便是個人主義。此
> 所謂個人主義，乃指一切以個人為基點，以個人為中心的一種主義……然而個
> 人主義者非另有一更高的領導則仍然還是空洞的。個人渺小而短促的生命，在
> 此長宙大宇中，在此廣大深博的文化機構中，究該如何呢？……近代西洋文化，
> 正為在個人主義上沒有一個更高的領導（原來宗教），於是文化核心漸漸從個人
> 主義墮落到物質主義。

錢先生預期，代西方個人主義而起的，必有一更高的文化，此文
化不可能由個人主義及民主科學自身中產生。求之以往的歷史，「能符
合此一更高文化理想者，惟有孔子思想。」當時正值六十年代，大陸「文
革」進入高潮，「打倒孔家店」的呼號響徹雲霄，臺灣民主、自由、反
傳統與國學的潮流也澎湃洶湧。錢先生作出這一分析，需要多麼巨大
的智慧與勇氣啊！這智慧從冷靜的研究中來，「勇氣」從民族文化的深
厚傳統中養來。「靜神養氣」，錢先生的學問、文章，正是這四個字的
光輝典範。

在「素書樓」，錢先生一共生活了二十二年，在這裡完成了一系
列重要著作，八十四歲兩眼全盲，仍著述不輟，成《晚學盲言》一書。
逝世前一年，九五高齡，仍口授《天人合一》的論文，可謂發憤忘食，
樂以忘憂，不知老之為何物。其支持與鼓舞的力量，就是對民族文化與
光榮傳統的一顆摯愛至深的赤子之心。

對大陸當局的有些做法，錢先生確有猛烈尖銳的批評，對「文革」
更是痛心疾首，但不論抨擊何等尖銳、猛烈，錢先生所表現的都是一

片關心中國民族與文化傳統的民族大義之心、與骨肉同胞痛癢一體之情。他留下遺囑，在死後，把自己的遺體歸葬於故鄉無錫太湖之濱。慎終追遠，不忘先祖先民，其義其情，深切嚴正。現在，「素書樓」——無錫太湖之濱，一生前，一死後，兩岸相隔。但錢先生的一顆民族大愛之心卻把它連接在一起，打破了地理海溝的界限，同時也打破了生死陰陽的界限，正如錢先生自己所說的：

> 古來大偉人，其身雖死，其骨雖朽，其魂氣當已散失於天壤之間，不能再搏聚凝結。然其生前志氣德行、事業、文章，依然在此世界發生莫大之作用。則其人雖死如未死，其魂雖散如未散，故亦謂之神。

毫無疑問，錢先生將永遠活在海峽兩岸民族子孫的心靈之中，「素書樓」也將成為中國文化之生命活力永存的象徵。

（1995年4月2日於普林斯頓）

滄海叢刊書目（二）

國學類

先秦諸子繫年	錢　　穆	著
朱子學提綱	錢　　穆	著
莊子纂箋	錢　　穆	著
論語新解	錢　　穆	著
周官之成書及其反映的文化與時代新考	金春峯	著
尚書學述（上）、（下）	李振興	著
周易縱橫談	黃慶萱	著
考證與反思		
——從《周官》到魯迅	陳勝長	著

哲學類

哲學十大問題	鄔昆如	著
哲學淺論	張康	譯
哲學智慧的尋求	何秀煌	著
哲學的智慧與歷史的聰明	何秀煌	著
文化、哲學與方法	何秀煌	著
人性・記號與文明		
——語言・邏輯與記號世界	何秀煌	著
邏輯與設基法	劉福增	著
知識・邏輯・科學哲學	林正弘	著
現代藝術哲學	孫旗	譯
現代美學及其他	趙天儀	著
中國現代化的哲學省思		
——「傳統」與「現代」理性的結合	成中英	著
不以規矩不能成方圓	劉君燦	著
恕道與大同	張起鈞	著
現代存在思想家	項退結	著
中國思想通俗講話	錢穆	著
中國哲學史話	吳怡、張起鈞	著
中國百位哲學家	黎建球	著
中國人的路	項退結	著

— 1 —

宗教類

— 3 —

書名	作者	
訓詁通論	吳孟復	著
翻譯偶語	黃文範	著
翻譯新語	黃文範	著
翻譯散論	張振玉	著
中文排列方式析論	司琦	著
杜詩品評	楊慧傑	著
詩中的李白	楊慧傑	著
寒山子研究	陳慧劍	著
司空圖新論	王潤華	著
詩情與幽境——唐代文人的園林生活	侯迺慧	著
歐陽修詩本義研究	裴普賢	著
品詩吟詩	邱燮友	著
談詩錄	方祖燊	著
情趣詩話	楊光治	著
歌鼓湘靈——楚詩詞藝術欣賞	李元洛	著
中國文學鑑賞舉隅	黃慶萱、許家鸞	著
中國文學縱橫論	黃維樑	著
漢賦史論	簡宗梧	著
古典今論	唐翼明	著
亭林詩考索	潘重規	著
浮士德研究	李辰冬	著
十八世紀英國文學——諷刺詩與小說	宋美瑋	著
蘇忍尼辛選集	劉安雲	譯
文學欣賞的靈魂	劉述先	著
小說創作論	羅盤	著
小說結構	方祖燊	著
借鏡與類比	何冠驥	著
情愛與文學	周伯乃	著
鏡花水月	陳國球	著
文學因緣	鄭樹森	著
解構批評論集	廖炳惠	著
細讀現代小說	張素貞	著
續讀現代小說	張素貞	著

現代詩學	蕭　蕭 著
詩美學	李元洛 著
詩人之燈	
——詩的欣賞與評論	羅　青 著
詩學析論	張春榮 著
修辭散步	張春榮 著
修辭行旅	張春榮 著
橫看成嶺側成峯	文曉村 著
大陸文藝新探	周玉山 著
大陸文藝論衡	周玉山 著
大陸當代文學掃描	葉穉英 著
走出傷痕	
——大陸新時期小說探論	張子樟 著
大陸新時期小說論	張　放 著
大陸新時期文學（1976—1989）	
——理論與批評	唐翼明 著
兒童文學	葉詠琍 著
兒童成長與文學	葉詠琍 著
累廬聲氣集	姜超嶽 著
林下生涯	姜超嶽 著
青　春	葉蟬貞 著
牧場的情思	張媛媛 著
萍踪憶語	賴景瑚 著
現實的探索	陳銘磻 編
一縷新綠	柴　扉 著
金排附	鍾延豪 著
放　鷹	吳錦發 著
黃巢殺人八百萬	宋澤萊 著
泥土的香味	彭瑞金 著
燈下燈	蕭　蕭 著
陽關千唱	陳　煌 著
種　籽	向　陽 著
無緣廟	陳艷秋 著
鄉　事	林清玄 著
余忠雄的春天	鍾鐵民 著
吳煦斌小說集	吳煦斌 著

～涵泳浩瀚書海　激起智慧波濤～